T. L. OSBORN

THE GOOD LIFE

THE GOOD LIFE by T.L. Osborn

Copyright 2004 by LaDonna C. Osborn
Printed in the United States of America
All Rights Reserved.

좋은 인생
THE GOOD LIFE

1판 1쇄 인쇄일 · 2008년 10월 17일
1판 1쇄 발행일 · 2008년 10월 21일

지 은 이 티 엘 오스본
옮 긴 이 박 미 가
발 행 인 최 순 애
펴 낸 곳 믿음의 말씀사
주   소 경기도 용인시 기흥구 마북동 323-4
전화번호 (031) 8005-5493   FAX : (031) 8005-8897
홈페이지 http://faithbook.kr
출판등록 제68호 (등록일 2000. 8. 14)

ISBN 89-90836-69-7 03230
값 13,000원

좋은 인생

티 엘 오스본 지음 | 박미가 옮김

믿음의 말씀사

바치는 글

　나는 하나님이 좋으신 분이라는 사실과 하나님께서는 영적으로, 육적으로 또한 물질적으로 나를 축복해주기 원하시는 분이라는 사실에 대해 알기 원하는 사람들에게 애정 어린 마음으로 이 책을 바칩니다.
　지난 50년간 나와 나의 아내 데이지는 무려 73개국에서 2만 명에서 3만 명이 모인 사람들에게 거의 매일 하나님의 복음을 전해왔습니다.
　이 책에는 그동안 우리가 수없이 많은 사람들 앞에서 얼굴과 얼굴을 마주 대하며 전 세계적으로 전하고 가르쳐왔던 내용들이 포함되어 있습니다. 나는 지금 이 책을 읽고자 하는 당신에게 이 책을 바칩니다.

이 책에 실린 대규모 집회 사진들은 데이지 와시번 오스본(Daisy Washburn Osborn)이 찍었음을 밝힙니다.

티 엘 오스본 (T. L. Osborn)

이 책에 실린 성경 구절들은 이 책을 읽는 사람들이 쉽게 이해할 수 있도록 하기 위해 쉽게 다시 쓰여 졌습니다. 인칭과 시제가 문맥과 통하게 하기 위해 조금씩 수정되었습니다. 여러 국가의 성경들을 참조하였습니다.

저자 씀

목 차

제1부 믿기 위한 기초
    제 1장 풍요로운 낙원 ·· 23
    제 2장 내가 성경이 진리라고 믿는 이유 ······················ 31
    제 3장 좋은 인생에 관한 사실들 ································· 49

제2부 새 삶의 스타일
    제 4장 좋은 인생을 살기 위해 필요한 세 가지 습관 ······ 69
    제 5장 하나님이 당신의 말을 들으시는 때 ················ 71
    제 6장 하나님이 당신에게 말씀하시는 방법 ·············· 79
    제 7장 좋은 인생을 사람들과 나누는 방법 ················ 91
    제 8장 진정한 이웃 ·· 111
    제 9장 러시아에 불어 닥친 기근 ······························ 113
    제10장 호주에서 온 사람 ·· 115

제3부 성공의 비밀
    제 11장 성공과 행복을 증가시키는 방법 ···················· 121
    제 12장 응답받는 기도 ··· 129
    제 13장 예수님의 임재 연습 ··· 155

제4부 좋은 인생을 살기 위한 언어 사용
    제 14장 최고의 언어생활을 영위할 수 있는 방법 ······· 169
    제 15장 하나님이 하신 말씀을 당신의 입으로
             말할 때 일어나는 놀라운 일들 ······················· 181

제5부 하나님을 섬기기 위해 필요한 건강
- 제 16장 죽으셨다가 다시 살아나신 분 ······ 213
- 제 17장 모든 사람들을 위한 치유 ······ 223
- 제 18장 오늘날의 치유 ······ 235
- 제 19장 치유에 대한 100가지 사실 ······ 237

제6부 하나님께 영광 돌리는 번영의 삶
- 제 20장 풍요로움의 열쇠 ······ 269
- 제 21장 당신의 인생을 바꿔주는 두 단어 ······ 273
- 제 22장 번영에 대한 약속 ······ 287
- 제 23장 돈에 대한 하나님의 태도 ······ 303
- 제 24장 당신의 동역자이신 하나님 ······ 315
- 제 25장 하나님의 풍년을 기대하라 ······ 323
- 제 26장 내가 체험한 달라 화폐의 기적 ······ 331

제7부 교회와 믿음
- 제 27장 좋은 친구의 소중함 ······ 341
- 제 28장 좋은 인생의 표준 ······ 355
- 제 29장 그리스도인들이 믿고 있는 기본 교리 ······ 365

제8부 당신을 위한 좋은 인생
- 제 30장 어떻게 하면 구원받을 수 있는가? ······ 397

전 세계에 펼쳐진 오스본의 사역

티 엘 오스본(T. L. Osborn)과 데이지 오스본(Daisy Osborn)의 사역은 역사상 그 전례를 찾아볼 수 없을 만큼 복음 전파에 큰 영향을 끼쳤습니다. 이 두 사람은 각각 17세와 18세가 되던 해에 부부가 되었고 20세와 21세가 되던 해에 선교사가 되었습니다. 오스본 부부는 20세기에 가장 많은 영혼들을 구원한 사람들입니다.

이들은 선교를 국제적으로 펼쳐나가고 전 세계에 선교하는 교회들을 세워나갈 목적으로 1949년에 오. 에스. 에프. 오(OSFO)라는 단체를 설립하였습니다.

오스본 부부는 복음을 전 세계에 전하는 데 전 생애를 바쳤습니다. 그들은 평생 동안 "오직 한길-예수, 오직 한 가지 일-복음 전파"를 외쳤습니다. 그들은 교회의 최우선 과제는 복음 전파라는 원칙을 평생 동안 고수하였습니다.

이 두 사람은 반세기동안 74개국을 돌아다니면서 수없이 많은 사람들에게 복음을 전하였습니다.(티 엘 오스본의 아내 데이지 오스본은 1995년 5월에 하늘나라로 갔습니다.) 이들의 전도 집회에는 매번 2만 5천 명에서 3만 명이 모였습니다.

이들이 지은 책들은 132개 나라 언어들과 지역 방언들로 번역되었습니다.

이들은 기적이 일어나는 현장을 활동사진으로 찍거나 집회 상황을 녹음하여 80여 개국의 사람들에게 보여주거나 오디오와 비디오 카세트, 집회 테이프들을 만들어 나누어 주었고, 그것들을 성경공부 과정에 참석한 사람들을 위하여 사용하였습니다. 그 결과 복음 전파를 매우 효과적으로 수행할 수 있었습니다.

이들은 남녀를 구별하지 않고 3만여 명의 전임 복음전도자들을 재정적으로 지원함으로, 그들로 하여금 자신들이 살고 있는 지역과 마을을 찾아다니며 마음껏 그리스도의 복음을 전할 수 있도록 하였습니다.

이들은 세상 모든 영혼들을 구원하기 위해 비행기와 배들을 이용하여 영화를 상영할 수 있는 장비들이 장착된 수십 대의 4륜구동 차량들과 대형 스크린, 발전기, 대중 연설 마이크 시스템, 다량의 카세트와 카세트 플레이어, 그리고 수백 톤에 이르는 복음전도 서적들을 세상 곳곳으로 실어 날랐습니다.

이들은 또한 많은 책들을 저술하여 기적 치유전도 사역을 위해 사용하였습니다.

티 엘 오스본의 저서들 중에서 "믿음으로 질병을 치유하라"(Healing the Sick, 순전한나드 발행서)라는 책은 이미 43쇄에 돌입하여 수백만 부가 인쇄되었고, 기독교 서적들 중에서 베스트셀러의 위치를 1951년 이후로 계속 점하고 있습니다.

510페이지에 이르고 무려 489개의 사진들이 실려 있는 "티 엘과 데이지의 복음"(The Gospel According to T. L. & Daisy) 이라는 이들 부부의 공동 저서를 보면, 이들이 펼친 사역에 대해 보다 자세히 알 수 있습니다.

여성들을 위한 기독교 서적들 중에서 역사상 매우 중요한 위치를 점하고 있는 데이지 박사의 5권의 저서들은 교회의 여성 그리스도인들을 위해 특별히 지어진 책들입니다. 이 5권의 책들은, 어떻게 여성들이 인간의 존엄성과 남녀 평등성을 회복함으로 하나님이 자신들을 창조하신 삶의 목적을 하나님의 계획에 따라 이루어 나갈 수 있는지에 대해 잘 말해주고 있습니다. 이 책들은 남성들이 읽어도 좋을 책입니다.

오스본 부부는 영혼 구원을 목적으로 현재까지 그 어떤 사람들보다 광범위한 지역들을 밟았고, 그 어떤 부부들이 펼친 치유사역보다 큰 사역들을 펼쳤습니다. 평생에 걸쳐 "예수 그리스도는 어제나 오늘이나 영원토록 동일하시다"는 외침을 통해 이들이 이룩한 복음 전파는 전 세계를 통해 역사상 그 유례를 찾아 볼 수 없을 정도의 성과를 이룩한 것입니다.

역자의 말

누구나 인생을 행복하게 살고 싶어 합니다. 그러나 실제로 인생을 행복하게 살고 있는 사람들은 많지 않습니다. 많은 사람들이 복을 받고 싶어 합니다. 그러나 실제로 하나님의 복을 받아 누리며 사는 사람들은 그리 많지 않습니다.

예수를 믿어야 합니다. 그래야 좋은 인생을 살 수 있습니다. 하나님께서 인간을 창조하신 이유는 그들이 가난하고 병들어 살고 인생을 목적 없이 방황하면서 살도록 하기 위해서가 아닙니다. 오히려 그 반대입니다.

하나님께서는 사람들이 예수를 믿은 후 하나님과 부자지간의 친밀한 교제를 하면 누구나 진정으로 좋은 인생을 살 수 있게 되도록 사람들을 창조하셨습니다.

인간의 의문에 대한 모든 답들이 이 책에 있습니다. 이 책의 가치는 수 톤의 다이아몬드보다 값집니다.

자신이 어디서부터 와서 어디로 가고 있는지를 알고 싶으신 분들 그리고 진리를 자신의 것으로 만들어 좋은 인생을 살고 싶으신 분은 반드시 이 책을 읽으셔야 합니다.

이 책에 인용된 성경 구절들은 개역 개정판 성경에서 인용된 성경 구절들임을 밝힙니다.

이토록 좋은 책을 번역할 수 있도록 하여 주신 믿음의 말씀사 김 진호 목사님께 깊은 감사를 표합니다.

2008년 3월
역자 박 미 가

서 문

오래 전에 나는, 한 사람의 인생은 그 사람이 무엇을 받아들이느냐에 따라 결정된다는 사실을 교훈을 통해 배우게 되었습니다. 내 속에 무엇이 들어있는가 하는 것이 나에게서 무엇이 나오는지를 결정합니다.

내가 어떤 종류의 씨앗을 심었느냐에 따라 어떤 종류의 열매를 추수하게 될지가 결정됩니다.

복된 삶을 살기를 원한다면 맑고 깨끗한 물을 마셔야 할 것입니다. 이 책은 여러분들에게 맑고 깨끗한 물이 어디에서 솟아나오는지를 알려 줄 것이고, 그 물을 어떻게 마셔야 하는지도 알려 줄 것입니다.

시편 기자였던 다윗은 다음과 같은 말을 하였습니다: 하나님이여 주의 인자하심이 어찌 그리 보배로우신지요. 사람들이 주의 날개 그늘 아래에 피하나이다. 그들이 주의 집에 있는 살진 것으로 풍족할 것이라. 주께서 주의 복락의 강물을 마시게 하시리이다. 진실로 생명의 원천이 주께 있사오니 주의 빛 안에서 우리가 빛을 보리이다.(시 36:7-9)

솔로몬은 이렇게 말했습니다: 내 아들아 들으라. 내 말을 받으라. 그리하면 네 생명의 해가 길리라. 훈계를 굳게 잡아 놓치지 말고 지키라. 이것이 네 생명이니라.(잠 4:10,13)

인간은, 하나님과 함께 생각하고 계획하고 말하고 행동해야지만, 이 땅에서 하나님께서 목적하신 좋은 인생을 살아갈 수 있도록 창조되었습니다.

인간은 하나님과 조화로운 관계를 이루며 살아갈 때 가장 행복한 삶을 살 수 있습니다. 이것이 바로 하나님의 인간을 향한 생각입니다. 그분의 생각이 여러분의 생각이 되게 하십시오. 그분의 계획이 여러분의 계획이 되도록 하는 삶을 사십시오. 그분이 보는 것을 여러분도 보도록 하십시오. 여러분이 누구인지를 발견하고 여러분의 참 존재 가치를 알아 가십시오. 하나님이 여러분을 보는 관점으로 여러분 자신을 보십시오. 그분의 계획에 관심을 가지십시오. 여러분과 타인들에 대한 하나님의 견해가 여러분의 견해가 되도록 하십시오.

좋은 인생을 살 수 있게 해주는 샘물의 근원을 발견한다면, 당신은 하나님께서 당신을 만드신 목적을 알게 될 것입니다. 하나님께서는 여러분에게 행복과 번영을 주고 싶어 하시고, 여러분의 육체가 건강하기를 바라십니다.

나는 12살 때에 인생을 참으로 복되게 사는 방법이 있음을 발견하고 나서 좋은 인생을 살기로 결정하였습니다. 내가 좋은 인생을 살기로 결정하자, 나는 내 인생의 목적이 무엇인지를 알 수 있게 되었고 하나님이 나를 위해 계획하신 삶을 살고 싶은 마음이 생겼습니다. 하나님은 내가 특정한 삶을 살기를 원하신다는 사실을 알고 나자, 하나님이 원하시는 삶을 살고 싶은 마음이 생겨난 것입니다. 그래서 나는 하나님이 원하시는 삶을 살기 시작하였습니다. 하나님이 나에 대해 계획하신 삶을 살아야 하겠다는 생각은 청소년기를 지나는 동안 항상 나의 마음을 떠나지 않았습니다. 나는 그런 마음들을 유지한 채 결혼하였습니다. 그런 나의 결정은 내가 새 가정을 이루고 나서도 우리 가정을 움직이는 기초가 되었습니다. 자녀를 낳아 기르면서도 이 결정에서 나온 삶의 원칙들을 자녀들의 삶에 동일하게 적용하였습니다.

나는 우리 가족들이 좋은 인생을 살 수 있는 좋은 씨들을 우리들의 삶에 계속 심어나갔습니다. 그 결과 나의 가족들은 행복을 추수할 수 있었습니다. 가족들은 병에 걸리지 않고 튼튼하였으며, 만나는 사람들을 기쁜 마음으로 섬길 수 있게 되었습니다. 또한 계획한 사항들이 놀라우리만치 잘 성취되었으며, 부부간의 사랑이 시간이 갈수록 돈독해졌습니다. 우리 가족들은 날이 갈수록 서로 잘 조화하였고 재정적으로도 점점 더 풍족하게 되었습니다.

나는 미국 오클라호마 주의 어떤 시골에서 태어났습니다. 나의 부모님은 농장을 경영하였고 모두 13명의 자녀들을 낳았습니다. 나의 아내 데이지(Daisy)는 캘리포니아 주의 시골에서 태어났고, 그녀의 부모 역시 농장을 경영하였으며 11명의 많은 자녀들을 두었습니다. 나의 아내는 어린 시절을 캘리포니아에서 보냈습니다. 나는 나의 아내가 자라난 캘리포니아에서 천 마일이나 떨어진 오클라호마에서 어린 시절을 보냈습니다. 그러나 어린 시절에 관한 한, 나와 나의 아내 사이에는 공통점이 있습니다. 그것은 우리 둘 다 어렸을 때부터 예수를 믿었다는 점입니다. 데이지와 나는 둘

다, 12살이 되는 해에 예수 그리스도가 주신 좋은 인생에 대해 듣게 되자 곧 예수 그리스도를 각자의 삶의 구주로 받아들였습니다.

나는 예수를 내 인생의 구주로 받아들이자마자, 다른 사람들에게 내가 얻은 새 생명에 대해 말해주기 시작하였습니다. 나는 그 당시 새 생명에 관한 성경 구절들을 종이에 써서 장난감에 붙인 뒤, 동네 아이들에게 그 장난감들을 나누어 주기도 하였습니다.

그리고 나는 13세가 되었을 때 15세에서 20세 사이의 형들이 모여 있는 학교 교실로 찾아가서 성경의 내용들을 언급하며 참되고 좋은 인생을 살 수 있는 길에 대해 전해주었습니다.

15살이 되었을 때는 매우 훌륭한 복음전도자를 도와주는 보조 복음전도자가 되었습니다. 나는 그 복음전도자를 따라 이곳저곳을 다니면서, 때로는 군중들 앞에서 복음을 전하기 시작하였습니다.

17살이 되었을 때 캘리포니아에 있는 한 교회에서 나의 아내가 될 데이지 와시번(Daisy Washburn)을 처음 만났습니다.

그리고 우리의 나이가 17살과 18세가 되었을 때 우리는 서로 결혼하였습니다.

20살과 21살이 되었을 때 우리는 인도에 선교사로 갔습니다.

23살과 24살이 되었을 아내와 나는 1만 5천 명에서 5만 명이 모인 곳에서 복음을 전하기 시작하였습니다.

우리 부부는 무려 40년 동안 73개 나라를 같이 돌아다니면서, 한번 집회할 때마다 2만 명에서 30만 명이 모인 곳에서 좋은 인생을 살 수 있는 원칙(the principles of the good life)에 대해 사람들에게 전하였습니다.

그 결과 수없이 많은 사람들이 그리스도에게로 돌아왔습니다.

우리는 우리의 전도를 받고 예수를 영접한 사람들을 대상으로 일련의 세미나들을 열어서, 그들에게 어떻게 복된 삶을 지속적으로 살아나갈 수 있는지에 대해 구체적으로 가르쳐주는 것도 잊지 않았습니다.

이 책은 우리가 전 세계 여러 나라들을 돌아다니면서 사람들을 가르쳤던 내용들을 담고 있습니다.

하나님께서는 여러분이 죄책감과 수치심을 갖고 살거나, 가난한 패배자가 되어 살도록 계획하지 않으셨습니다.

하나님은 복된 삶을 사시는 분이십니다. 하나님께서는 여러분이 하나님처럼 복된 삶을 살 수 있도록 여러분을 창조하셨습니다. 하나님은 여러분에게 복된 삶을 살 수 있는 방법과 길을 알려주고 싶어 하시고, 그 길로 여러분들을 인도해 주고 싶어 하십니다.

이 책은 여러분들에게 어떻게 해야 용기와 결단력 있는 삶을 살 수 있는지를 알려줍니다. 여러분들은 이 책을 통해 건강하고 활기차게 사는 방법에 대해서 배우게 될 것입니다.

이 책을 통해 여러분의 삶이 풍요로워지고, 여러분의 부부사이가 한결 좋아질 것입니다.

새로운 친구들이 생기게 될 것입니다.

사람들이 여러분들을 좋아하게 될 것입니다.

여러분의 나쁜 습관들이 없어지게 될 것입니다.

여러분을 사랑하는 사람들이 여러분의 변화된 삶을 본받고 싶어 하게 될 것이고, 여러분의 삶의 문제가 해결되고, 이를 통해 다른 사람들의 삶의 문제들도 덩달아 해결될 것입니다.

경제적으로 풍족하게 될 것입니다. 수도세, 전기세를 못 내서 전전긍긍하는 일이 없어질 것입니다. 오랫동안 하고 싶었으나 여유가 없어서 하지 못했던 일들을 즐거운 마음으로 하게 될 것입니다.

남모르게 앓고 있던 오래된 병들이 없어지게 될 것입니다.

잃어 버렸던 자존감과 정체성을 다시 찾게 될 것입니다.

실패하지 않고 성공하게 될 것입니다.

스트레스와 억눌림을 받는 일들이 줄어들게 될 것입니다.

인생의 목표와 계획들이 분명해질 것입니다.

당신이 지은 모든 죄들이 용서받게 될 것입니다. 당신이 갖고 있었던 죄책감과 정죄감이 사라질 것입니다.

사는 것이 즐거워 질 것입니다.

행복하다고 느끼게 될 것이고 성취감을 만끽할 것입니다.

사람들을 도와줄 수 있게 될 것이며, 당신의 도움을 받은 사람들의 인생이 잘되는 일들이 일어나게 될 것입니다.

사람들은 당신을 존경하게 될 것이고, 당신이 하는 말을 신뢰하게 될 것입니다.

이런 것들은 당신이 이 책을 통해 얻게 될 좋은 인생의 단지 일부분에 불과합니다.

솔로몬은 이렇게 말했습니다: 내 아들아 들으라. 내 말을 받으라. 그리하면 네 생명의 해가 길리라. 훈계를 굳게 잡아 놓치지 말고 지키라. 이것이 네 생명이니라.(잠 4:10,13)

예수님은 이런 말씀을 하셨습니다: 도둑이 오는 것은 도둑질하고 죽이고 멸망시키려는 것뿐이요, 내가 온 것은 양으로 생명을 얻게 하고 더 풍성히 얻게 하려는 것이라.(요 10:10)

하나님은 당신이 예수님이 주시는 새 생명을 받아 복된 삶을 살게 되기를 원하십니다.

하나님은 당신에게 베풀어 주실 기적들을 산더미처럼 쌓아놓고 계십니다. 당신에게 좋은 인생을 주고 싶어 하시는 하나님께 기회를 드리십시오.

당신은 실타래처럼 엉클어진 당신의 인생을 푸는 일을 오늘부터 시작할 수 있습니다.

당신을 위한 복된 삶이 당신 앞에 분명히 있습니다. 그런 삶을 받아들이십시오. 그러면 당신의 삶에 기적이 일어나기 시작할 것입니다.

만일 당신이 이 책을 읽기로 작정하였다면, 그것은 하나님께서 당신이 복된 삶을 살도록 하기 위해 당신에게 다가가기를 이미 시작하셨다는 분명한 싸인입니다.

제 1 부

믿기 위한 기초
(Foundation For Believing)

여기에 실린 내용들을 통해 당신이 누구인지를 확실히 알게 된다면, 당신은 잃었던 자존감을 회복할 수 있습니다. 그 결과 밋밋하고 싫증나는 삶을 벗어나 활기찬 인생을 살게 될 것이고, 당신의 인생은 성공적으로 마무리되게 될 것입니다. 아름답고 웅장한 산들의 장관으로부터 산 아래 계곡에 이르기까지, 하나님께서는 이 세상 곳곳에 보화와 재물들을 창조해 놓으셔서, 인간들이 이것들로 인해 풍성한 삶을 살 수 있도록 하셨습니다.

사람이 하나님으로 인해 인생의 참 의미를 깨닫기 전까지 인생은 혼란과 아픔으로 가득 차 있습니다.

나는 어느 날 예수님을 만났습니다. 나는 내 앞에 서 계신 주님을 내 육신의 눈으로 확실히 보았습니다. 내가 주님을 본 순간 내 삶에 생기가 솟아났습니다. 좀 자세히 말씀드리자면, 어느 날 새벽 6시경에 주님께서 내가 있는 방으로 들어오셨습니다.

제 1 장

풍요로운 낙원

하나님께서는 이 땅을 창조하실 때 수많은 보화들도 같이 창조하셨습니다.(시 145:8-9, 100:5, 119:68) 하나님께서 그렇게 풍요로운 땅을 만드신 이유는 우리로 하여금 그 좋은 것들을 다 찾아 누리며 살 수 있도록 하기 위함이었습니다.

땅에는 보석들이 묻혀 있고 각종 미네랄들이 녹아있습니다. 자연에는 각종 귀한 동식물들이 산재해 있습니다. 세상 곳곳에 좋은 것들이 산재해 있는 이유는 하나님께서 인간들이 그것들을 사용할 수 있도록 하기 위해서입니다.(신 33:13-16, 겔 28:13)

네덜란드의 평야를 수놓은 현란한 튤립 꽃들이 보여주는 장관에서부터 열대 정글에 끝없이 펼쳐진 난초들이 보여주는 아름다운 광경들에 이르기까지, 하나님께서 인간의 눈을 즐겁도록 하기 위해 자신의 뛰어난 솜씨를 발휘하여 이 세상에 아름다운 예술 작품을 만들어 놓으셨습니다.

끝없이 펼쳐지는 아름다운 산들과 그 속에 담겨진 각종 보화들은 하나님께서 인간들이 만끽할 수 있도록 하기 위해 마련해 주신 여러 가지 것들 중에 단지 일부일 뿐입니다.

하나님께서는 아담과 이브를 창조하신 후 그들을 풍요의 낙원인 에덴동산에서 살게 하셨습니다. 아담과 이브는 하나님의 형상을 따라 만들어졌는데, 그 이유는 그들로 하여금 하나님과 함께 살고, 하나님과 함께 꿈을 꾸고, 하나님과 함께 일함으로, 이 땅에서 하나님께서 이루고자하시는 계획을 하나님과 함께 펼쳐나가도록 하기 위함입니다.(창 1:26-31)

그러나 아담과 이브가 사탄의 유혹을 받았습니다.(창 3:1-6) 그들은 사탄의 유혹에 속아 넘어가 하나님께 죄를 범하고 말았습니다. 그 결과 그들은 하나님이 계신 곳에서 쫓겨나(창 3:22-24), 사탄의 노예가 되어 살아가지 않으면 안 되게 되었습니다. 아담과 이브가 사탄의 유혹에 빠져 범죄한 이후부터 인간들은 하나님이 주신 좋은 인생을 살 수 있는 모든 권리들을 마귀에 의해 박탈당한 채, 비참한 삶을 살 수 밖에 없게 되었습니다.

그러나 사랑의 하나님께서는 자신의 피조물인 인간들을 너무도 사랑하셨기 때문에 자신의 형상을 따라 지음 받은 인간들과 함께 지내고자 하셨던 원래의 꿈을 포기하지 않으셨습니다. 그러나 하나님은 의로운 분이시기 때문에, 죄를 지어 불의하게 된 인간들과 교제할 수는 없으셨습니다.(사 59:1-2)

하나님의 법(원칙, law)이란 것이 있습니다. 하나님이 만드신 원칙을 무효화할 수 있는 존재는 아무도 없습니다. 그 원칙은(겔 18:4), 죄를 범하는 인간은 반드시 죽게 된다(겔 18:4, 20)는 원칙입니다. 그런데 모든 사람이 죄를 범하였습니다. 그러므로 모든 사람들이 죽어야만 하였습니다.(롬 5:12)

하나님의 의로운 법을 만족시키면서도 인간들이 살 수 있는 방법이 있긴 있습니다. 그 방법은 죄가 하나도 없는 어떤 존재가 와서 인간을 대신하여 죽음으로 인간이 죽지 않도록 하는 방법입니다. 죄 없는 어떤 존재가 인간을 대신하여 벌을 받고 고통을 당하고 죽음으로 인간이 받아야 할 죄의 대가를 지불하면, 하나님의 정의의 법도 실현되고 인간도 죄 없는 의로운 존재로 살 수 있게 되는 것입니다. (롬 5:1)

하나님의 아들 하나님이 계신데 그분을 우리는 예수 그리스도라고 부릅니다. 예수 그리스도는 완전하신 분이십니다. 그분은 죄를 지으신 적이 한 번도 없으신 분이십니다. 그분이 이 세상 인간들의 모든 죄를 짊어지시기 위해 이 세상에 오셨습니다. 그리고 인간을 대신하여 인간이 받아야 할 죄에 대한 모든 형벌을 혼자서 다 담당하셨습니다. (요 1:29)

하나님이 세상을 이처럼 사랑하사 독생자를 주셨으니 이는 그를 믿는 자마다 멸망하지 않고 영생을 얻게 하려 하심이라. (요 3:16)

당신이 해야 할 것은 단지 예수 그리스도께서 당신을 너무도 사랑하셔서 당신을 대신하여 죽으심으로, 하나님이 원하시는 죄 없는 존재, 즉 의로운 존재가 되었다는 사실을 믿는 것입니다. 그리고 그러한 사실을 사람들 앞에서 고백하면 당신은 죄 없는 존재가 되는 것입니다. (롬 10:9-10)

만일 당신이 예수님께서 당신을 위해 하신 일에 대한 이토록 좋은 소식(복음, the good news)을 듣고 알게 되었을 때, 이 소식이 진리임을 마음으로 믿고 받아들인 후 사람들에게 이 사실을 고백하면 믿을 수 없을 정도의 기적이 당신에게 일어납니다.

하나님이 죄를 알지도 못하신 이를 우리를 대신하여 죄로 삼으신 것은 우리로 하여금 그 안에서 하나님의 의가 되게 하려 하심이라.(고후 5:21)

예수 그리스도께서 당신을 대신하여 죽으심으로 당신이 하나님께로 다시 돌아갈 수 있는 길이 되신 것입니다.

예수 그리스도의 희생으로 인해 당신이 받아야할 저주가 사라졌고, 하나님과 당신 사이의 장벽이 무너졌습니다. 그 결과 당신은 하나님이 계신 곳으로 다시 가서 하나님과 교제를 하게 됨으로, 하나님이 원하시는 복된 삶을 다시 살 수 있게 된 것입니다.(히 10:18-22)

인간은 하나님의 형상으로 빗어진 존재입니다. 이 말은 다른 말로 하면, 인간이란 하나님과 같은 유형의 존재(God's kind of being)라는 말입니다. 그러므로 하나님 없이 사는 인생에게는 참 만족이 있을 수 없습니다. 외로움, 슬픔, 질병, 고통, 가난, 실패, 증오, 살인, 이 모두가 인간이 하나님을 떠났기 때문에 인간에게 들어오게 된 것들입니다.

인간은 하나님의 형상으로 만들어졌기 때문에, 인간에게는 하나님을 찾고자 하는 본성과 가치 있는 인생을 살고 싶어 하는 본성이 있습니다. 인간들에게는 하나님이 창조하신 목적대로 살고 싶어 하는 마음이 있기에, 사람들이 인생의 목적을 찾지 못해 그토록 방황하며 살고 있는 것입니다. 하나님을 발견하기 전까지 인간의 모든 삶은 헛될 뿐입니다. 그 이유는 하나님을 찾지 못하고 살아가는 사람들은 비관적인 인생관을 갖고 살아갈 수밖에 없기 때문입니다.

해군 제독이었던 시절에 리차드 버어드(Richad Byrd)는 북극에서 배를 항해하다가 방향을 잃게 되었습니다. 그가 나아가야할 방향을 잃고 헤매고 있던 어느 날 밤에, 그는 문득 자신의 그 동안의 삶 전체가 마치 길을 잃어버린 배와 같다는 사실을 깨닫고는 크나큰 두려움에 빠졌습니다. 훗날 그는 그날 밤을 회상하며, "그 동안의 나의 삶은 길을 잃고 방황하였던 삶이었다는 사실을 깨닫게 되자, 형언할 수 없는 심적 고통이 나에게 몰려들었습니다"라고 고백하였습니다.

겉으로 보기에는 담대해 보이는 사람일지라도 자신이 인생의 방향을 잃어버린 존재라는 사실을 깨닫는 순간에는 공포심을 느끼게 됩니다. 이것이 인간 존재의 한계입니다. 마치 눈먼 사람이 지팡이를 이리 치고 저리 치며 홀로 걸어가듯, 이 세상 인간들은 자신의 앞날을 모른 채 오직 자신의 지각과 경험만을 지팡이 삼아 매일의 삶 속에서 만나는 일들을 이리 저리 두드려 보며 보이지 않는 인생길을 홀로 헤쳐 나가고 있습니다.

예수님께서는 *"내가 곧 길이다"*(요 14:6)라고 말씀하셨습니다.

예수님께서는 "내가 여러 길들 중에 하나다(a way)"라고 말씀하시지 않으시고, "내가 유일한 단 하나의 길(the way)"이라고 말씀하셨습니다. 그분께서 그렇게 말씀하실 수 있었던 이유는 그분만이 우리가 받아야 할 죄에 대한 징벌을 우리 대신 받으실 유일한 분이시기 때문이었습니다. 예수님은 하나님과 우리 사이에 있었던 막힌 담을 제거해주신 유일한 분이시십니다. 그 결과 우리는 풍요로운 삶을 살 수 있게 되었습니다.(요 10:10)

여호와 하나님은 해요 방패이시라. 여호와께서 은혜와 영화를 주시며 정직하게 행하는 자에게 좋은 것을 아끼지 아니하실 것임이니이다.(시 84:11)

그의 신기한 능력으로 생명과 경건에 속한 모든 것을 우리에게 주셨으니 이는 자기의 영광과 덕으로써 우리를 부르신 이를 앎으로 말미암음이라.(벧후 1:3)

하나님과 관계를 회복 한 사람은 두려움, 삶의 불확실성, 죄책감, 저주 및 열등감이 없이 인생을 살아 갈 수 있습니다. 하나님께 다시 갈 수 있다는 것은 친한 친구들이 서로 교제하듯이 하나님과 교제할 수 있게 되었다는 것을 뜻합니다. 하나님과 교제하는 것은 친구와 친구가 교제하는 것보다 더 깊고 친숙합니다. 그 이유는 우리가 예수를 믿음으로 하나님의 가족이 되었기 때문입니다.(엡 2:18-19)

예수를 믿으면 질병, 고통, 아픔이 우리를 더 이상 노략질 할 수 없게 됩니다. 그 이유는 예수를 믿음으로 예수 그리스도께서 우리 안에 들어와 사시기 때문입니다.(요 14:23) 그 결과 예수의 삶이 우리의 육체를 통해 표현되게 됩니다.(고후 4:10) 여러분은 하나님의 소유가 되었습니다.(고전 6:20) 당신의 몸은 병들어 죽으라고 지어진 몸이 아닙니다. 여러분의 몸은 하나님이 거하시는 성전입니다.(고전 6:19)

가난과 물질의 궁핍과 결핍은 여러분이 어쩔 수 없이 짊어져야 할 삶의 일부분이 아닙니다. 하나님께서 이 땅에 많은 보화들을 두신 이유는 당신이 하나님의 자녀로서 살아갈 때 그것들을 찾아 누릴 수 있도록 하기 위함입니다. 주위에서 당신 눈으로 볼 수 있는 자연의 풍요함은 하나님이 당신에게 얼마나 좋은 것들을 주기 원하시는지를 알 수 있는 예가 됩니다.

나의 하나님이 그리스도 예수 안에서 영광 가운데 그 풍성한 대로 너희 모든 쓸 것을 채우시리라.(빌 4:19)

사랑하는 자여, 네 영혼이 잘됨 같이 네가 범사에 잘되고 강건하기를 내가 간구하노라.(요삼 1:2)

내가 온 것은 양으로 생명을 얻게 하고 더 풍성히 얻게 하려는 것이라.(요 10:10)

그러나 보라 내가 이 성읍을 치료하며 고쳐 낫게 하고 평안과 진실이 풍성함을 그들에게 나타낼 것이며, 내가 유다의 포로와 이스라엘의 포로를 돌아오게 하여 그들을 처음과 같이 세울 것이며, 내가 그들을 내게 범한 그 모든 죄악에서 정하게 하며 그들이 내게 범하며 행한 모든 죄악을 사할 것이라. 이 성읍이 세계 열방 앞에서 나의 기쁜 이름이 될 것이며 찬송과 영광이 될 것이요, 그들은 내가 이 백성에게 베푼 모든 복을 들을 것이요, 내가 이 성읍에 베푼 모든 복과 모든 평안으로 말미암아 두려워하며 떨리라.(렘 33:6-9)

너희가 수치 대신에 보상을 배나 얻으며, 능욕 대신에 몫으로 말미암아 즐거워할 것이라. 그리하여 그들의 땅에서 갑절이나 얻고 영원한 기쁨이 있으리라. 그들의 자손을 뭇 나라 가운데에, 그들의 후

손을 만민 가운데에 알리리니 무릇 이를 보는 자가 그들은 여호와께 복 받은 자손이라 인정하리라. (사 61:7, 9)

베드로는 다음과 같이 말했습니다: 그러므로 생명을 사랑하고 좋은 날 보기를 원하는 자는 혀를 금하여 악한 말을 그치며 그 입술로 거짓을 말하지 말고, 너희 마음에 그리스도를 주로 삼아 거룩하게 하고 너희 속에 있는 소망에 관한 이유를 묻는 자에게는 대답할 것을 항상 준비하되 온유와 두려움으로 하라. (벧전 3:10, 15)

이 책은 여러분의 삶에 도움을 주기위해, 하나님이 주신 영감으로 쓰인 책입니다.

좋은 인생을 살 수 있는 길을 찾는 것은 금맥을 찾는 것과 같습니다. 좋은 인생을 찾아 그러한 인생을 살게 되는 것이 하나님의 당신을 위한 뜻입니다.

하나님께서 그렇다고 말씀하셨으면 그런 것입니다.

하나님께서 여러분이 어떤 존재라고 말씀하셨으면 여러분은 그런 존재입니다.

하나님께서 어떤 일을 행하시겠다고 말씀하셨으면 행하십니다.

하나님께서 당신은 어떤 일들을 성취할 수 있는 사람이라고 말씀하셨으면 당신은 반드시 그 일을 성취하게 됩니다.

하나님이 어떤 것을 가지고 있다고 말씀하셨으면 그분은 정말 그것을 가지고 계십니다.

하나님께서 당신이 어떤 것들을 가지고 있다고 말씀하셨으면 당신은 정말 그것을 가지고 있는 것입니다.

제 2 장

내가 성경이 진리라고 믿는 이유

　당신이 진정으로 복된 삶을 살기 원한다면, 성경이 제시하고 있는 절대 진리 위에 당신의 인생의 집을 세워야 합니다. 그 이유는 성경은 하나님의 영감으로 쓰여진 책이기 때문입니다. 나는 성경이 진리라고 믿고 살아온 사람입니다. 내가 성경이 진리라고 믿는 이유는 다섯 가지입니다. 그 다섯 가지가 무엇인지에 대해 잠시 후에 말씀드리겠습니다.
　성경을 진리로 받아들이길 원하는 사람들이 쉽게 이해할 수 있도록 내가 성경을 진리라고 믿는 다섯 가지 이유를 뽑아 보았습니다. 나는 성경이 진리라는 사실을 증명하기 위해 신학적이고 어려운 용어들을 쓸 수도 있고 신학적인 자료들을 제시할 수도 있습니다. 그러나 그러한 방법으로 써서 사람들로 하여금 성경이 진리라는 사실을 받아들이게 한 경우는 거의 없습니다.
　그리스도께서 죽었던 나사로를 살리셨다는 소식을 접한 일단의 무리들은 예수를 죽일 음모를 꾸미기 시작하였습니다. 이러한 사실은 예수가 죽은 사람을 살렸다는 소식이 인간의 죄성과 잘못된 생각을 바로 잡아주지 못한다는 사실을 증명하는 좋은 예입니다. 나는 이러한 인간의 죄성에 대해 이미 잘 알고 있기에, 이 장에서 여러분들에게 내가 성경이 진리라고 믿는 이유를 설명 드리고자 하는 것입니다. 여러분들이 이 장을 열린 마음으로 읽는다면, 하나님께서 여러분들을 위해 예비하시고 계획하신 좋은 인생이 어떤 인생인지에 대해 잘 알게 될 것입니다.

내가 성경이 진리라고 믿는 첫 번째 이유: 성경 안에 기록된 수많은 내용들이 서로 상치되지 않기 때문에 나는 성경이 진리라고 믿습니다.

2000여 년이라는 긴 기간 동안 각기 다른 시대에서 태어나 살았던 사람들이 총 66권으로 이루어진 성경을 기록하였습니다. 성경을 기록한 사람들의 직업은 가축 기르는 사람, 양치기, 어부, 정치가, 왕자, 시인, 철학자, 지방장관, 예언자, 제사장, 일반인, 의사 등 다양합니다. 도합 40여명의 사람들이 성경을 기록하였고, 이들이 기록한 성경의 문학적 형태는 매우 다양하여 역사, 시, 예언, 편지, 격언, 비유, 우화 및 연설 등이 있습니다.

성경을 기록한 사람들이 살았던 시대의 문화와 전통도 다양합니다. 이들은 지리적으로 서로 다른 곳에서 살았습니다. 지리적으로 많게는 서로 200마일까지 떨어져 살았던 경우도 있습니다. 두 개의 서로 다른 대륙에서 산 경우도 있습니다. 그럼에도 불구하고, 성경의 모든 책들과 저자들이 말한 진리에 관한 한, 단 한 개의 불일치도 발견되지 않고 있습니다. 즉 성경의 여러 가지 책들은 하나의 교리, 하나의 윤리, 하나의 믿음만을 내세우고 있고, 인간의 구속과 구원을 위한 하나님의 사랑만을 표현하고 있습니다.

성경을 기록한 사람 중에는 남자도 있고 여자도 있습니다. 그들은 지역적으로 보면 수백 마일이나 떨어진 곳에서 평생 동안 한 번도 서로 만나보지 않고 산 사람들입니다. 성경을 쓴 사람들이 살았던 곳들은 시리아, 아라비아, 이탈리아, 그리스, 시나이 사막, 유대 광야, 로마의 감옥, 밧모 섬, 시온 산의 왕궁, 수산의 왕궁, 바빌론의 강 근처, 세다의 강둑 근처 등으로 매우 다양합니다. 이러한 놀라운 다양성에도 불구하고, 그들이 쓴 성경의 기록들은 핵심 진리와 주제에 있어 어떻게 그토록 놀라운 조화와 통일을 이룰 수 있을까요?

이토록 다양한 문화 속에서 산 여러 계층의 사람들이 어떻게 동일한 진리를 써내려갈 수 있었을까요? 그들이 모두 다 제 정신이 아니어서 그렇게 했을까요? 그럴 가능성은 거의 없습니다. 나는 이 사람들이 하나님의 영감을 받아서(inspired by God) 썼고, 하나님이 인간에게 주고 싶어 하시는 복된 삶이라는 주제에 관해 썼기 때문에, 그들이 기록한 진리들이 서로 완전한 연합과 통일성을 이루고 있다고 생각할 수밖에 없다는 결론에 이르게 되었습니다.

성경이 과연 진실을 말해주고 있는 책인지에 대한 것은 2000년에 걸쳐 검증되었습니다. 더군다나 성경에 기록된 내용들이 수천 년을 지나면서 어떤 사람들에 의해 그 내용이나 문장이 바뀌었다는 증거는 그 어디에서도 발견된 적이 없습니다. 현재까지 발견된 모든 고고학적인 발견들은 하나 같이 성경의 기록들이 수천 년을 지나면서 바뀌지 않았다는 사실들을 뒷받침해주고 있습니다. 그러므로 성경의 기록들이 거짓이라고 주장하는 사람들의 주장은 명백히 틀린 주장입니다.

성경이 거짓 기록이라고 주장하고 있는 과학자들은 성경의 이론에 문제가 있다는 자신들의 주장이 옳음을 증명하지 못하고 있습니다. 오히려 과학적인 새로운 발견들은 성경이 주장하고 있는 진리들이 진리임을 강화시켜주고 있을 뿐입니다.

과학자들은 그 동안 많은 실수들을 범해왔습니다. 수백 년 전의 과학자들은 지구가 평평하다고 믿었습니다. 1890년 후반에 살았던 어떤 유명한 과학자는 "만일 말이 끌지 않는 그 어떤 물체가 혼자의 힘으로 시간당 50마일의 속도로 갈 수 있다면 그 물체에 탄 사람은 숨을 쉴 수 없게 된다"고 장담했습니다. 몇 년 전까지만 하더라도 고혈압 환자의 혈압을 낮추기 위해 환자가 피를 흘리도록 하는 방법을 썼습니다.

> 오직 주의 말씀은 세세토록 있도다 하였으니 너희에게 전한 복음이 곧 이 말씀이니라.(벧전 1:25)

내가 성경이 진리라고 믿는 두 번째 이유: 순교자들의 삶을 보고, 나는 성경의 기록이 진리라고 믿습니다.

기독교 역사를 살펴보면, 여러 권력자들과 정치가들이 하나님을 믿는 사람들의 믿음을 없애려는 시도들을 해 왔음을 잘 알 수 있습니다. 그들은 기독교인들을 혹독하고 무자비하게 고문하고 핍박하였습니다. 성경을 불 태웠습니다. 성경을 배포하거나 성경에 기록된 진리들을 전하는 사람들을 돌로 쳐 죽였으며, 야생 동물들의 밥이 되게 하거나 뜨거운 기름에 빠뜨려 죽였습니다. 그들이 하나님의 선지자들과 그들의 가르침을 추종하는 사람들을 죽인 것입니다.(히 11:32-38, 계 6:9)

남자와 여자를 불문하고 *구름 같이 둘러싼 허다한 증인들* (히 12:1-3)이 예수 그리스도와 그분이 전하신 사랑의 원칙을 전하며 살다가 박해를 당했습니다. 그럼에도 그들은 복수하지 않았습니다. 그들은 악을 선으로 갚았습니다. 그들은 자신을 핍박하고 죽이는 사람들이 잘못되기를 바라지 않았습니다. 그들은 사람들을 사랑하며 살았고 원수까지 사랑하다 죽었습니다.

우리 형제들이 어린 양의 피와 자기들이 증언하는 말씀으로써 그를 이겼으니 그들은 죽기까지 자기들의 생명을 아끼지 아니하였도다.(계 12:11)

그들은 예수가 하신 다음과 같은 말씀이 진리임을 믿었습니다: *새 계명을 너희에게 주노니 서로 사랑하라. 내가 너희를 사랑한 것 같이 너희도 서로 사랑하라.*(요 13:34)

내가 진실로 진실로 너희에게 이르노니 종이 주인보다 크지 못하고 보냄을 받은 자가 보낸 자보다 크지 못하나니.(요 13:16)

사람이 친구를 위하여 자기 목숨을 버리면 이보다 더 큰 사랑이 없나니.(요 15:13)

그(예수)가 우리를 위하여 목숨을 버리셨으니 우리가 이로써 사랑을 알고 우리도 형제들을 위하여 목숨을 버리는 것이 마땅하니라.(요일 3:16)

수많은 사람들이 성경에 기록된 복음을 믿고 사랑을 실천하다가 죽었다는 사실을 알고서 나는 큰 감동을 받았습니다. 정치적 신념 때문이거나 종교에 심취해서 이들이 죽기까지 사랑을 실천한 것이 아닙니다. 이들의 삶과 죽음은 이들이 절대적인 진리를 믿었다는 것을 확실하게 증명해주고 있습니다.

내가 성경이 진리라고 믿는 세 번째 이유: 나에게 성경이 진리라고 가르쳐 준 사람들의 삶을 자세히 살펴 본 결과, 나는 성경이 진리라고 믿게 되었습니다.

내가 알고 있는 기독교인들은 내가 속한 사회에서는 가장 복된 삶을 살아가고 있는 사람들입니다.

내가 알고 있는 기독교인들은 강간범이 아니고, 왜곡된 성관계를 하는 사람들이 아니고, 선동가들도 아니며, 도둑들도 아닙니다. 그들은 빌린 돈을 갚지 않거나, 사업에서 부정직하지 않습니다. 그들은 또한 반란을 일으키거나 기물을 파괴하는 사람들이 아닙니다.

내가 알고 있는 기독교인들은 평화롭고 선하고 사람들을 사랑하는 사람들이고, 내가 소속해 있는 사회를 이끌어 가는데 중추적인 역할을 담당하고 있는 사람들입니다. 그들은 내가 충분히 신뢰할 만한 사람들입니다. 그들은 사회를 무너뜨리는 사람들이 아니라, 사회를 세워나가는 사람들입니다. 그들은 열심히 일하는 사람들이지 게으른 사람들이 아닙니다. 그들의 집에 있는 살림살이들은 깨끗하게 잘 정리되어있고, 그들의 가정에는 사랑이 있고, 그들의 삶에는 정결함이 있습니다.

그들은 자녀들이나 친구들을 구타하거나 학대하지 않습니다. 그들의 가족원들은 어떤 일이 일어나면 그 일을 해결하기 위해 같이 기도하고 같이 협력합니다. 그들의 가정을 지배하는 원리는 사랑입니다.

나는 이러한 기독교인들의 삶을 보고, 기독교에 대한 나의 마음이 열렸습니다.

그들은 성경이 진리라고 믿고 받아들이는 사람들입니다. 그들은 성경이 제시하고 있는 삶의 원리들을 실천하며 사는 사람들입니다. 그래서 나는 그 사람들을 신뢰할 수 있게 되었습니다. 그들의 삶에 좋은 열매가 맺는 곳을 보고 나도 그들과 같은 인생의 열매를 맺을 수 있게 되기를 바라는 마음이 생겨나게 되었습니다.

내가 성경이 진리라고 믿는 네 번째 이유: 나는 그리스도의 이 세상에서의 삶을 보고 성경에서 말하고 있는 것이 진리라고 믿게 되었습니다.

예수 그리스도는 좋은 분이셨습니다. 그분은 친절하셨고 사랑이 많으셨고 평화의 사람이었습니다. 그분은 착한 일들을 많이 하셨습니다. 그분은 나이에 상관없이, 세상 직위와 재물의 소유 정도에 상관없이, 피부색에 상관없이, 성별과 종족에 상관없이, 만나는 모든 사람들을 사랑하시고 돌보셨습니다.

그분은 역사상 가장 훌륭하고 가장 자유로운 세상을 만들기 위한 확실한 원칙을 제시하셨습니다. 그분은 사람들에 대해 그 어떤 미움의 마음이나 시기 질투의 마음이 없으셨습니다. 그분은 사람들을 사랑하셨고, 도움이 필요한 사람들을 도와주셨고, 아픈 사람들을 고쳐주셨고, 낙망하고 좌절해있는 사람들에게 용기를 주셨습니다.

그분은 친구 한명 없이 외롭게 사는 사람들에게 다가가 그들의 친구가 되어주셨습니다. 그분은 도저히 사랑할 수 없는 사람들을 사랑하셨고, 인간의 관점으로 볼 때 가치가 없다고 여겨지는 사람들에게도 스스럼없이 다가가 그들에게 사랑과 축복을 부어주셨습니다.

그분께서 사신 삶은 너무도 고귀하였습니다. 높은 기준의 삶을 살았던 종교 지도자들 중에서도 조차도 예수님처럼 귀한 삶을 산 사람은 아직 없습니다.

예수께서는 다음과 같은 말씀을 하셨습니다: 남에게 대접을 받고자 하는 대로 너희도 남을 대접하라.(눅 6:31)

너희에게 이르노니 너희 원수를 사랑하며 너희를 박해하는 자를 위하여 기도하라. 이같이 한즉 하늘에 계신 너희 아버지의 아들이 되리니, 이는 하나님이 그 해를 악인과 선인에게 비추시며 비를 의로운 자와 불의한 자에게 내려주심이라.(마 5:44-45)

예수님은 성경을 진리로 믿고 사신 분이십니다. 그분은 성경을 하나님의 온전하신 말씀으로 믿었기 때문에, 평소에 말씀하실 때 성경을 자주 인용하셨습니다. 그분은 성경의 가르침대로 사셨고, 성경을 사람들에게 가르치셨고, 성경이 진리임을 몸소 증명해 보이셨습니다. 그분은 좋으신 분이셨고 정직하신 분이셨습니다. 그분은 남들을 속이거나 교활한 분이 전혀 아니셨습니다. 그렇기 때문에 나는 이 세상의 그 어떤 훌륭한 사람들의 말보다 그분의 말을 더 신뢰하지 않을 수가 없습니다.

그분은 문둥병자들을 고쳐주셨고 아픈 사람들의 병을 고쳐주셨으며, 죽었던 사람들을 살려주셨습니다. 그럼에도 불구하고 그를 믿지 않는 사람들은 그를 죽이려고 하였습니다. 그분께서 절음발이를 고쳐주었을 때에는, 일단의 사람들이 그가 귀신들렸다며 그를 비난하였습니다. 그분이 사람들에게 도움을 주었을 때마다 어떤 부류의 사람들은 그를 죽이려고 하였습니다. 오늘날도 이런 일들이 일어나고 있습니다. 성경을 믿지 않는 사람들이 주로 살고 있는 곳에서는 기독교인들을 무자비하고도 맹렬하게 핍박하는 일들이 자주 일어나고 있습니다. 그들은 예수 그리스도의 사랑과 치유와 평화가 그들이 속한 사회를 파괴시킬 것이라고 생각하고 있기 때문에, 기독교인들에 대해 매우 적대적인 태도를 취하고 있는 것입니다.

예수님 당시 일단의 사람들은 예수 그리스도를 증오하여 그분에 대한 악 소문들을 만들어 퍼뜨렸고, 급기야는 정책 당국으로부터 그를 십자형에 처해도 좋다는 허락을 받아내는데 성공하였습니다.

그들은 거짓증인들과 거짓 고소인들을 내세워 예수를 모함하고 고소하였습니다. 그러나 예수님께서는 그런 악한 사람들에게 한 번도 악의에 찬 말을 하시거나 불친절한 태도를 보이지 않으셨고, 그들이 한 짓에 대해 보복하지도 않으셨습니다. 그분은 모함 받아 죽으시는 그 순간까지 그들의 잘못을 용서해 달라고 하나님께 기도하였습니다.(눅 223:34)

예수를 취조하고 난 빌라도는, "내가 보니 이 사람에게 죄가 없도다."(눅 23:4) 라고 말했습니다. 그는 예수에게서 아무 잘못도 발견해 낼 수 없었던 것입니다. 그분은 완전한 분이셨습니다. 그렇기 때문에 나는 그런 그분을 신뢰하지 않을 수 없습니다. 그렇기 때문에 나는 그분이 하신 말을 신뢰하지 않을 수 없습니다.

예수님께서는 이렇게 말씀하셨습니다: 너희가 성경도, 하나님의 능력도 알지 못하는 고로 오해하였도다.(마 22:29)

이는 성경을 이루려 함이니라.(막 14:49)

예수님께서는 길을 가고 있는 제자들에게 나타나셔서, 모세와 모든 선지자의 글로 시작하여 모든 성경에 쓴 바, 자기에 관한 것을 자세히 설명하셨습니다.(눅 24:27) 그러자 제자들의 눈이 밝아졌습니다. 그래서 그들은, "길에서 우리에게 말씀하시고 우리에게 성경을 풀어 주실 때에 우리 속에서 마음이 뜨겁지 아니하더냐?" (눅 24:32, 45) 라고 하였습니다.

예수님께서는 사람들에게, "성경에서 영생을 얻는 줄 생각하고 성경을 연구하거니와 이 성경이 곧 내게 대하여 증언하는 것이니라."(요 5:39) 고 말씀하셨고, 종교 지도자들에게는, "너희가 성경에 건축자들이 버린 돌이 모퉁이의 머릿돌이 되었다."(막 12:10) 라고 말씀하심으로 자신이 그들이 버린 귀한 돌이심을 나타내셨습니다. 그분께서 기적을 행하시며 사람들을 가르치실 때에 사람들에게 자신을 통해 성경의 예언들이 응하게 되었다(요 13:18, 요 17:12, 요 19:24, 28, 36)고 하셨습니다.

신약 성경에는 성경에 기록된 내용들이 하나님의 말씀이고, 성경에 예언된 일들은 반드시 일어나게 될 것이므로, 성경을 믿으라는 촉구의 말씀이 성경에 무려 90여 번이나 기록되어 있습니다.

예수님은 성경이 진리인 것을 몸소 증명하신 분이십니다. 그분의 탄생, 삶, 죽음 및 부활과 그분의 가르침과 그분이 행하신 기적이 그분이 태어나시기 수백 년 전에 성경에 정확하게 예언되어 있습니다.

그리스도께서 행하신 모든 것들이 성경이 하나님의 약속의 말씀이란 것을 증명하여 줍니다. 그 어떤 사람이든 성경의 기록들을 신뢰하고 받아들여 성경에 기록된 진리들을 실천하고 산다면, 하나님께서 성경을 통해 인간들에게 약속하신 축복의 약속들이 실현되는 일들이 그 사람의 삶에 반드시 일어나게 됩니다. 이것이 바로 우리가 성경을 믿고 받아들여야하는 가장 중요한 이유들 중에 하나입니다. 더군다나 성경의 진리들을 거절하고 사는 사람들의 혼미한 삶과 성경이 약속하고 있는 복된 삶을 비교하면 성경을 믿지 않을 이유가 전혀 없게 됩니다.

그리스도의 삶과 그리스도 이후에 태어나서 그리스도를 믿고 살아간 수많은 사람들의 복된 삶을 가만히 들여다보면, 그리스도를 믿지 않을 이유가 없어집니다. 나는 신중한 고려 끝에 그리스도를 믿는 것이 최선의 선택임을 분명히 알 게 되었습니다.

내가 성경이 진리라고 믿는 다섯 번째 이유: 예수가 십자가 처형을 당하고 난 후에 일어난 일련의 사건들을 보니, 나는 성경이 진리라고 믿지 않을 수 없게 되었습니다.

그분께서는 십자가에서 죽임을 당하신 후 무덤에 묻히시고 난 후 일어난 사건들에 대해 성경은 이렇게 말합니다: *그가 고난 받으신 후에 또한 그들에게 확실한 많은 증거로 친히 살아 계심을 나타내사, 사십 일 동안 그들에게 보이시며 하나님 나라의 일을 말씀하시니라.*(행 1:3)

사람들은 죽었다가 다시 살아난 예수를 자신들의 눈으로 직접 보았고, 자신들의 손으로 직접 만져보았고, 그와 대화도 나누어 보았습니다. 사람들은 다시 살아난 예수와 같이 생선도 구워 먹었습니다. 사람들은 다시 살아난 그의 손과 발과 옆구리에 난 상처 자국들을 자신들의 손으로 만져보았습니다. 죽었다가 다시 살아난 예수를 목격한 것에 대한 것이 성경 여러 곳에 기록되어 있습니다.(요 20:14, 20, 26-27, 21:4-14, 눅 24:13-15, 눅 24:30-31, 36-46)

스데반도 예수를 보았습니다.(행 7:54-60)

초대 교회의 신자들을 핍박하였던 다소의 사울도 주님을 보았습니다.(행 9:2-8, 행 26:13-15) 그는 예수를 본 후, 겸손하게 주님을 따르는 사람이 되었습니다.

게바(베드로)도 다시 살아나신 예수를 보았습니다. 500명의 사람들이 한꺼번에 다시 살아난 예수를 보았습니다. 야고보도 보았고, 모든 사도들이 살아나신 예수를 보았습니다.(고전 15:5-7)

여기에 열거된 부활하신 예수를 본 사람들은 남을 속이지 않는 정직한 사람들로 판단될 수밖에 없는 삶을 산 사람들입니다. 그러므로 우리는 그 사람들이 다시 살아난 예수를 보았다는 말을 충분히 신뢰해도 좋습니다.

거의 이천년이라는 오랜 세월에 걸쳐 수많은 사람들이 자신의 삶에 예수가 나타났다고 증언하였습니다. 그들은 다시 살아난 예수를 보았다고 증언한 사람들입니다.

이 세기에 그리스도를 목격한 사람들을 증언을 기록하여 책으로 낸다면 여러 권이 될 것입니다.

그런 책이 발간된다면, 그 책에 나의 개인적인 간증도 포함될 수 있었으면 좋겠습니다. 내 자신 주님을 보았습니다. 어느 날 아침 여섯시 경에 그분께서 내가 있는 방안으로 들어오셨습니다. 나는 그분을 두 눈으로 뚜렷하고 확실하게 보았습니다.

내가 예수를 본 경험을 하고나서, 나와 나의 아내는 50년이 넘게 세계 73개국을 돌아다니며 수많은 사람들에게 복음을 전했습니다. 우리의 전도 집회에는 한번 모일 때 마다 약 20,000명에서 300,0000명 정도가 모였습니다.

우리의 인도한 수많은 전도 집회에서 예수를 본 사람이 나오지 않았던 적은 한 번도 없었습니다. 그리고 우리가 전도 집회를 열 때마다 사람들이 구원받았고, 축복받았고, 병이 치료받았습니다.

우리가 인도네시아의 드자카르타(Djakarta)라는 곳에서 집회를 열고 있었을 때 그 집회 참석한 한 모슬렘 교도는 예수가 십자가에 달려 피를 흘리시는 장면을 보았습니다. 그 결과 그 모슬렘 교도는 예수를 따르는 사람이 되었습니다.

우리가 인도의 누크나우(Lucknow)란 곳에서 전도 집회를 열고 있을 때에는 눈이 먼 한 힌두교도가 집회에 참석하여 눈을 뜨게 되었습니다.

우리가 쿠바의 카마구이(Camaguey)에서 집회를 열고 있을 때에는, 눈이 완전히 먼 한 사람이 우리 집회에 참석하여 밝은 빛이 갑자기 자기 앞에 있는 것을 보게 되었습니다. 그러한 경험을 하자마자 그 사람의 시력이 회복되었습니다.

칠레의 산티아고(Santiago)에서 있었던 우리의 전도 집회에서는 어떤 악명 높은 범죄자가 참석하여 예수를 보고나서 신실한 그리스도인 되었습니다. 과테말라에서는 자기의 아들을 두들겨 패며 살고 있던 술주정뱅이가 우리의 전도 집회에 참석하고 나서 예수를 믿게 되었습니다. 그 집회에서 참석했던 암에 걸려 사람들에게 버림을 받으며 살아가고 있었던 한 여자는 예수님을 보고 나자, 암 덩어리가 순식간에 사라져버렸습니다.

태국에서는 백 명의 넘는 승려들이 일시에 주 예수께서 그 집회에 모인 군중들 위에 서계신 것을 보았습니다. 그렇다면 백 명이 넘는 승려들이 예수를 일시에 보았다고 거짓 증언을 한 것입니까? 그 승려들의 대부분이 그날 기독교로 개종하였습니다.

나는 최근에 미국의 유명한 과학자가 예수가 하나님의 오른 쪽에 서계신 것을 보았다고 간증하는 것을 들었습니다. 이러한 간증은 스데반이 한 간증과 흡사한 간증입니다.(행 7:56) 물론 이 과학자는 이러한 경험 후에 그리스도를 받아들여서 다시 태어났습니다. 그리고 나서 그 과학자는 많은 과학자들에게 하나님을 믿으라고 호소하고 다녔습니다.

미국에서 폭동을 선동하기로 유명한 어떤 공산주의 신봉자가 예수 그리스도를 믿게 되었습니다. 그 사람은 프랑스의 남부에서 7년 동안 도피생활을 하고 있었습니다. 거기서 그는 삶의 문제와 어린 아들의 문제로 고민하고 있었을 때 하늘을 쳐다보았는데, 그의 눈앞에 주 예수 그리스도께서 나타나셨습니다. 그래서 그는 그분에게 무릎을 꿇고 그분을 삶의 주인으로 받아들여 거듭나게 되었습니다.

이제까지 내가 기록한 예수를 믿어야할 이유들은 우리가 예수를 믿어야하는 충분한 근거들을 제공해 줍니다. 예수의 사역을 통해 일어났던 기적들과 동일한 종류의 기적들이 우리 사역을 통해 40여 년 동안 일어났습니다. 이러한 일들은 *예수 그리스도는 어제나 오늘이나 영원토록 동일하시다*(히 13:8)는 성경의 가르침이 진리임을 증명해 주고 있습니다.

자메이카에서는 125명의 귀머거리들이 고침을 받았습니다. 일본에서는 단 한 번의 집회를 통해 45명의 귀머거리들이 듣게 되었습니다. 케냐에서는 62명의 장님이 눈을 떴고, 나이지리아에서는 40명의 장님이 눈을 떴고, 인도네시아에서는 30명의 눈먼 사람들이 볼 수 있게 되었습니다. 푸에토리코에서는 11명의 문둥병자가, 아프리카에서는 14명의 문둥병자가, 남아메리카에서는 8명의 문둥병자가 고침을 받았습니다.

뉴욕에서, 칠레에서, 콜롬비아에서는 고침을 받은 사람들이 놔 두고 간 목발들과 신체 교정기가 작은 더미를 이루었습니다. 트리니다드와 코스타리카 그리고 네덜란드와 프랑스에서는 수십 명의 암환자들이 고침을 받았습니다. 지난 사십년 동안 우리는 성경이 말하고 있는 것이 진리라는 사실을 전 세계 곳곳에서 목격하여 왔습니다.

예수 그리스도께서 부활하신 후에 일어난 수많은 일들을 보니, 내가 성경이 진리라는 사실을 믿지 않을 수 없게 되었습니다.

성경은 하나님의 말씀입니다. 성경은 진리입니다.

요한은 예수님께서 행하셨던 기적 사역들을 기록하면서 다음과 같이 말했습니다: 예수께서 제자들 앞에서 이 책에 기록되지 아니한 다른 표적도 많이 행하셨으나 오직 이것을 기록함은 너희로 예수께서 하나님의 아들 그리스도이심을 믿게 하려 함이요, 또 너희로 믿고 그 이름을 힘입어 생명을 얻게 하려 함이니라.(요 20:30-31)

그리스도께서 병들고 귀신들린 사람들을 수없이 많이 고쳐주신 것에 대해 성경은 다음과 같이 기록하고 있습니다: *이는 선지자 이사야를 통하여 하신 말씀에 우리의 연약한 것을 친히 담당하시고 병을 짊어지셨도다 함을 이루려 하심이더라.*(마 8:17)

예수를 통해 일어난 기적들이 성경이 진리라고 말해줍니다. 그와 같은 기적들은 오늘날에도 일어나고 있다는 사실 역시 성경이 진리임을 말해줍니다. 이번 세기에 예수를 통해 일어난 기적은 신문, 라디오 방송과 텔레비전 방송을 통해 수없이 많이 보도되었습니다.

매우 저명한 과학자가 최근에 다음과 같은 말을 했습니다: "과학의 절대성이 무너져 내리고 있습니다. 우리는 지금 하나님과 성경으로 회귀하고 있습니다. 성경만큼 생명에 관한 해답을 주는 것은 그 어디에도 없습니다."

제 3 장

좋은 인생에 관한 사실들

하나님 안에서 당신의 존재의 근원을 찾게 되고, 당신을 세상에 태어나게 하신 하나님의 목적을 발견하게 되면 당신은 참으로 복된 삶을 살 수 있습니다.

좋은 인생은 긍정적인 믿음, 긍정적인 사고, 긍정적인 언어생활과 긍정적인 태도를 기반으로 세워지는 삶입니다.

그렇다면 긍정적인 믿음의 원천은 무엇일까요?

믿음은 들음에서 나며 들음은 그리스도의 말씀으로 말미암았느니라.(롬 10:17)

이 장에서 나는 지루하고 일상적인 평범한 삶을 떠나 하나님과 함께하는 열매 맺는 삶을 살 수 있도록 해줄 수 있는 52가지의 사실에 대해 말씀드릴 것입니다. 이 52가지의 사실들을 인정하고 받아들이게 되면, 죄책감과 수치심으로 얼룩진 삶에서 벗어나, 하나님과 교제하며 그분과의 조화로운 관계의 삶을 살 수 있게 됩니다.

그러므로 이 52가지 사실들은 근본적으로 여러분들로 하여금 자신이 누구인지, 어떻게 해야 하나님께 나아가 그분의 삶의 스타일을 부여받을 수 있게 되는 지에 대해 말해주고 있습니다.

나는 이 장을 통해 여러분들이 삶의 새로운 목적을 발견하게 됨으로 새 힘을 부여받아 힘차게 인생을 살아나가게 되리라고 생각합니다. 이 장을 통해 여러분들은 패배에서 성공으로, 지루함에서 열정으로, 문제의 삶에서 문제 해결의 삶으로, 눌림의 삶에서 기쁨의 삶으로, 가난에서 번영으로, 절망에서 행복으로 나가는 발판을 닦게 될 것입니다.

여러분이 축복을 받게 되면 여러분의 가족들도 그 혜택을 입게 됩니다.

성경은 누구든지 그리스도 안에 있으면 새로운 피조물이라 이전 것은 지나갔으니 보라 새 것이 되었다(고후 5:17)고 선언하고 있습니다.

이 장에서 기술할 52가지의 사실들은 여러분들을 좋은 인생으로 인도해 줄 것입니다. 이 52가지의 사실들을 기초로 여러분의 삶이 세워진다면 그 삶을 통해 하나님의 풍요로움이 여러분과 여러분이 속한 가정을 덮는 일들이 일어나게 될 것입니다.

이 52가지의 사실들을 자주 읽고 생각해 보십시오. 기도할 때도 이 사실들을 기억하며 기도하십시오. 할 수만 있다면 이 52가지 사실들을 다 기억해놓으십시오. 친구들과 가족 친척들에게 이 52가지 사실들에 대해 말해주십시오. 이 52가지의 사실들이 여러분의 마음과 입술에서 떠나지 않고 계속 머물러 있다면 여러분들은 반드시 좋은 인생을 살게 될 것입니다.

좋은 인생을 살기 시작한 사람들은, 본인의 의사와는 상관없이, 여러분을 대적하는 존재를 만나게 될 것입니다. 성경은 당신을 대적하는 존재를 사탄이라고 부릅니다. 성경은 무려 175번에 걸쳐 사탄에 대해 언급하고 있습니다. 성경에서는 사탄을 다음과 같이 지칭하고 있습니다: *루시퍼*(사 14:12-14), *귀신*(마 4:1, 엡 6:11), *사탄*(계 12:9), *대적*(벧전 5:8), *이 세상 신*(고후 4:4), *원수*(마 13:39), *시험하는 자*(마 4:3), *악한 자*(마 13:19), *이 어두움의 세상 주관자*(엡 6:12), *살인한 자*(요 8:44)

당신은 당신을 참소하는 자(계 12:10)로서의 사탄을 가장 많이 만나게 될 것입니다.

여러분들이 사시다가 특별히 낙담하는 일을 만나거나, 삶에서 하나님을 경험한 것에 대한 의심이 생겨나는 일을 겪게 된다면, 이 52가지의 사실들을 다시 읽고 그 의미를 음미해 보십시오. 그렇게 하면 여러분들은 잃어버렸던 용기를 다시 찾게 될 것입니다.

마귀가 여러분들을 공격할 때면, 이 52가지의 사실들을 상기하십시오. 그러면 야고보가 말한 대로 마귀가 여러분들을 *피하게 되는*(약 2:7) 일이 일어납니다.

사도 요한은, *여러 형제가 어린 양의 피와 자기의 증거하는 말을 인하여 저(사탄)를 이기었으니 그들은 죽기까지 자기 생명을 아끼지 아니하였도다* (계 12:11) 라고 말하였습니다. 예수님께서는 사탄이 공격을 해 왔을 때, *"(성경에) 기록되었으되"*(마 4:4, 7, 10) 라고 말하여 성경의 기록들을 인용하심으로, 사탄을 물리치셨습니다.

만일 마귀가 당신을 공격한다면 마귀에게 이제 곧 여러분들에게 말씀드릴 52가지의 사실들에 대해 선포하고, 당신이 성경이 진리임을 받아들인다고 마귀에게 담대하게 선언하십시오. 그렇게 하는 것은 예수가 하셨던 방법과 동일하기에 마귀는 여러분의 그런 선언을 듣고 여러분에게서 물러 갈 것입니다.

이에 마귀는 예수를 떠나고 천사들이 나아와서 수종드니라.(마 4:11)

그러므로 다음의 52가지 사실들을 공부하시고, 각각에 사실들에 대해 기록된 성경구절들을 입으로 고백하시고 마음으로 받아들이십시오.

1. 당신은 그리스도를 받아들이기 전에는 구원받지 못한 존재였습니다.

   모든 사람이 죄를 범하였으매 하나님의 영광에 이르지 못하더니 (롬 3:23)

2. 당신은 하나님보시기에 죄로 인해 죽을 수밖에 없었던 존재였습니다.

   죄의 삯은 사망이요. 하나님의 은사는 그리스도 예수 우리 주 안에 있는 영생이니라.(롬 6:23)

3. 하나님께서 당신을 너무도 사랑하셨기 때문에 당신을 죽게 내버려 두실 수가 없으셨습니다.

주의 약속은 어떤 이들이 더디다고 생각하는 것 같이 더딘 것이 아니라. 오직 주께서는 너희를 대하여 오래 참으사 아무도 멸망하지 아니하고 다 회개하기에 이르기를 원하시느니라.(벧후 3:9)

4. 하나님께서는 당신에 대한 사랑을 확증하시기 위해, 그분이 가지신 최고의 것을 당신에게 주기로 결정하셨습니다.

하나님이 세상을 이처럼 사랑하사 독생자를 주셨으니, 이는 그를 믿는 자마다 멸망하지 않고 영생을 얻게 하려 하심이라.(요 3:16)

5. 그리스도는 하나님이 당신에게 주시는 선물입니다. 그분은 당신을 위해 죽으셨습니다.

우리가 아직 죄인 되었을 때에 그리스도께서 우리를 위하여 죽으심으로 하나님께서 우리에 대한 자기의 사랑을 확증하셨느니라. (롬 5:8)

6. 당신의 죄가 당신과 하나님 사이를 갈라놓았습니다.

오직 너희 죄악이 너희와 너희 하나님 사이를 갈라놓았고 너희 죄가 그의 얼굴을 가리어서 너희에게서 듣지 않으시게 함이니라.(사 59:2)

7. 당신의 죄로 인해 하나님의 아들이 피를 흘리시고 죽음으로 생명까지도 우리를 위해 내놓으셨다는 것이 이해가 되신다면, 죄인인 것을 인정하시고 회개하여야 합니다.

하나님의 뜻대로 하는 근심은 후회할 것이 없는 구원에 이르게 하는 회개를 이루는 것이요.(고후 7:9-10)

너희도 만일 회개하지 아니하면 다 이와 같이 망하리라.(눅 13:3)

8. 그분께 당신의 죄를 인정하시고 고백하심으로 깨끗하게 됩니다.

만일 우리가 우리 죄를 자백하면 그는 미쁘시고 의로우사 우리 죄를 사하시며 우리를 모든 불의에서 깨끗하게 하실 것이요.(요일 1:9)

9. 예수님께서 여러분의 마음의 문 밖에 서계십니다. 마음의 문을 열면 그분께서 당신의 마음 안으로 들어가십니다.

내가 문 밖에 서서 두드리노니 누구든지 내 음성을 듣고 문을 열면 내가 그에게로 들어가 그와 더불어 먹고 그는 나와 더불어 먹으리라.(계 3:20)

10. 당신은 예수를 받아들임으로 하나님의 자녀가 되었습니다.

영접하는 자 곧 그 이름을 믿는 자들에게는 하나님의 자녀가 되는 권세를 주셨으니.(요 1:12)

11. 당신은 새로운 피조물이 되었습니다.

그런즉 누구든지 그리스도 안에 있으면 새로운 피조물이라 이전 것은 지나갔으니 보라 새 것이 되었도다.(고후 5:17)

12. 당신은 그리스도를 받아들였기 때문에 다시 태어난 것입니다.

예수님께서는 다음과 같은 말씀들을 하셨습니다: 내가 네게 거듭나야 하겠다 하는 말을 놀랍게 여기지 말라.(요 3:7)

영접하는 자 곧 그 이름을 믿는 자들에게는 하나님의 자녀가 되는 권세를 주셨으니(요 1:12)

이는 혈통으로나 육정으로나 사람의 뜻으로 나지 아니하고 오직 하나님께로부터 난 자들이니라.(요 1:13)

베드로는 이렇게 말했습니다: 너희가 거듭난 것은 썩어질 씨로 된 것이 아니요 썩지 아니할 씨로 된 것이니 살아 있고 항상 있는 하나님의 말씀으로 되었느니라.(벧전 1:23)

13. 당신은 당신을 구원하는 능력 있는 복음을 믿고 받아들였습니다.

내가 복음을 부끄러워하지 아니하노니 이 복음은 모든 믿는 자에게 구원을 주시는 하나님의 능력이 됨이라.(롬 1:16)

14. 당신은 성경에 기록된 복음의 말씀을 믿었기 때문에 주 예수 그리스도의 이름을 믿고 받아들인 것입니다.

오직 이것을 기록함은 너희로 예수께서 하나님의 아들 그리스도이심을 믿게 하려 함이요 또 너희로 믿고 그 이름을 힘입어 생명을 얻게 하려 함이니라.(요 20:31)

15. 당신이 그분의 이름을 부름으로 구원받습니다.

누구든지 주의 이름을 부르는 자는 구원을 받으리라.(롬 10:13)

16. 예수가 우리를 하나님께로 인도하는 유일한 길입니다.

예수께서 가라사대 내가 곧 길이요 진리요 생명이니 나로 말미암지 않고는 아버지께로 올 자가 없느니라.(요 14:6)

하나님은 한 분이시요 또 하나님과 사람 사이에 중보자도 한 분이시니 곧 사람이신 그리스도 예수라.(딤전 2:5)

17. 인간의 힘으로는 구원을 받을 수 없습니다.

다른 이로써는 구원을 받을 수 없나니 천하 사람 중에 구원을 받을 만한 다른 이름을 우리에게 주신 일이 없음이라 하였더라.(행 4:12)

18. 예수는 당신을 구원하시는 유일한 분이십니다.

너희는 그 은혜에 의하여 믿음으로 말미암아 구원을 받았으니 이것은 너희에게서 난 것이 아니요 하나님의 선물이라. 행위에서 난 것이 아니니 이는 누구든지 자랑하지 못하게 함이라.(엡 2:8-9)

19. 주님이 당신 안에 들어오실 수 있다는 사실을 믿으십시오.

내가 그들 가운데 거하며 두루 행하여 나는 그들의 하나님이 되고 그들은 나의 백성이 되리라. 너희에게 아버지가 되고 너희는 내게 자녀가 되리라. 전능하신 주의 말씀이니라.(고후 6:16, 18)

20. 당신의 선한 행위나 자기 의(self-righteousness)로는 구원을 받을 수 없습니다.

대저 우리는 다 부정한 자 같아서 우리의 의는 다 더러운 옷 같으며 우리는 다 쇠패함이 잎사귀 같으므로 우리의 죄악이 바람같이 우리를 몰아가나이다.(사 64:6)

행위에서 난 것이 아니니 이는 누구든지 자랑하지 못하게 함이라.(엡 2:9)

21. 당신이 구원받은 것은 하나님의 자비 때문입니다.

우리를 구원하시되 우리가 행한 바 의로운 행위로 말미암지 아니하고 오직 그의 긍휼하심을 따라 중생의 씻음과 성령의 새롭게 하심으로 하셨나니, 우리 구주 예수 그리스도로 말미암아 우리에게 그 성령을 풍성히 부어 주사 우리로 그의 은혜를 힘입어 의롭다 하심을 얻어 영생의 소망을 따라 상속자가 되게 하려 하심이라.(딛 3:5-7)

22. 그리스도의 죽음이 당신이 하나님 앞에 당당하게 설 수 있는 근거를 마련해주었습니다.

그러므로 우리가 믿음으로 의롭다 하심을 받았으니 우리 주 예수 그리스도로 말미암아 하나님과 화평을 누리자.(롬 5:1)

23. 예수가 흘리신 피가 당신의 죄를 영원히 없이하였습니다.

이것은 죄 사함을 얻게 하려고 많은 사람을 위하여 흘리는 바 나의 피 곧 언약의 피니라.(마 26:28)

그러면 이제 우리가 그의 피로 말미암아 의롭다 하심을 받았으니 더욱 그로 말미암아 진노하심에서 구원을 받을 것이니.(롬 5:9)

24. 당신은 죄로부터 깨끗함을 받았습니다.

우리를 사랑하사 그의 피로 우리 죄에서 우리를 해방하시고 (계 1:5)

그 아들 안에서 우리가 속량 곧 죄 사함을 얻었도다.(골 1:14)

25. 당신의 죄는 당신에게서 분리되어졌기에 하나님은 당신의 죄를 기억하지 못하십니다.

이튿날 요한이 예수께서 자기에게 나아오심을 보고 이르되 보라 세상 죄를 지고 가는 하나님의 어린 양이로다.(요 1:29)

동이 서에서 먼 것 같이 우리의 죄과를 우리에게서 멀리 옮기셨으며(시 103:12)

그들의 죄와 그들의 불법을 내가 다시 기억하지 아니하리라.(히 10:17)

26. 그리스도의 죽음으로 인해 당신의 죄의 값이 다 치러졌습니다.

친히 나무에 달려 그 몸으로 우리 죄를 담당하셨으니 이는 우리로 죄에 대하여 죽고 의에 대하여 살게 하려 하심이라. 그가 채찍에 맞음으로 너희는 나음을 얻었나니(벧전 2:24)

그가 찔림은 우리의 허물 때문이요 그가 상함은 우리의 죄악 때문이라. 그가 징계를 받으므로 우리는 평화를 누리고 그가 채찍에 맞으므로 우리는 나음을 받았도다.(사 53:5)

27. 당신의 죄로 인한 처벌을 그리스도가 이미 받음으로 당신의 죄가 당신에게서 씻겨 나갔기 때문에, 당신은 죄로 인해 다시 처벌받는 일이 결코 없습니다.

그러므로 이제 그리스도 예수 안에 있는 자에게는 결코 정죄함이 없나니(롬 8:1)

하나님이 죄를 알지도 못하신 이를 우리를 대신하여 죄로 삼으신 것은 우리로 하여금 그 안에서 하나님의 의가 되게 하려 하심이라.(고후 5:21)

이것들을 사하셨은즉 다시 죄를 위하여 제사 드릴 것이 없느니라.(히 10:18)

누가 우리를 그리스도의 사랑에서 끊으리요. 환난이나 곤고나 박해나 기근이나 적신이나 위험이나 칼이랴.(롬 8:35)

28. 당신이 그리스도를 영접할 때 그분의 생명을 받습니다.

아들이 있는 자에게는 생명이 있고 하나님의 아들이 없는 자에게는 생명이 없느니라.(요일 5:12)

내가 진실로 진실로 너희에게 이르노니 내 말을 듣고 또 나 보내신 이를 믿는 자는 영생을 얻었고 심판에 이르지 아니하나니 사망에서 생명으로 옮겼느니라.(요 5:24)

영생은 곧 유일하신 참 하나님과 그가 보내신 자 예수 그리스도를 아는 것이니이다.(요 17:3)

29. 사탄이 당신을 고소할 것을 미리 알고 계십시오.

우리 형제들을 참소하던 자 곧 우리 하나님 앞에서 밤낮 참소하던 자.(계 12:10)

사탄이 욥을 참소하였듯이 우리 믿는 자들을 참소합니다.(욥 1:6-12)

30. 사탄이 벌이는 계책들을 미리 알고 있어야합니다.

이는 우리로 사탄에게 속지 않게 하려 함이라 우리는 그 계책을 알지 못하는 바가 아니로라.(고후 2:11)

도둑이 오는 것은 도둑질하고 죽이고 멸망시키려는 것뿐이요. 내가 온 것은 양으로 생명을 얻게 하고 더 풍성히 얻게 하려는 것이라.(요 10:10)

좋은 인생에 관한 사실들

31. 예수는 성경에 기록된 말씀으로 사탄을 이기셨습니다.

예수께서 대답하여 이르시되 기록되었으되(마 4:4, 7, 10)
이에 마귀는 예수를 떠나고 천사들이 나아와서 수종드니라.(마 4:11)

32. 주님께서는 사탄이 우리를 이길 수 없다고 선언하셨습니다.

우리에게 있는 대제사장은 우리의 연약함을 동정하지 못하실 이가 아니요 모든 일에 우리와 똑같이 시험을 받으신 이로되 죄는 없으시니라 그러므로 우리는 긍휼하심을 받고 때를 따라 돕는 은혜를 얻기 위하여 은혜의 보좌 앞에 담대히 나아갈 것이니라.
(히 4:15-16)

33. 당신이 마귀에게 시험당할 때 하나님께서 당신을 도와주십니다.

사람이 감당할 시험 밖에는 너희가 당한 것이 없나니 오직 하나님은 미쁘사 너희가 감당하지 못할 시험 당함을 허락하지 아니하시고 시험 당할 즈음에 또한 피할 길을 내사 너희로 능히 감당하게 하시느니라.(고전 10:13)

34. 당신에게는 사탄이 절대로 이길 수 없는 두 가지 무기가 있습니다.

(마귀가 하나님에게 밤낮으로 형제들을 고소할 할 때에) 우리 형제들이 어린 양의 피와 자기들이 증언하는 말씀으로 그(마귀)를 이겼으니(계 12:11)

35. 사탄은 절대로 당신이 가진 믿음을 뛰어넘어 이기지 못합니다.

근신하라. 깨어라. 너희 대적 마귀가 우는 사자 같이 두루 다니며 삼킬 자를 찾나니, 너희는 믿음을 굳건하게 하여 그를 대적하라. 이는 세상에 있는 너희 형제들도 동일한 고난을 당하는 줄을 앎이라.(벧전 5:8-9)

그런즉 너희는 하나님께 복종할지어다. 마귀를 대적하라. 그리하면 너희를 피하리라. 하나님을 가까이하라. 그리하면 너희를 가까이하시리라. 죄인들아 손을 깨끗이 하라. 두 마음을 품은 자들아 마음을 성결하게 하라.(약 4:7-8)

하나님께로부터 난 자는 다 범죄하지 아니하는 줄을 우리가 아노라. 하나님께로부터 나신 자가 그를 지키시매 악한 자가 그를 만지지도 못하느니라.(요일 5:18)

36. 당신이 믿음이 당신에게 승리를 가져다줍니다.

무릇 하나님께로부터 난 자마다 세상을 이기느니라. 세상을 이기는 승리는 이것이니 우리의 믿음이니라.(요일 5:4)

37. 세상을 사랑하지 말고 하나님의 뜻을 행해야 합니다.

이 세상이나 세상에 있는 것들을 사랑하지 말라. 누구든지 세상을 사랑하면 아버지의 사랑이 그 안에 있지 아니하니, 이는 세상에 있는 모든 것이 육신의 정욕과 안목의 정욕과 이생의 자랑이니, 다 아버지께로부터 온 것이 아니요 세상으로부터 온 것이라. 이 세상도 그 정욕도 지나가되 오직 하나님의 뜻을 행하는 자는 영원히 거하느니라.(요일 2:15-17)

38. 그리스도께서는 당신의 대적을 물리쳐주시기 위해 당신에게 오셨습니다.

  죄를 짓는 자는 마귀에게 속하나니 마귀는 처음부터 범죄함이라. 하나님의 아들이 나타나신 것은 마귀의 일을 멸하려 하심이라. (요일 3:8)

39. 사탄은 당신 안에 계신 그리스도를 절대로 이길 수 없습니다.

  너희 안에 계신 그리스도시니 곧 영광의 소망이니라. (골 1:27)

  하나님께서 이르시되 내가 그들 가운데 거하며 두루 행하여 (고후 6:16, 18)

  자녀들아 너희는 하나님께 속하였고 또 그들을 이기었나니 이는 너희 안에 계신 이가 세상에 있는 자보다 크심이라. (요일 4:4)

40. 당신이 가진 새 생명의 원천은 주 예수 그리스도이십니다.

  내가 그리스도와 함께 십자가에 못 박혔나니, 그런즉 이제는 내가 사는 것이 아니요, 오직 내 안에 그리스도께서 사시는 것이라. 이제 내가 육체 가운데 사는 것은 나를 사랑하사 나를 위하여 자기 자신을 버리신 하나님의 아들을 믿는 믿음 안에서 사는 것이라. (갈 2:20)

41. 당신이 갖게 된 새 생명(새 삶)은 하나님의 목적을 이루는 생명(삶)입니다.

  여호와께서 사람의 걸음을 정하시고 그의 길을 기뻐하시나니 그는 넘어지나 아주 엎드러지지 아니함은 여호와께서 그의 손으로 붙드심이로다. (시 37:23-24)

42. 하나님은 당신을 바라보고 계시고 당신이 하는 말을 들으십니다.

주의 눈은 의인을 향하시고 그의 귀는 의인의 간구에 기울이시되, 주의 얼굴은 악행하는 자들을 대하시느니라.(벧전 3:12)

43. 하나님은 당신이 그분을 부르도록 요청하십니다.

너는 내게 부르짖으라. 내가 네게 응답하겠고(렘 33:3)

구하라 그러면 너희에게 주실 것이요. 찾으라. 그러면 찾아낼 것이요. 문을 두드리라. 그러면 너희에게 열릴 것이니 구하는 이마다 받을 것이요. 찾는 이는 찾아낼 것이요. 두드리는 이에게는 열릴 것이니라.(눅 11:9-10)

44. 당신이 그분께 기도하면 그분께서 응답하십니다.

그러므로 내가 너희에게 말하노니 무엇이든지 기도하고 구하는 것은 받은 줄로 믿으라. 그리하면 너희에게 그대로 되리라. (막 11:24)

너희가 내 이름으로 무엇을 구하든지 내가 행하리니, 이는 아버지로 하여금 아들로 말미암아 영광을 받으시게 하려 함이라.(요 14:13)

45. 당신은 왕이신 하나님의 가족의 일원(왕의 가족)이 되었습니다.

그러나 너희는 택하신 족속이요 왕 같은 제사장들이요 거룩한 나라요 그의 소유가 된 백성이니, 이는 너희를 어두운 데서 불러내어 그의 기이한 빛에 들어가게 하신 이의 아름다운 덕을 선포하게 하려 하심이라.(벧전 2:9)

46. 그리스도께서 갖고 계신 모든 것이 당신의 것이 되었습니다.

무릇 하나님의 영으로 인도함을 받는 사람은 곧 하나님의 아들이라. 너희는 다시 무서워하는 종의 영을 받지 아니하고 양자의 영을 받았으므로 우리가 아빠 아버지라고 부르짖느니라. 성령이 친히 우리의 영과 더불어 우리가 하나님의 자녀인 것을 증언하시나니, 자녀이면 또한 상속자 곧 하나님의 상속자요 그리스도와 함께 한 상속자니, 우리가 그와 함께 영광을 받기 위하여 고난도 함께 받아야 할 것이니라. (롬 8:14-17)

47. 이제 당신의 육체 속에 그분의 생명이 있음을 당신은 잘 알고 있습니다.

예수의 생명이 또한 우리 죽을 육체에 나타나게 하려 함이라. (고후 4:11)

너희 몸은 너희가 하나님께로부터 받은 바 너희 가운데 계신 성령의 전인 줄을 알지 못하느냐? (고전 6:19)

48. 당신은 이제 다시는 궁핍 가운데 살지 않게 됩니다.

나의 하나님이 그리스도 예수 안에서 영광 가운데 그 풍성한 대로 너희 모든 쓸 것을 채우시리라. (빌 4:19)

여호와 하나님은 해요 방패이시라. 여호와께서 은혜와 영화를 주시며 정직하게 행하는 자에게 좋은 것을 아끼지 아니하실 것임이니이다. (시 84:11)

49. 당신은 이제는 더 이상 병과 재앙 가운데 살지 않아도 됩니다.

화가 네게 미치지 못하며 재앙이 네 장막에 가까이 오지 못하리니
(시 91:10)

모든 질병 중 하나도 너희에게 내리지 아니하리니 나는 너희를 치료하는 여호와임이라.(출 15:26)

이는 선지자 이사야를 통하여 하신 말씀에 우리의 연약한 것을 친히 담당하시고 병을 짊어지셨도다 함을 이루려 하심이더라.(마 8:17)

그가 찔림은 우리의 허물 때문이요 그가 상함은 우리의 죄악 때문이라 그가 징계를 받으므로 우리는 평화를 누리고 그가 채찍에 맞으므로 우리는 나음을 받았도다.(사 53:5)

그가 채찍에 맞음으로 너희는 나음을 얻었나니 (벧전 2:24)

50. 당신은 이제 염려에 빠져 허덕이는 삶을 더 이상 살지 않아도 됩니다.

너희 염려를 다 주께 맡기라. 이는 그가 너희를 돌보심이라.
(벧전 5:7)

51. 당신은 이미 승리자라는 사실을 아십시오.

만일 하나님이 우리를 위하시면 누가 우리를 대적하리요.(롬 8:31)

이 모든 일에 우리를 사랑하시는 이로 말미암아 우리가 넉넉히 이기느니라.(롬 8:37)

너희 안에서 착한 일을 시작하신 이가 그리스도 예수의 날까지 이루실 줄을 우리는 확신하노라.(빌 1:6)

너희를 부르시는 이는 미쁘시니 그가 또한 이루시리라.(살전 5:24)

52. 그리스도께서는 끝까지 당신과 함께 계십니다.

그가 친히 말씀하시기를 내가 결코 너희를 버리지 아니하고 너희를 떠나지 아니하리라 하셨느니라. 그러므로 우리가 담대히 말하되 주는 나를 돕는 이시니 내가 무서워하지 아니하겠노라. 사람이 내게 어찌하리요.(히 13:5-6)

볼지어다 내가 세상 끝날까지 너희와 항상 함께 있으리라.(마 28:20)

제 2부

새 삶의 스타일

사람들과 마귀들은 당신을 낙망시키려고 합니다. 그러나 당신과 하나님이 함께 일하면 기적이 일어납니다.

내가 떠들 때에는 하나님께서 입을 다물고 계신다는 사실을 나는 깨닫게 되었습니다. 하나님은 내가 말하고 있는 동안에는 결코 끼어드시는 분이 아니십니다. 하나님과의 대화에서는 통역이 필요 없다는 사실을 나는 깨달았습니다. 그분은 최고 수준의 대화법을 구사하시는 분이십니다.

당신의 삶을 구성하고 있는 두 가지는 이것입니다 : 1) 당신이 무엇을 믿는가? 2) 당신이 믿음을 바탕으로 무슨 행동을 하는가?

러시아에 닥친 극심한 기근을 경험한 사람의 이야기와 호주에서 금을 캐던 사람의 이야기에는 어떻게 우리가 행복하고 활기찬 성공의 삶을 살 수 있을 지에 대한 비밀이 담겨져 있습니다.

제 4 장

좋은 인생을 살기 위해 필요한 세 가지 습관

당신과 하나님과의 관계가 바로 되었다는 사실을 알게 된다는 것은 참으로 좋은 것입니다. 예수를 믿음으로 당신과 하나님의 관계가 회복되면, 당신의 죄를 기록한 기록부는 깨끗합니다. 그러므로 그 어떤 죄를 지었다고 하더라도 당신은 벌 받지 않습니다.(롬 8:1) 당신은 그리스도에게로 나아갔고, 그분은 당신을 받아들여주셨습니다. (요 6:37, 요1:12) 당신은 그분에게 당신의 죄를 고백하였고, 그분의 피가 당신을 깨끗하게 씻어주었습니다.(요일 1:9) 그분은 당신의 기도를 들으시고 당신과 함께 살기 위해 당신에게로 오셨습니다.(요 14:23)

사탄이 당신에게 당신이 이미 받은 구원에 대해 의문을 품게 하는 것을 허락하지 마십시오. 당신은 당신이 해야 할 부분을 이미 하였고, 그리스도는 그분이 하셔야 할 부분을 이미 하셨습니다. 모든 것이 이미 다 이루어졌습니다. 그렇기 때문에 예수님께서는 십자가에서 죽으시면서, *"다 이루었다."* 고 말씀하셨습니다.(요 19:30)

그리스도인이 된 후 매일 매일 성공하는 행복한 삶을 살기 위해서 요구되는 삶의 방정식이 있습니다. 매일 세 가지를 하십시오.

이 세 가지를 매일 계속적으로 하시면 당신은 분명히 강하고 용감한 그리스도인이 되실 것입니다. 항상 행복하실 것이고 항상 승리하실 것이며 항상 활기찬 그리스도인으로 살아가시게 되실 것입니다.(골 1:10-14, 벧후 3:18)

매일 이 세 가지를 하기가 그렇게 어렵지 않습니다. 이 세 가지는 여러분이 매일 머리 빗고, 옷을 입고, 먹는 것과 같이 하기 쉬운 것입니다.

이 세 가지가 당신이 매일하는 일상적인 삶의 한 부분이 되도록 하십시오.(엡 4:13-15) 그렇게 되도록 하기 위해서 당신은 당신의 삶에 변화가 일어나는 것을 허락할 수 있어야합니다.(엡 4:22-32, 엡 5:1-2, 골 3:12-17) 매일 그 세 가지를 하겠다고 결심하십시오. 그렇게 하는 것은 마치 운동선수가 상을 얻기 위해 매일 체력 단련을 하는 것과 같은 것입니다.

하나님을 어떻게 섬겨야 잘 섬기는지 알기 위해 그리고 좋은 인생을 살기위해 매일 해야 할 세 가지는 다음과 같습니다.

첫째: 하나님께 말을 하십시오.
둘째: 하나님께서 당신에게 말을 하실 수 있도록 허락하십시오.
셋째: 매일 한 사람 이상에게 하나님에 대해 말하십시오.

이 세 가지는 단순하고 기본적인 것입니다. 기억하기도 쉽습니다.

이제 나는 다음에 기록된 세 개의 연속되는 장들에서 여러분들에게 이토록 귀중한 세 가지의 습관이 당신의 삶에 어떤 유익을 끼치는 지에 대해 말씀드리겠습니다.

제 5 장

하나님이 당신의 말을 들으시는 때

하나님께 매일 말을 하십시오.

하나님께 말을 하는 것이 기도입니다.

당신이 그리스도를 처음 받아들이신 날은 당신이 하나님의 가족의 일원이 된 날입니다. 그 날부터 당신은 그분에게 속하게 된 것입니다. 그러므로 당신은 이제 그분을 아버지라고 부르실 수 있고, 그분은 당신을 나의 아들(딸)이라고 부를 수 있습니다.(고후 6:18, 갈 4:6-7)

좋은 부모들이 자신의 자녀들과 함께 시간을 보내는 것을 좋아하듯이 그분도 당신과 함께 시간을 보내고 싶어 하십니다.(고전 1:9, 요일 1:3)

기도는 당신과 교제하기를 간절히 원하시고 계시는 아버지 하나님 앞으로 매일 나아가, 당신의 아버지가 되시는 그분과 친밀한 교제의 시간을 가지는 것입니다.(벧전 3:12)

여호와께서 내 음성과 내 간구를 들으시므로 내가 그를 사랑하는도다. 그의 귀를 내게 기울이셨으므로 내가 평생에 기도하리로다. (시 116:1-2)

너희 염려를 다 주께 맡기라 이는 그가 너희를 돌보심이라.
(벧전 5:7)

기도하는 특별하고도 신비한 방법이 있은 것이 아닙니다. 기도 자체에 그 어떤 신비가 감추어진 것도 아닙니다. 기도는 하기 어려운 것이 결코 아닙니다. 하나님은 당신의 아버지이십니다. 당신은 그분의 자녀입니다. 그분은 당신이 그분에게로 가서 기도드리면 응답을 주시겠다고 약속하셨습니다. 기도한다는 것은 당신이 그분의 사랑에 가득 찬 요청에 응해서, 그분과 대화를 나누는 것입니다. 그분은 당신의 가장 친한 친구이십니다.

너는 내게 부르짖으라. 내가 네게 응답하겠고 네가 알지 못하는 크고 은밀한 일을 네게 보이리라. (렘 33:3)

내가 또 너희에게 이르노니 구하라. 그러면 너희에게 주실 것이요 찾으라. 그러면 찾아낼 것이요 문을 두드리라. 그러면 너희에게 열릴 것이니 구하는 이마다 받을 것이요. 찾는 이는 찾아낼 것이요. 두드리는 이에게는 열릴 것이니라. (눅 11:9-10)

아무 것도 염려하지 말고 다만 모든 일에 기도와 간구로, 너희 구할 것을 감사함으로 하나님께 아뢰라. (빌 4:6)

우리에게 있는 대제사장은 우리의 연약함을 동정하지 못하실 이가 아니요 모든 일에 우리와 똑같이 시험을 받으신 이로되 죄는 없

으시니라. 그러므로 우리는 긍휼하심을 받고 때를 따라 돕는 은혜를 얻기 위하여 은혜의 보좌 앞에 담대히 나아갈 것이니라.(히 4:15-16)

그러므로 그분에게 매일 말을 건네십시오.

하루 중 가장 편한 시간에 사람들의 간섭을 받지 않을 조용한 장소로 가십시오. 예수님께서도 기도하시기 위해 아침 일찍 일어나셨습니다.(마 1:25) 잠자리에 들기 전에 기도하는 시간을 가지는 것도 좋은 방법입니다.(시 55:17)

어린 시절 저는 농촌에서 살았는데, 저는 그때 헛간에서, 샘물 곁에서, 숲속에서, 들판에서 기도하곤 하였었습니다.

내가 결혼하고 나서 나와 내 아내는 매일 아침 여섯시에 일어나서 기도하였습니다. 하루의 첫 두 시간 동안을 기도하고 성경을 공부하고 몸의 근육을 풀어주는 시간으로 삼았습니다. 우리가 이런 기도 시간을 매일 가짐으로 인해 우리는 삶에서 많은 유익을 얻을 수 있었습니다.

"같이 기도하는 가족들은 같이 지낸다."는 말이 있습니다. 당신이 하나님에게로 가서 그분에게 당신이 당면하고 있는 문제와 당신이 필요로 하는 것들과 당신이 소망하는 것들에 대해 하나님께 말을 건넬 때, 하나님은 이미 갖고 계신 당신의 기도에 대한 해답과 해결과 치료법을 당신에게 주십니다. 당신이 매일 그분께 기도하였기 때문에 당신이 삶 속에서 갖게 되는 행복과 성공이 얼마나 큰 것인지를 알게 되면 놀라실 것입니다.(시 92:15) 매일 일정한 시간을 내어 아버지와 교제하는 것보다 좋은 것은 이 세상 그 어디에도 없습니다.

나의 이 말에 대해, 당신은 '나는 기도할 수 없어.' 라고 생각하실 수도 있고, 아니면, 어떻게 기도할 줄을 몰라서 당황하실 수도 있습니다. 내가 여러분에게 분명히 말씀드리겠는데, 남들이 하는 식으로 기도하여야 하거나 특별한 의식에 따라 기도해야 하는 것은 절대로 아닙니다.

그저 단순히 그분께 첫 인사를 드림으로 기도를 시작하십시오.

당신이 그분을 사랑하는 이유에 대해 그분께 말씀드리십시오. 예수님이 십자가에서 이루신 일에 대해 감사하다고 말하십시오. 그분으로 인해 벌 받지 않게 된 것에 대해 감사드리는 말을 하십시오. 예수께서 십자가로 가셔서 당신을 대신하여 고통 받았다는 것이 당신에게 어떤 의미가 있는지에 대해 하나님께 말씀드리십시오. 그분이 당하신 고난과 죽음 그리고 그분의 부활에 대해 말씀드리십시오. 이 모든 것들이 당신을 위한 것이었음을 그분께 말씀드리되, 그분의 임재 안에서 말씀드리십시오. 그러고 나서 그렇게 해주셔서 감사하다고 말하십시오.

당신이 그분께서 자신의 피를 흘리심으로 당신의 죄를 말끔히 씻어 준 것에 대해, 그리고 그분께서 다시 살아나신 것에 대해, 진정한 마음으로 감사를 올리게 되면, 당신은 하나님께 경배를 올리고 있는 것입니다.

그분의 죽으심과 부활에 대해 마치 바로 옆에 있는 사랑하는 사람에게 말하듯 말하십시오.

기도할 때에 그분의 이름을 높여드리는 말을 하면, 그것이 바로 경배입니다.

기도 중에 몇 개의 성경 구절을 인용함으로 그분께서 당신의 삶을 통해 행하신 일에 대해 감사의 마음을 전할 수도 있습니다. 그분이 당신에게 이미 행하신 일에 대해, 그분이 현재 당신에게 행하시고 있는 일에 대해, 그리고 그분께서 당신에게 앞으로 행하실 일에 대해 감사하다는 말을 하십시오.

그분께 당신이 한 실수에 대해 말씀드려도 되고, 그 어떤 유혹에 넘어간 것에 대해 말씀드려도 됩니다. 당신이 사람들에게 상처 주는 말을 한 것에 대해 말씀드려도 되고, 사람들을 공격한 것에 대해, 그리고 그리스도를 실망시키는 행동을 한 것에 대해 말씀드려도 됩니다. 주님을 기쁘시게 하지 않는 그 어떤 생각, 태도, 행동을 한 것에 대해서 말씀드려도 괜찮습니다.

자기의 죄를 숨기는 자는 형통하지 못하나 죄를 자복하고 버리는 자는 불쌍히 여김을 받으리라.(잠 28:13)

만일 우리가 죄가 없다고 말하면 스스로 속이고 또 진리가 우리 속에 있지 아니할 것이요 만일 우리가 우리 죄를 자백하면 그는 미쁘시고 의로우사 우리 죄를 사하시며 우리를 모든 불의에서 깨끗하게 하실 것이요.(요일 1:8-9)

그분에게 모두 다 말씀드리십시오. 그분에게 숨길 것은 아무 것도 없습니다.

예수께서 자신의 피를 흘리셔서 당신을 깨끗하게 하신 것에 대해 감사하시고, 성령님께 죄의 유혹을 이길 수 있는 힘을 달라고 요청하십시오. 어린아이가 아빠에게 말하고 친구에게 말하듯이 하나님께 말하십시오. 그분이 당신을 사랑하고 있다는 확신을 갖고 친구와 대화하듯 기도하십시오.

당신의 가족들의 상황과 가족원들이 필요로 하는 것을 구체적으로 말하십시오. 친구나 이웃을 포함해서 당신이 알고 있는 사람들의 육체적 필요와 물질적 필요에 대해서 말하십시오.

각각 자기 일을 돌볼뿐더러 또한 각각 다른 사람들의 일을 돌보아 나의 기쁨을 충만하게 하라.(빌 2:4)

구원받지 않는 친구들이나 가족들을 구원해 달라고 하십시오. 친구와 가족들을 위해 기도하십시오.

이런 식으로 기도하는 것을 매일 해나간다면, 그 어떤 문제나 위기 상황을 만나더라도 하나님께 도움을 구하는 기도를 반드시 그리고 자연스럽게 하게 될 것입니다. 당신은 기도 하면 할수록 그분에게 도움을 요청하기 위한 시간을 내기가 점점 더 쉬워질 것이고, 하나님은 당신의 기도에 응답해 주시는 분이심을 경험으로 알게 되는 일들이 더욱 자주 일어나게 될 것입니다. 당신은 매일의 기도를 통해 당신이 믿는 하나님은 당신의 문제를 해결해 주시고, 당신의 필요를 채워주시며, 당신의 병을 치료해 주시고, 당신의 대적들을 물리쳐주시고, 당신에게 더 많은 축복을 부어 주시는 분이심을 경험하게 될 것입니다.

당신의 가장 친한 친구에게 말하듯이 그분께 기도하시면 됩니다.

특정한 장소에서만 기도해야하거나, 기도할 때 특정한 자세를 잡고 기도해야 하는 것도 아닙니다. 사람들이 많이 있는 곳이라서 소리 내어 기도하기가 힘들면, 마음속으로 기도해도 됩니다. 차를 타고 갈 때에도 운전을 할 때에도 그리고 일을 하고 있을 때에도 기도할 수 있습니다. 어디서 어떻게 기도하느냐가 중요한 것이 아니고, 기도한다는 것 자체가 중요한 것입니다.

기도 문구를 외우는 것에 의존적이 되지 마시고, 써져 있는 기도를 읽는 것에 자신의 기도를 제한시키지 마십시오. 여러분의 마음에서 우러나오는 기도가 제일 좋은 기도입니다. 마태복음에는 주님의 기도를 포함하여 기도에 관한 중요한 가르침들이 담겨져 있습니다.(마 6:5-15)

다른 그리스도인들과 함께 기도하는 것도 좋습니다.(마 18:19-20) 초창기 기독교인들은 서로 모여 *마음을 같이하여 오로지 기도에 힘썼습니다.*(행 1:14, 행 2:42-47, 행 4:24)

여러 방법으로 기도하고, 아무 때나 기도하고, 어디서나 기도하는 삶을 매일의 삶 속에서 발전시켜 나가십시오. 단지 몇 마디만 하고 끝내지 마십시오. 좋은 기도 연습 방법은 하나님께 당신이 필요로 하는 것을 구체적으로 요청하는 기도를 여러 번 해보는 것입니다. 하나님은 당신의 그런 기도에 응답해 주실 것입니다.

그를 향하여 우리가 가진 바 담대함이 이것이니 그의 뜻대로 무엇을 구하면 들으심이라. 우리가 무엇이든지 구하는 바를 들으시는 줄을 안즉 우리가 그에게 구한 그것을 얻은 줄을 또한 아느니라.
(요일 5:14-15)

기도를 방해하는 것들이 있습니다. 사람들과 마귀들이 당신이 기도하지 못하도록 합니다. 그러나 당신의 기도에 대한 하나님의 응답이 반드시 있다는 사실을 확고히 믿어야, 사람들과 마귀들의 방해를 뚫고 기도할 수 있습니다. 그렇게 하시면 당신은 기도에 대한 응답을 받아 내어 기뻐하게 될 것입니다.(막 11:24)

당신이 드린 기도에 응답해 주셔야만 한다고 하나님께 매달리십시오(Claim the answer). *믿음의 선한 싸움을 싸우십시오*. (딤전 6:12) 하나님으로부터 응답이 올 것을 믿어야합니다. 왜냐하면 1) 하나님은 약속을 지키시는 하나님이시기 때문이고, 2) 예수의 이름에 능력이 있기 때문이고, 3) 성령님은 능력의 하나님이시기 때문입니다. 하나님과 당신은 연합하여 기적을 창출해 낼 수 있습니다. 당신은 하나님과 함께 마귀를 이길 수 있습니다. *믿는 자에게는 능히 하지 못할 일이 없습니다.*(막 9:23)

하나님께서 약속을 지키시는지 안 지키시는지 시험해 보십시오. 그러면 당신은 그분은 약속을 반드시 지키신다는 사실을 경험을 통해 알게 될 것입니다.

하나님과 대화하는 기도를 매일 매일의 삶을 통해 생활화하십시오.

제 6 장

하나님이 당신에게 말씀하시는 방법

    하나님께서 당신에게 말을 하실 수 있도록 시간적인 여유를 드리십시오.
    당신이 성경을 읽을 때 성경 말씀을 통하여 하나님께서 당신에게 말씀하십니다.
    당신이 성경을 펴서 읽으면, 당신은 하나님이 말씀하시는 것을 듣습니다.
    기도하는 것과 성경을 읽는 것은 항상 함께 가야합니다. 이 둘 중에서 하나만 하는 것은 온전하지 못합니다. 기도할 때 당신은 하나님께 말을 합니다. 당신이 성경을 읽을 때 하나님은 당신에게 말씀하십니다. 기도로 하나님께 말하고 성경을 통해 하나님이 하시는 말씀을 들음으로, 당신과 하나님 사이의 쌍방대화가 온전해져서 하나님과 바른 교제를 할 수 있게 됩니다.
    오래 전에 내가 결혼하였을 때 나는 목사로서 어느 교회를 담임하고 있었습니다. 나는 그 당시에 하루에 두 세 시간씩 하나님께 기도를 하였습니다.

그때 나는 우리가 살고 있는 집의 지하실로 내려가서 기도하곤 하였습니다.

하나님께서는 그 당시 어떤 연세가 많으신 훌륭한 그리스도인을 통해서 우리에게 여러 가지 것들을 가르쳐주셨습니다. 그 나이 많은 분은 가끔 우리 집에 들려 자신이 은혜 받은 성경 구절에 대해 우리에게 말해주곤 하였습니다. 또한 우리 젊은 사역자 부부가 겪고 있는 어려움에 대해 귀한 상담을 해주곤 하였습니다.

어느 날 내가 기도하고 있을 때 그 연세 많으신 분이 우리 집을 방문하였습니다. 그러나 나의 아내 데이지는 내가 기도하고 있는 것을 방해하지 않기 위해 나에게 그 분이 오셨다는 사실을 알리지 않았습니다. 그래서 그 분은 나를 기다리다가 그냥 돌아갔습니다. 그 다음 날도 그분이 다시 우리 집을 찾아왔지만, 그 시간에 나는 전날과 마찬 가지로 기도하고 있었습니다. 그래서 그분은 그 날도 나를 기다리다가 그냥 돌아갔습니다. 그런데 그분은 나를 기다리는 동안, 내가 기도하는 소리는 다 듣고 있었습니다. 세 번째 날에도 동일한 일이 일어났습니다.

그 분은 세 번째 날도 나를 만나지 못하고 돌아갔는데, 돌아가기 전에 나의 아내 데이지에게, "오스본 목사님에게 이 말을 꼭 좀 전해주십시오. 하나님은 매우 공손한 분이시기 때문에, 목사님이 말하고 있는 동안에는 절대로 끼어들어 말을 하시는 분이 아니십니다."

나는 이 말을 전해 듣고 크게 깨달았습니다. 나는 그 나이 많으신 그리스도인을 통하여 하나님은 쌍방 대화를 하시기를 원하시는 분이라는 귀한 교훈을 배우게 되었습니다.

하나님이 당신에게 말씀하실 기회를 매일 드리십시오. 그분의 말씀(성경)을 읽으십시오.

기도는 쌍방 대화이어야 합니다. 당신이 그분에게 말하고 나서는 그분이 당신에게 말할 수 있는 기회를 반드시 드려야합니다. 예수님께서는, "사람이 떡으로만 살 것이 아니요 하나님의 입으로부터 나오는 모든 말씀으로 살 것이라."(마 4:4) 고 말씀하셨습니다.

하나님의 말씀은 당신의 영혼을 위한 양식입니다.

욥은, "내가 그의 입술의 명령을 어기지 아니하고 정한 음식보다 그의 입의 말씀을 귀히 여겼도다."(욥 23:12) 고 말하였습니다.

갓난아기들 같이 순전하고 신령한 젖을 사모하라 이는 그로 말미암아 너희로 구원에 이르도록 자라게 하려 함이라.(벧전 2:2)

사람들은 자신의 육체를 건강하게 보존하기위해서 하루에 두세 차례정도 먹습니다.

우리의 영혼을 건강하게 유지시키기 위해 하루에 적어도 한번은 영적인 양식을 먹어야합니다.

만군의 하나님 여호와시여 나는 주의 이름으로 일컬음을 받는 자라. 내가 주의 말씀을 얻어먹었사오니 주의 말씀은 내게 기쁨과 내 마음의 즐거움 입니다.(렘 15:16)

여호와의 율법은 완전하여 영혼을 소성시키며 여호와의 증거는 확실하여 우둔한 자를 지혜롭게 하며 여호와의 교훈은 정직하여 마음을 기쁘게 하고 여호와의 계명은 순결하여 눈을 밝게 하시도다. 여호와를 경외하는 도는 정결하여 영원까지 이르고 여호와의 법도 진실하여 다 의로우니 금 곧 많은 순금보다 더 사모할 것이며 꿀과 송이꿀보다 더 달도다.(시 19:7-10)

매일 하나님께서 당신에게 말씀하시는 것을 듣는 시간을 가지기 위해 매일 성경 말씀을 읽으십시오. 성경이 말하고 있는 바를 받아들이십시오. 하나님이 말씀하시는 모든 말씀에는 이유와 의미가 담겨져 있습니다. 그분은 통역이 필요 없습니다. 그분은 의사소통에 있어서 완전한 분이십니다.

신약 성경은 원래 이해하기 힘든 고전 그리스 어가 아닌, 평범한 사람이면 누구나 기록된 진리를 쉽게 이해 할 수 있도록 평범한 그리스 어로 쓰였습니다.

A. 성경은 당신의 영혼을 위한 양식이기 때문에, 성경을 읽어야합니다.

B. 성경은 당신의 인생 걸음의 안내자이기 때문에, 성경을 읽어야합니다.

주의 말씀은 내 발에 등이요 내 길에 빛이니이다.(시 119:105)

여호와의 교훈은 정직하여 마음을 기쁘게 하고 여호와의 계명은 순결하여 눈을 밝게 하시도다.(시 19:8)

주의 말씀을 열면 빛이 비치어 우둔한 사람들을 깨닫게 하나이다.
(시 119:130)

대저 명령은 등불이요 법은 빛이요 훈계의 책망은 곧 생명의 길
이라.(잠 6:23)

C. 성경은 당신을 지켜주는 영적 무기이기 때문에, 성경을 읽어야
합니다.

구원의 투구와 성령의 검 곧 하나님의 말씀을 가지라.(엡 6:17)

하나님의 말씀은 살아 있고 활력이 있어 좌우에 날선 어떤 검보
다도 예리하여 혼과 영과 및 관절과 골수를 찔러 쪼개기까지 하며
또 마음의 생각과 뜻을 판단하나니(히 4:12)

이러므로 너희는 나의 이 말을 너희의 마음과 뜻에 두고 또 그
것을 너희의 손목에 매어 기호를 삼고 너희 미간에 붙여 표를 삼
으며 (신 11:18)

D. 성경에는 깨끗하게 하는 능력이 있기 때문에, 성경을 읽어야합
니다.

청년이 무엇으로 그의 행실을 깨끗하게 하리이까 주의 말씀만
지킬 따름이니이다.(시 119:9)

너희는 내가 일러준 말로 이미 깨끗하여졌으니 (요 15:3)

그들을 진리로 거룩하게 하옵소서. 아버지의 말씀은 진리니이다. (요 17:17)

E. 성경에는 인간을 변화시키는 능력이 있기 때문에, 성경을 읽어야 합니다.

여호와의 율법은 완전하여 영혼을 소성시키며 여호와의 증거는 확실하여 우둔한 자를 지혜롭게 하며(시 19:7)

너희가 거듭난 것은 썩어질 씨로 된 것이 아니요 썩지 아니할 씨로 된 것이니 살아 있고 항상 있는 하나님의 말씀으로 되었느니라.(벧전 1:23)

내가 복음을 부끄러워하지 아니하노니 이 복음은 모든 믿는 자에게 구원을 주시는 하나님의 능력이 됨이라. 먼저는 유대인에게요 그리고 헬라인에게로다.(롬 1:16)

또 어려서부터 성경을 알았나니 성경은 능히 너로 하여금 그리스도 예수 안에 있는 믿음으로 말미암아 구원에 이르는 지혜가 있게 하느니라.(딤후 3:15)

F. 성경에는 치유하는 능력이 있기 때문에, 성경을 읽어야합니다.

그가 그의 말씀을 보내어 그들을 고치시고 위험한 지경에서 건
지시는도다.(시 107:20)

하루는 가르치실 때에 갈릴리의 각 마을과 유대와 예루살렘에
서 온 바리새인과 율법교사들이 앉았는데 병을 고치는 주의 능력
이 예수와 함께 하더라.(눅 5:17)

저물매 사람들이 귀신 들린 자를 많이 데리고 예수께 오거늘
예수께서 말씀으로 귀신들을 쫓아 내시고 병든 자들을 다 고치시
니(마 8:16)

G. 성경은 유익을 주기 때문에, 성경을 읽어야합니다.

이러므로 너희는 나의 이 말을 너희의 마음과 뜻에 두고 또
그것을 너희의 손목에 매어 기호를 삼고 너희 미간에 붙여 표를
삼으며 또 그것을 너희의 자녀에게 가르치며 집에 앉아 있을 때
에든지, 길을 갈 때에든지, 누워 있을 때에든지, 일어날 때에든
지 이 말씀을 강론하고 또 네 집 문설주와 바깥 문에 기록하라.
(신 11:18-20)

모든 성경은 하나님의 감동으로 된 것으로 교훈과 책망과 바
르게 함과 의로 교육하기에 유익하니 이는 하나님의 사람으로
온전하게 하며 모든 선한 일을 행할 능력을 갖추게 하려 함이라.
(딤후 3:16-17)

H. 성경은 심령에 기쁨을 가져다주기 때문에, 성경을 읽어야합니다.

여호와의 교훈은 정직하여 마음을 기쁘게 하고 여호와의 계명은 순결하여 눈을 밝게 하시도다.(시 19:8)

그리스도의 말씀이 너희 속에 풍성히 거하여 모든 지혜로 피차 가르치며 권면하고 시와 찬송과 신령한 노래를 부르며 감사하는 마음으로 하나님을 찬양하고(골 3:16)

I. 죄와 실수(err)를 멀리하기 위해 성경을 읽어야합니다.

너희가 성경도, 하나님의 능력도 알지 못하는 고로 오해(실수, err)하였도다.(마 22:29)

내가 주께 범죄하지 아니하려 하여 주의 말씀을 내 마음에 두었나이다.(시 119:11)

J. 하나님께서 성경을 읽으라고 명령하셨으므로, 성경을 읽어야합니다.

평생에 자기 옆에 두고 읽어 그의 하나님 여호와 경외하기를 배우며 이 율법의 모든 말과 이 규례를 지켜 행할 것이라.(신 17:19)

너희는 여호와의 책에서 찾아 읽어보라. 이것들 가운데서 빠진 것이 하나도 없고 제 짝이 없는 것이 없으리니 이는 여호와의 입이 이를 명령하셨고 그의 영이 이것들을 모으셨음이라.(사 34:16)

너희가 성경에서 영생을 얻는 줄 생각하고 성경을 연구하거니와 이 성경이 곧 내게 대하여 증언하는 것이니라.(요 5:39)

너는 진리의 말씀을 옳게 분별하며 부끄러울 것이 없는 일꾼으로 인정된 자로 자신을 하나님 앞에 드리기를 힘쓰라.(딤후 2:15)

K. 성경은 인내할 수 있게 하기 때문에, 성경을 읽어야합니다.

여호와여 주의 말씀은 영원히 하늘에 굳게 섰사오며(시 119:89)

내가 전부터 주의 증거들을 알고 있었으므로 주께서 영원히 세우신 것인 줄을 알았나이다.(시 119:152)

나의 하나님이여 내가 주의 뜻 행하기를 즐기오니 주의 법이 나의 심중에 있나이다.(시 40:8)

진실로 너희에게 이르노니 천지가 없어지기 전에는 율법의 일점 일획도 결코 없어지지 아니하고 다 이루리라.(마 5:18)

오직 주의 말씀은 세세토록 있도다 하였으니 너희에게 전한 복음이 곧 이 말씀이니라.(벧전 1:25)

요한이 환상을 통해 하나님의 말씀을 보았습니다.

또 내가 하늘이 열린 것을 보니 보라 백마와 그것을 탄 자가 있으니 그 이름은 충신과 진실이라 그가 공의로 심판하며 싸우더라. 또 그가 피 뿌린 옷을 입었는데 그 이름은 하나님의 말씀이라 칭하더라.(계 19:11, 13)

그러므로 매일 성경을 읽음으로 하나님께서 성경을 통해 당신에게 하시는 말씀을 들으십시오.

예수님께서는, "천지는 없어질지언정 내 말은 없어지지 아니하리라."(마 24:35) 라고 말씀하셨습니다.

발람은, "하나님은 사람이 아니시니 거짓말을 하지 않으시고 인생이 아니시니 후회가 없으시도다. 어찌 그 말씀하신 바를 행하지 않으시며 하신 말씀을 실행하지 않으시랴?"(민 23:19) 고 했습니다.

솔로몬은, "여호와를 찬송할지로다 그가 말씀하신 대로 그의 백성 이스라엘에게 태평을 주셨으니 그 종 모세를 통하여 무릇 말씀하신 그 모든 좋은 약속이 하나도 이루어지지 아니함이 없도다."(왕상 8:56) 라고 하였습니다.

다윗은, "여호와여 주의 말씀은 영원히 하늘에 굳게 섰습니다."(시 119:89)라고 표현하였습니다.

하나님께서는 예레미야에게, "네가 잘 보았도다 이는 내가 내 말을 지켜 그대로 이루려 함이라."(렘 1:12) 라고 말씀하셨습니다.

하나님께서는 이사야에게, "내 입에서 나가는 말도 이와 같이 헛되이 내게로 되돌아오지 아니하고 나의 기뻐하는 뜻을 이루며 내가 보낸 일에 형통함이니라."(사 55:11) 라고 말씀하셨습니다.

하나님께서는 에스겔에게, "나는 여호와라 내가 말하리니 내가 하는 말이 다시는 더디지 아니하고 응하리라. 반역하는 족속이여 내가 너희 생전에 말하고 이루리라. 나 주 여호와의 말이니라."(겔 12:25) 라고 말씀하셨습니다.

제 7 장

좋은 인생을 사람들과 나누는 방법

매일 한 사람 이상에게 하나님에 대해 말하십시오. 그렇게 함으로 당신은 그리스도를 다른 사람들에게 전하게 됩니다.

미쁘다 모든 사람이 받을 만한 이 말이여. 그리스도 예수께서 죄인을 구원하시려고 세상에 임하셨다 하였도다.(딤전 1:15)

인자가 온 것은 잃어버린 자를 찾아 구원하려 함이니라.(눅 19:10)

예수님께서는 죄인들을 구하기 위해 이 세상에 오셨습니다. 죄인들을 구원하는 것이 그분에게 맡겨진 임무였습니다.

처음도 마지막도 예수의 사명은 영혼들을 구원하는 것입니다. 예수는 이 세상에 있었던 그 어떤 인간보다 위대한 영혼 구원자이십니다.

예수님께서는 자신의 삶의 길을 따라오도록 하기 위해 처음으로 선택하신 사람들에, *"나를 따라오라. 내가 너희로 사람을 낚는 어부가 되게 하리라."*(막 1:17) 라고 말씀하셨습니다.

예수님께서는 또한 하늘로 승천하시면서 마지막까지 자신을 따랐던 사람들에게, *"너희는 가서 모든 민족을 제자로 삼아라."* (마 28:19) 라고 말씀하셨습니다.

예수님께서 가장 신경을 쓰셨던 것이 바로 죽어가는 영혼들을 구원하는 것이었습니다. 그분은 영혼들을 구원하시기 위한 목적으로 이 세상에 오셨습니다. 그분은 영혼을 구원하시기 위해 사셨고, 영혼을 구원하시기 위해 죽으셨으며, 영혼을 구원하시기 위해 부활하셨습니다. 그리고 영혼들을 구원하라고 자신을 따르는 사람들에게 성령을 부어주셨습니다. 그분을 따르는 사람들은 성령을 받아야 영혼 구원을 효과적으로 잘 할 수 있습니다.

예수님께서는 제자들에게, *"너희에게 평강이 있을지어다. 아버지께서 나를 보내신 것 같이 나도 너희를 보내노라."* (요 20:21) 라고 말씀하시고 나서, *"저희를 향하사 숨을 내쉬며 가라사대 성령을 받으라."* (요 20:22) 라고 하셨습니다. 예수님이 왜 그들에게 숨을 내시며 그런 말씀을 하셨을까요?

오직 성령이 너희에게 임하시면 너희가 권능을 받고 예루살렘과 온 유대와 사마리아와 땅 끝까지 이르러 내 증인이 되리라 하시니라. (행 1:8)

제자들이 성령을 받아 복음을 전하도록 하기 위해 그렇게 하신 것입니다. 좋은 소식을 다른 사람들에게 전하는 것은 모든 그리스도인들이 하여야 할 것입니다.

바울은, *"이 복음이 이미 너희에게 이르매 너희가 듣고 참으로*

하나님의 은혜를 깨달은 날부터 너희 중에서와 같이 또한 온 천하에서도 열매를 맺어 자라는도다."(골 1:6), "성령 안에서 너희 사랑을 우리에게 알린 자니라."(골 1:8), "우리가 그를 전파하여 각 사람을 권하고 모든 지혜로 각 사람을 가르침은 각 사람을 그리스도 안에서 완전한 자로 세우려 함이니, 모든 지혜로 각 사람을 권하고, 이를 위하여 나도 내 속에서 능력으로 역사하시는 이의 역사를 따라 힘을 다하여 수고하노라."(골 1:28-29) 라고 하였습니다.

성경은 초기 기독교인들은 날마다 성전에 있든지 집에 있든지 예수는 그리스도라고 가르치기와 전도하기를 그치지 아니하였습니다.(행 5:42) 그러자 그들에게 하나님의 말씀이 점점 왕성하여 예루살렘에 있는 제자의 수가 더 심히 많아지고 허다한 제사장의 무리도 이 도(기독교)에 복종하였습니다.(행 6:7)

당신도 잘 아시겠지만, 좋은 인생을 영위하기 위해 기본적으로 필요한 것이 두 가지가 있는데, 그것은 바로 다음과 같은 것입니다.

1) 당신의 믿음
2) 당신의 사역(ministry)

첫째: 당신이 무엇을 믿고 있는가가 중요합니다.
둘째: 당신이 사람들에게 어떤 행동을 보여주고 무엇을 말해주는가가 중요합니다.

당신은 다른 사람들을 구원하도록 하기 위한 목적으로 구원받았습니다.

사람이 마음으로 믿어 의에 이르고 입으로 시인하여 구원에 이르느니라. (롬 10:10)

당신이 예수 그리스도를 믿는다면 다른 사람들에게 예수에 대해 말해주고 싶은 마음이 생기는 것이 당연합니다. 그리고 다른 사람에게 예수 그리스도에 대해 말해주는 것이 그분에 대해 증언(witnessing)하는 것입니다.

당신이 믿는바가 바로 당신의 믿음입니다.

당신이 그분에 대해 말해주고 다른 사람에게 그분을 당신의 행동으로 보여주는 것이 바로 당신의 사역입니다.

예수님께서 당신이 입 다물고 가만히 있을 수는 도저히 없는 그 어떤 일을 당신에게 행하신 것이 사실인가요?

신약 성경이 기록 될 당시에 예수를 믿었던 사람들은 주님께서 자신에게 행하신 일들에 대해 하나님께 감사하는 마음이 너무도 커서 사람들이 모여 있는 곳으로 가서 그들에게 예수가 누군지에 대해 말하는 것을 주저하지 않았습니다.

크리스천(그리스도인)이란 말은 그리스도를 닮은 사람이라는 뜻을 담고 있다는 사실을 결코 잊어버리지 마십시오.

그리스도께서 죄인들을 구하시고 잃어버린바 된 자들을 찾으신 후, 그들을 그리스도를 닮아가는 자로 만들어주시기 위해 이 세상에 오셨습니다. 그분께서 이 세상에 오신 이후로, 우리 그리스도인들은 잃어버린 영혼들을 구원하는 사람들이 되었습니다. 만일 그리스도께서 우리 속에서 살기 시작하셨다면 그분께서 이 지구상에 계실 적에 행하셨던 일을 우리도 할 수 있게 됩니다.

그러나 수많은 그리스도인들은 아직까지 한 사람도 구원하지 못하고 살고 있는 것이 현실입니다. 심지어는 목사와 설교가들 중에도 한명의 영혼도 구원하지 못한 사람이 있습니다.

예수님께서는 구원의 소식을 갖고 거리로, 시장으로, 산야로, 해변가 및 죄인들의 집으로 가셨습니다.

그분이 그렇게 하시자 사람들은 그분을 비난하셨습니다: *바리새인과 서기관들이 수군거려 이르되 이 사람이 죄인을 영접하고 음식을 같이 먹는다 하더라.*(눅 15:2)

예수님께서는 죄인들과 같이 어울리셨고, 그들에게 천국 복음을 전하셨습니다. 그분의 말씀을 들은 사람들은 마음 문을 열고 그분이 전하는 좋은 소식들을 받아들였습니다. 그분은 사람들에게 '내가 너보다 더 거룩하고, 영적이고, 의롭고, 능력이 더 많다'는 식의 교만이 전혀 없으신 분이셨습니다. 그분은 죄인들과 같이 걸어 다니기도 하셨습니다. 사실 주님께서 이 세상에 존재하시게 된 목적이 죄인들과 같이 있으면서 그들을 구원하시기 위함이셨습니다.

그러므로 예수께서 하신 일을 우리 그리스도인들도 하여야 합니다. 크리스쳔(그리스도인)이라는 말에는 영혼을 구원하는 자라는 뜻이 담겨져 있습니다. 그분의 목적이 우리의 목적이 되어야 합니다. 그분의 임무가 우리의 임무가 되어야합니다. 그분의 계획이 우리의 계획이 되어야합니다. 그분께서는 죄인들을 구원하기 위하여 이 세상에 오셨습니다. 우리는 그분처럼 되어야합니다. 우리가 이 세상에 있는 이유는 예수님이 사셨던 삶을 살기 위함입니다.

그분께서는, "내가 이를 위하여 태어났으며 이를 위하여 세상에 왔나니 곧 진리에 대하여 증언하려 함이로라."(요 18:37) 라고 말씀하셨습니다. 우리가 이 세상에 있는 이유도 예수가 구원자요 주님이라는 사실을 모르는 사람들에게 복음을 증거하기 위함입니다.

예수님께서는 자신을 따르는 사람들에게, "길과 산울타리 가로 나가서 사람을 강권하여 데려다가 내 집을 채우라."(눅 14:23) 고 말씀하셨습니다.

예수님을 따르는 사람들은 예수님의 이러한 명령에 순종해야합니다.

그분께서 하늘로 승천하신 후에, 그분을 따랐던 사람들이 그분의 명령에 따라 그분이 생전에 하셨던 일을 하기 시작하였습니다. 그들은 모두 예수님을 증거하는 삶을 살기에 바쁜 시간들을 보냈습니다. 그 당시에는 모든 믿는 사람들이 예수를 증언하는 사람들이었습니다. 그들은 예수님께서 그러셨듯이, 사람들이 지나다니는 거리와 사람들이 붐비는 시장에서, 공동 우물가에서, 그리고 또한 집집마다 돌아다니며, 왜 예수를 믿어야 되는지와 복음이 무엇인지에 대해서 외치고 설교함으로 영혼들을 구원하는 데 온 힘을 바쳤습니다.(행 5:42)

초기 그리스도인들의 삶에서 예수 그리스도의 향기가 물씬 풍겨났습니다. 그 당시 그리스도인들은 여기 저기 다니며 그리스도를 증거하였기 때문에(행 8:4), 어떤 사람들은 그들이 광신자이지 않으면 제 정신이 아닌 사람들일 것이라고 생각하였습니다. 그리스도인들을 비판하는 사람들은 그들을 못마땅하게 여겨, 그들을 그리스도인(크리스천)이라고 부르기 시작하였습니다.(행 11:26)

예수님께서는 믿음도 소망도 없이 방황하며 살아가고 있는 사람들의 무리를 보시고 불쌍히 여기셨습니다.(마 9:36) 우리도 만일 예수님의 마음과 동일한 마음을 갖고 있다면, 그런 사람들에 대해 불쌍한 마음이 생기게 될 것입니다.(고후 5:14) 그리스도께서 우리들을 위하여 하신 일에 대해 평생 입 다물고 가만히 있다는 것은 정말로 말이 안 됩니다. 그렇기 때문에 바울은 우리가 그를 전파하여 각 사람을 권하고 모든 지혜로 각 사람을 가르침은 그 일이 마땅히 하여야 할 일이기 때문이라고 하였습니다.(골 1:28-29)

하루에 적어도 한 사람이상에게 그리스도에 대해 말해주십시오. 사람들에게 주님이 전하신 좋은 소식을 전하지 않고서는 잠자리에 들지 마십시오.

내가 저술한 "영혼 구원 (Soulwinning)"이라는 책이 이런 면에서 여러분들에게 많은 도움을 주리라고 생각합니다. 이 책은 이 방면에서는 꽤 좋은 책으로 정평이 나있는 책입니다. 이 책을 구입하셔서 목사님에게도 드리시고, 성경 교사들과 선교사들 그리고 예수 믿는 친구들에게 선물하십시오. 이 책이 복음을 전하는 방법에 있어서 그리스도인들에게 얼마나 큰 영향력을 끼쳤는지에 대해서는 이미 많이 증명되었습니다. 그러므로 여러분이 이 책을 사서 그리스도인들에게 나누어 줌으로도 복음 전도의 한 부분을 담당할 수 있습니다.

이미 고인이 되신 해리 덴만 박사님(Dr. Harry Denman)께서는 생전에, "만일 그리스도인들이 영혼구원의 비전을 잃어버린다면, 세상이 잃어버린바 될 것입니다." 라는 말씀을 자주 하셨습니다.

빌리 그래함(Billy Graham)은 이렇게 말하였습니다: "이 세상에서 가장 필요한 것은 사람들에게 개인적으로 복음을 전하는 것입니다. 이것은 전문인 사역자가 해야 되는 것이 아니라, 그리스도인이라면 누구나 다 하여야합니다."

바울은 그리스도인들에 대해 말하면서 일반 그리스도인들이 하여야 할 사역이 무엇인지에 대해 다음과 같이 언급하였습니다: 누구든지 그리스도 안에 있으면 새로운 피조물이라. 이전 것은 지나갔으니 보라 새 것이 되었도다. 모든 것이 하나님께로서 났으며, 그가 그리스도로 말미암아 우리를 자기와 화목하게 하시고 또 우리에게 화목하게 하는 직분을 주셨다.(고후 5:17-18)

그리스도 안에 있는 모든 사람들은 새로운 피조물이 된 것이고 화목하게 하는 사역자가 된 것입니다. 모든 그리스도인들은 사람들을 그리스도를 통하여 하나님과 화목하도록 하는 사역자이라고 할 수 있습니다. 다른 말로 하면, 모든 그리스도인들은 잃어버린 영혼을 구원하는 영혼 구원자들입니다. 이 일을 하는 데에는 피부색, 민족, 출신 국가, 성별이 전혀 문제가 되지 않습니다. 모든 믿는 자들은 복음을 선포하는 사람이 되어야합니다. 모든 그리스도인들이 선교사, 복음 전하는 자, 예수를 증거하는 자입니다. 그렇게 될 때 기독교는 제대로 가게 됩니다.

이런 연유에서 나도 하나님에 대해 매일 사람들에게 말해줍니다. 그렇게 하는 것이 하나님의 마음입니다. 영혼들을 구원하기 위해 예수께서 죽으셨습니다. 그분이 피를 흘리신 이유가 바로 영혼 구원하기 위함이었습니다. 예수께서 마지막으로 하신 명령이 바로 영혼을 구원하라는 명령입니다. 영혼을 구원하려면 성령에 의해 능력을 받아야합니다. 성령이 주시는 힘으로 복음을 전함으로 사람들을 구원하는 것이 모든 그리스도인들의 삶의 목적이 되어야 합니다.

가령 내가 악인에게 말하기를 너는 꼭 죽으리라 할 때에 네가 깨우치지 아니하거나 말로 악인에게 일러서 그의 악한 길을 떠나 생명을 구원하게 하지 아니하면 그 악인은 그의 죄악 중에서 죽으려니와 내가 그의 피 값을 네 손에서 찾을 것이다.(겔 3:18)

그리스도인의 인생에 주어진 최고 축복의 기회는 사람들에게 예수 그리스도의 좋은 소식을 전하는 기회입니다. 그리스도께서 죄인들을 위해 죽으심으로 죄인들이 죽음의 삶에서 구원함을 받았다는 소식을 잘 알고 있으면서도 입 다물고 가만히 있는 것만큼 이기적인 삶은 이 세상에 없습니다. 우리는 입 다물고 가만있지 말고 주님이 우리에게 주신 구원과 사랑과 평화를 사람들에게 전해야 합니다.
그렇게 하는 것이 바로 예수 그리스도를 증거하는 것입니다.
그리스도의 사랑에 감격하여 그리스도의 자비와 구원의 복음을 전하는 평범한 그리스도인들로 인하여 기독교는 지난 이천년 동안 유지 발전되어져 왔습니다.(고후 5:14) 그들 중 수천수만의 사람들이 고문을 당했고, 핍박을 당했고, 심지어는 순교를 당했습니다. 이들의 핍박과 순교의 피가 바로 교회를 세우는 씨가 되었습니다.

평범한 그리스도인들이 그리스도를 전하기 위해 그토록 값비싼 대가를 치렀다는 사실을 안다면 우리는 입 다물고 가만히 있어서는 안 됩니다. 우리는 복음을 다른 사람들에게 말해주어야 합니다. 복음을 사람들에게 전하는 것은 기독교의 필수요소입니다.

복음을 사람들에게 말해주기 위해 신학교에 들어가야 하는 것도 아니고 말을 잘해야 하는 것도 아닙니다. 당신이 친한 친구에게 말하듯이 사람들에게 그리스도에 대해 말해주면 되는 것입니다.

요한복음 3장 16절과 로마서의 성경 구절 몇 개만 알고 있어도 복음을 전할 수 있습니다. 다음에 나와 있는 5개만 알고 있어도 사람들에게 복음을 전하기에 충분합니다.

1. 사람들이 가장 필요한 것 – 로마서 3:23
2. 죄에는 형벌이 따른다. – 로마서 6:23 전반부
3. 그리스도에게 해답이 있다. – 로마서 5:8
4. 하나님께서 사람들에게 주신 선물 – 로마서 6:23 후반부
5. 구원을 받는 방법 – 로마서 10:9-10

여러분이 가지신 성경책의 앞부분에 위의 다섯 가지를 적어놓으십시오. 그리고 사람들과 대화할 때 그 적어놓은 것을 참고로 하여 그리스도에 대해 말해주십시오. 당신이 그렇게 할 때, 당신의 이야기를 들은 사람들이 예수를 구주로 받아들일 확률이 꽤 높아집니다.

이제 내가 여러분들이 구원을 받아야 할 사람이라고 가정하고,

당신에게 하나님의 선하심에 대해 증거해 보겠습니다. 나의 이 방법을 이용하여 사람들에게 복음을 전하십시오.

첫째: 인간의 가치에 대해 말해줍니다.

당신은 하나님의 모습으로 지어진 존재입니다. 하나님께서 당신을 그렇게 지으신 이유는 당신에게 하나님에게 있는 사랑과 당신의 삶에 대한 계획과 목적을 주시기 위해서입니다. 그러므로 하나님에게 당신은 너무도 귀한 존재입니다.

우리는 그가 만드신 바라 그리스도 예수 안에서 선한 일을 위하여 지으심을 받은 자니 이 일은 하나님이 전에 예비하사 우리로 그 가운데서 행하게 하려 하심이니라.(엡 2:10)

하나님이 자기 형상 곧 하나님의 형상대로 사람을 창조하시되 남자와 여자를 창조하시고.(창 1:27)

그를 하나님보다 조금 못하게 하시고 영화와 존귀로 관을 씌우셨나이다. 주의 손으로 만드신 것을 다스리게 하시고 만물을 그의 발 아래 두셨으니 (시 8:5-6)

둘째: 인간의 근본 문제에 대해 말해줍니다.

아담과 이브가 하나님의 말씀을 신뢰하지 않기로 결정하였습니다.

여호와 하나님이 그 사람에게 명하여 이르시되 동산 각종 나무의 열매는 네가 임의로 먹되 선악을 알게 하는 나무의 열매는 먹지 말라. 네가 먹는 날에는 반드시 죽으리라 하시니라.(창 2:16-17)

아담과 이브가 하나님의 말씀에 순종하지 않은 것은 사탄이 그들에게 하나님의 말씀을 왜곡하여 전해주었기 때문입니다. 사탄은 아담과 이브에게 하나님의 말씀을 왜곡하여 다음과 같이 전해 주었습니다: 뱀이 여자에게 이르되 너희가 결코 죽지 아니하리라.(창 3:4)

여자가 그 나무를 본즉 먹음직도 하고 보암직도 하고 지혜롭게 할 만큼 탐스럽기도 한 나무인지라. 여자가 그 열매를 따먹고 자기와 함께 있는 남편에게도 주매 그도 먹은지라.(창 3:6)

하나님의 말씀을 왜곡하여 받아들여 마귀의 유혹에 빠져 하나님의 명령을 어긴 것이 바로 인간이 최초로 저지른 죄입니다. 우리는 이것을 원죄(original sin)라고 부릅니다.

셋째: 불신앙이 인간의 삶에 끼치는 나쁜 영향력에 대해 말해줍니다.

하나님의 온전하심(integrity)에 대해 인간이 의문을 품음으로 하나님이 원래 주신 인간의 좋은 성품이 파괴되었습니다.

여호와 하나님이 그 사람에게 명하여 이르시되 동산 각종 나무의 열매는 네가 임의로 먹되 선악을 알게 하는 나무의 열매는 먹지 말라. 네가 먹는 날에는 반드시 죽으리라 하시니라.(창 2:16-17)

죄의 삯은 사망이요. 하나님의 은사는 그리스도 예수 우리 주 안에 있는 영생이니라.(롬 6:23)

그러므로 한 사람으로 말미암아 죄가 세상에 들어오고 죄로 말미암아 사망이 들어왔나니 이와 같이 모든 사람이 죄를 지었으므로 사망이 모든 사람에게 이르렀느니라.(롬 5:12)

넷째: 하나님의 사랑 계획에 대해 말해주십시오.

하나님께서는 당신을 너무나 사랑하셔서 당신이 죄로 인해 죽게 되도록 내어버려두실 수 없었습니다. 그래서 하나님께서는 예수가 당신을 대신하여 심판받아 죽게 하시고, 그 대신 당신이 모든 죄에 대해 자유롭게 되도록 해주셨습니다.

주의 약속은 어떤 이들이 더디다고 생각하는 것 같이 더딘 것이 아니라, 오직 주께서는 너희를 대하여 오래 참으사, 아무도 멸망하지 아니하고 다 회개하기에 이르기를 원하시느니라.(벧후 3:9)

하나님이 세상을 이처럼 사랑하사 독생자를 주셨으니 이는 그를 믿는 자마다 멸망하지 않고 영생을 얻게 하려 하심이라.(요 3:16)

우리가 아직 죄인 되었을 때에 그리스도께서 우리를 위하여 죽으심으로 하나님께서 우리에 대한 자기의 사랑을 확증하셨느니라. (롬 5:8)

곧 예수 그리스도를 믿음으로 말미암아 모든 믿는 자에게 미치는 하나님의 의니 차별이 없느니라. 이 예수를 하나님이 그의 피로써 믿음으로 말미암는 화목제물로 세우셨으니, 이는 하나님께서 길이 참으시는 중에 전에 지은 죄를 간과하심으로 자기의 의로우심을 나타내려 하심이니, 그런즉 자랑할 데가 어디냐? 있을 수가 없느니라. 무슨 법으로냐? 행위로냐? 아니라. 오직 믿음의 법으로니라. (롬 3:22, 25, 27)

한번 지은 죄에 대해 두 번 벌 받는 법은 이 세상 어디에도 없습니다. 그러므로 당신이 지은 죄에 대한 형벌을 다 받은 후에 풀려났으면, 영원히 풀려난 것입니다.

예수 그리스도께서 당신의 죄로 인해 당신이 받아야 할 죄의 형벌을 대신 받으셨으므로, 당신이 죄로 인해 하나님으로부터 벌 받을 일은 완전히 없어졌습니다. 그러므로 당신은 당신이 범했던 그 어떤 죄로 인해 다시 벌 받는 일은 일체 없습니다.

당신이 받았어야할 심판을 예수가 대신 받았으므로 당신에게 심판이 가해지는 일은 영원히 없게 되었습니다.

이것이 바로 하나님의 당신을 향한 사랑 계획입니다. 이 사랑 계획으로 인해 당신에게 새로운 생명이 주어졌고, 그 결과 당신은 하나님께서 당신이 원래 살도록 계획하였던 좋은 인생을 살 수 있게 된 것입니다.

다섯째: 그리스도께서 하신 일로 인해 우리에게 일어난 일에 대해 말해주십시오.

당신이 예수 그리스도를 받아들임으로 다시 하나님의 생명으로 가득 찬 삶을 살 수 있게 되었습니다.

그리스도께서 당신 대신에 죄에 대한 형벌을 받으셨다는 사실을 당신 마음으로 받아들임으로 다음과 같은 일들이 당신에게 일어나게 되었습니다.

1) 그리스도의 의가 당신에게 전이되었고, 당신은 모든 죄책감과 심판에서 자유하게 되었습니다.
2) 예수 그리스도께서 당신의 삶 속에 들어오셔서 당신 안에서 사시게 되었고, 당신을 위하여 사시게 되었습니다.
3) 당신은 새로운 피조물이 되었습니다.
4) 하나님의 당신을 향한 원래의 계획대로 살 수 있게 되었습니다.
5) 당신에게 하나님의 초자연적인 능력이 부어져서 당신이 하나님의 자녀가 되었습니다. 이렇게 된 것은 기적입니다.

하나님이 죄를 알지도 못하신 이를 우리를 대신하여 죄로 삼으신 것은 우리로 하여금 그 안에서 하나님의 의가 되게 하려 하심이라.(고후 5:21)

영접하는 자 곧 그 이름을 믿는 자들에게는 하나님의 자녀가 되는 권세를 주셨으니(요 1:12)

그런즉 누구든지 그리스도 안에 있으면 새로운 피조물이라 이전 것은 지나갔으니 보라 새 것이 되었도다.(고후 5:17)

도둑이 오는 것은 도둑질하고 죽이고 멸망시키려는 것뿐이요, 내가 온 것은 양으로 생명을 얻게 하고 더 풍성히 얻게 하려는 것이라.(요 10:10)

당신이 그리스도를 영접함으로 인해 하나님의 생명을 받았고, 이로 인해 하나님과 친구처럼 친밀한 교제를 나눌 수 있게 되었습니다. 당신이 하나님과 친밀한 교제를 하는 것이 하나님의 당신을 향한 원래의 계획이었습니다. 당신이 예수를 영접함으로 그 원래 계획이 이루어 질 수 있게 된 것입니다.

우리가 보고 들은 바를 너희에게도 전함은 너희로 우리와 사귐이 있게 하려 함이니 우리의 사귐은 아버지와 그의 아들 예수 그리스도와 더불어 누림이라.(요일 1:3)

예수 그리스도를 받아들이는 데에는 단순한 기도 한번이면 족합니다. 성경의 어떤 사람은 하나님이여 불쌍히 여기소서 나는 죄인이로소이다 (눅 18:13) 라고 간단하게 기도하였는데, 하나님께서는 그 사람들을 의롭다고 여기셨습니다. 예수와 함께 십자가에 달렸던 강도는 당신의 나라에 임하실 때에 나를 기억하소서 (눅 23:42) 라고만 기도하였는데도 낙원에 들어가게 되었습니다. 그러므로 당신이 다음의 기도만 해도 예수를 영접하게 됩니다.

주님,
나는 당신의 말씀을 믿지 않고 살아왔음을 고백합니다.
내가 지금 당신의 이름을 부릅니다.
나의 죄를 용서하여 주십시오.
당신이 내 대신 죽임을 당하셨습니다.
당신을 나의 삶의 구원자로 받아들입니다.
당신이 죽으셨다가 성경대로 다시 살아나셨다는 사실을
내가 믿습니다.
나는 당신을 받아들이고 하나님으로부터 온
당신의 생명을 받아들입니다.
나는 당신이 지금 나를 구원해 주셨다는 사실을 믿습니다.
예수님 나를 구원해 주셔서 감사합니다.
아멘

내 인생의 목표와 표어가 여러분들의 인생의 목표와 표어가 되었으면 좋겠습니다. 내 인생의 목표와 표어는 "오직 한길! 오직 한 가지 직업!"이라는 표어입니다.

오직 한 길은 예수입니다.(요 14:6)

오직 한 가지 직업은 사람들에게 예수를 증거하는 일(직업)입니다.(사 43:10, 요 15:27, 행 1:8, 행 2:32, 행 5:42, 행 22:15, 행 28:31)

내가 이러한 일을 하는 것은 하나님의 마음으로부터 나왔습니다. 당신이 이 일을 하면 예수님이 축복받으신 것처럼 축복받습니다. 예수님께서는 *아버지께서 나를 세상에 보내신 것 같이 나도 그들을 세상에 보내었다* (요 17:18) 라고 말씀하셨고, *내가 너희에게*

분부한 모든 것을 가르쳐 지키게 하라 볼지어다내가 세상 끝날 까지 너희와 항상 함께 있으리라(마 28:20) 라고 말씀하셨습니다.

나는 소년시절에 예수를 나의 인생의 구주로 받아들였습니다. 나는 예수를 내 삶의 주인으로 받아들이자마자 나의 친구들에게 예수에 대해 말해주기 시작하였습니다. 그 당시 소년에 불과했던 나였지만, 요한복음 3장16절 말씀을 예쁘게 써서 사람들에게 나누어 주었습니다.

그동안 우리는 복음을 적은 책자들을 132개의 말로 번역하여 사람들에게 나누어 주었습니다. 우리가 그 동안 사람들에게 나누어진 복음이 적힌 책자를 무게로 따지자면 아마도 수 톤이 넘을 것입니다.

여러분이 사람들에게 매일 복음을 전하면, 하나님께서 여러분에게 부어주시는 능력이 점점 더 커지게 됨을 깨닫고 놀라게 될 것입니다.

사람들에게 그리스도를 매일 증거하는 것이 당신의 삶의 신조가 되도록 하십시오.

내가 또 주의 목소리를 들으니 주께서 이르시되 내가 누구를 보내며 누가 우리를 위하여 갈꼬 하시니, 그 때에 내가 이르되 내가 여기 있나이다 나를 보내소서 하였더니(사 6:8)

너희는 넉 달이 지나야 추수할 때가 이르겠다 하지 아니하느냐? 그러나 나는 너희에게 이르노니 너희 눈을 들어 밭을 보라 희어져 추수하게 되었도다.(요 4:35)

이에 제자들에게 이르시되 추수할 것은 많되 일꾼이 적으니 (마 9:37)

예수님께서 온 세상의 모든 사람들을 위하여 죽으셨습니다. 그분이 흘리신 피가 세상의 모든 죄를 씻어줍니다. 그러므로 예수님의 이름을 부르는 모든 사람들이 예수 죽으심의 혜택을 입게 됩니다.

누구든지 주의 이름을 부르는 자는 구원을 받으리라. 그런즉 그들이 믿지 아니하는 이를 어찌 부르리요? 듣지도 못한 이를 어찌 믿으리요? 전파하는 자가 없이 어찌 들으리요? (롬 10:13-14)

그러므로 믿음은 들음에서 나며 들음은 그리스도의 말씀으로 말미암았느니라. (롬 10:17)

당신과 내가 모두 예수를 증거하는 자요, 주님이 인류를 위해 하신 것을 인정하는 자요, 이것에 대해 사람들에게 말해주는 자요, 복음을 외치는 자가 되어야합니다. 당신과 내가 모두 온 세상 사람들이 복음을 들을 수 있도록 해주는 하나님의 쓰임을 받는 도구들이 되어야합니다. 우리 모두 그리스도가 우리 속에서 사시고 일하실 수 있도록 해드리십시다.

복음을 전하는 것은 예수가 우리들에게 하라고 명령하신 최후의 명령입니다.(마 28:19-20) 복음을 전하는 것은 해도 되고 안 해도 되는 것이 아닙니다. 복음을 전하는 것은 반드시 순종해야 할 주님의 명령입니다.

우리는 매일 사람들에게 복음을 전하는 것을 우리의 습관이 되도록 하게 위해 복음을 전하는 연습을 매일 해야 합니다. 그러면 당신은 매일 행복해 할 것이고, 성공적이고 활기찬 그리스도인의 삶을 살게 되실 것입니다. 그렇게 할 때에야 비로소 하나님이 주신 좋은 인생을 누릴 수 있게 됩니다.

제 8 장

진정한 이웃

어떤 사람이 우리가 사는 동네로 이사를 왔습니다. 그 사람은 길을 가다가 강도를 만나서 갖고 있던 물건과 입고 있던 옷을 빼앗기고 강도에게 얻어맞아 죽어가고 있는 그런 이웃 사람은 아니었습니다. 그 사람은 단지 우리가 사는 동네로 이사를 온 평범한 사람이었습니다. 우리 동네에서 사는 예수 믿는 한 사람이 새로 이사 온 사람의 집 앞을 지나게 되었습니다. 그 사람은 새로 이사 온 사람을 쳐다보았지만 속으로, '내가 지금 교회 기도모임에 가고 있는 길인데, 지금 이 사람을 만나면 교회에 늦으므로, 지금은 안 돼. 내가 그 사람을 돌보아주지 않아도 교회에서 어련히 알아서 하겠지.' 라고 생각하며 그냥 지나쳤습니다.

얼마간의 시간이 지난 후 예수 믿는 다른 이웃이 새로 이사 온 사람의 집 앞을 지나게 되었습니다. 그 사람은 새로 이사 온 사람을 쳐다보았지만, 그 사람도 속으로 '교회에서는 새로 이사 온 사람의 집을 방문하라고 가르쳤지만, 왜 꼭 내가 방문해야하지? 만일 내가 그 사람의 집을 방문해서 예수에 대해 말해준다면, 그 사람은 내가 광신자라고 생각할 수도 있잖아? 그래, 새로 이사 온 사람이 나에게 말을 먼저 걸어 올 때까지 기다리자. 내가 광신자로 비추어져서는 안 돼. 그 사람이 교회에 나오고 싶으면, 제 발로 교회에 나오겠지. 그때 가서 인사를 나눠도 늦지 않아. 그 때 만나면 미리 찾아뵙지 못해서 미안하다고 하면 되지, 뭐.'라고 생각하며 그냥 지나쳤습니다.

얼마 후 예수 믿는 세 번째 이웃이 새로 이사 온 사람의 집 앞을 지나가게 되었습니다. 그 사람은 새로 이사 온 사람을 보고는 측은한 생각이 들었습니다. 그래서 새로 이사 온 사람에게로 가서 우리 동네로 새로 이사 오신 것을 환영한다는 말을 하고 나서, 그 사람에게 교회에 나오라는 초청의 말을 하였습니다. 그 다음 일요일에 그 사람은 새로 이사 온 사람의 집으로 가서 그 사람을 데리고 교회로 갔습니다. 그리고 교회 목사님에게, "이 사람은 우리 동네에 새로 이사 온 사람입니다. 이 사람을 잘 좀 돌보아 주세요. 만일 내가 도울 일이 있으면, 나도 기쁜 마음으로 도와드리겠습니다."라고 말했습니다.

당신은 이 세 사람 중에 누가 새로 이사 온 사람의 진정한 이웃이라고 생각하십니까?

제 9 장

러시아에 불어 닥친 기근

1920년부터 1921년 사이에 러시아 제국에 큰 기근이 닥쳐서 2000만 명의 사람들이 굶어죽었습니다. 그 때 미국에 사는 어떤 사람이 러시아에 살고 있는 자기의 남동생에 일정분의 돈을 부쳐서 남동생과 세 명의 여동생이 러시아의 기근을 이길 수 있도록 해주었습니다.

기근이 끝이 나자 러시아에 살고 있던 남동생이 미국으로 왔습니다. 미국에 있던 형은 동생으로부터 어떤 사실을 들어서 알게 되었습니다. 그 사실은 이 극심한 기근을 통해 살아남은 가족은 자기 남동생 혼자뿐이라는 사실입니다. 다른 세 여동생들은 러시아에서 굶어 죽은 것입니다.

미국에서 살고 있었던 형은 동생에게, "조지, 어떻게 된 일이야? 내가 너에게 보낸 돈이 양식을 사기에 충분하지 않았단 말이야?"라고 물어보았습니다.

형의 이 질문에 대해 조지는 신경질을 내며 이런 저런 변명을 하였습니다.

이로부터 8개월 후에 조지가 죽어가고 있었습니다. 조지는 죄책감으로 인해 마음에 평화가 전혀 없었습니다. 그는 형을 불러 "베드로 형, 형이 보내준 돈은 양식을 사기에 충분한 돈이었어. 그러나 나는 그 돈을 여동생들에게 나누어주지 않고 내가 다 가졌어." 라고 말하고는 죽었습니다.

이 이야기는 우리에게 그대로 적용될 수 있습니다. 우리는 우리가 받은 복음에 대해 그런 태도로 살고 있지는 않은지요?

복음은 온 세상의 모든 사람들을 살리기에 충분한 복음입니다. 그러나 그 복음을 우리만 갖고 있기에 사람들이 죽어가고 있습니다.

통계에 의하면 올해 이 세상에서 태어난 아이들 중에서 평생 살아가면서 복음을 듣게 되는 아이는 3퍼센트에 불과하다고 합니다.

복음은 정녕 우리만을 위한 것이란 말입니까?

우리가 주최한 전도 집회에서 나는 생명의 빵을 다른 사람들에게 나누어주고 싶어 하는 열정을 가진 사람들을 수천 명도 넘게 만났습니다. 그 사람들은 나에게 내가 어떻게 그렇게 성공적으로 복음을 전할 수 있게 되었는지 그 비법을 알려달라고 하였습니다. 내가 그들에게 내가 어떻게 효과적으로 복음을 전할 수 있는지에 대해 나의 경험을 이야기해주었습니다. 나의 이야기를 들은 사람들은 나의 이야기를 듣고 그들의 삶에 그대로 적용함으로 나처럼 효과적으로 영혼들을 구원하는 사람들이 되었습니다. 그리스도인으로 가질 수 있는 최대의 특권은 그리스도를 사람들에게 소개해주는 것입니다.

제 10 장

호주에서 온 사람

　당신은 죽어가고 있던 사람들을 한 사람이라도 구원해 보신 적이 있습니까? 죽어가는 사람을 구할 수 있는 사람이 당신 주위에는, 당신을 제외하고는, 아무도 없었던 경우가 있었습니까?
　나는 물에 빠져 죽어가고 있는 한 소년을 구해본적이 있었습니다. 그때 나는 호숫가에 서 있었는데, 한 소년이 물에 빠져 허우적거리고 있는 것이 내 눈에 들어왔습니다. 그 소년은 혼자 보트를 젓고 있다가 잠시 수영을 하고 있었습니다. 그런데 바람이 불자, 보트가 수영을 하고 있던 소년에게서 점점 멀어져갔습니다. 그 소년은 보트 쪽으로 온힘을 다해 수영을 했지만 소용이 없었습니다. 누가 그 소년을 구해주지 않으면 그 소년은 죽을 수밖에 없는 상황이 벌어진 것입니다.
　그런데 그 근처 물 위에 카누가 한척 있었습니다. 그래서 나는 카누를 타고 카누의 부러진 노를 사용하여 소년 쪽으로 재빨리 갔습니다. 그리고 물속으로 들어가 그 소년이 익사하기 전에 그 소년을 구해내었습니다. 나는 그 소년을 뭍으로 끌어내고 나서, 그 소년이 죽기 전에 그 소년을 구원할 수 있게 하여주신 하나님께 감사 기도를 올렸습니다.

그 소년에게 아무런 이상이 없다는 사실을 확인하고 나자, 평생 느껴보지 못했던 말할 수 없는 기쁨이 내 안으로 밀려들어왔습니다. 나는 죽어가고 있던 사람을 구한 것입니다. 어느 날 나는 천국에 가서, 천국의 바닷가에 서서 내가 이 땅에서 복음을 전함으로 영혼을 구원했던 사람들을 바라보게 될 것입니다. 그리고 그들이 부르는 찬양 소리를 듣게 될 것입니다. 그 때 나에게는 말할 수도 없는 기쁨이 밀려올 것입니다. 그 기쁨은 내가 구원한 사람들을 보게 됨으로 오는 기쁨일 것입니다. 나는 내가 구원한 사람들과 천국에 같이 있게 될 것입니다. 내가 천국에서 받을 가장 큰 상은 바로 사람들을 구원함으로 받게 될 상일 것입니다.

수년 전에 어떤 사람이 배를 타고 호주를 떠나고 있었습니다. 그 사람은 호주에서 금광을 발견하여 많은 부를 거머쥐게 된 사람이었습니다. 그러나 그 사람이 탄 배가 항해 도중에 큰 풍랑을 만나 배가 가라앉게 되었습니다. 그 배에 있었던 여러 척의 구명정도 폭풍우에 다 떠내려가 버렸습니다. 그 배에 타고 있던 사람들에게는 아무 희망도 남아있지 않게 되었습니다. 이때 그 부자는 근처에 있는 섬까지 혼자 헤엄을 쳐서 가기로 결심하였습니다.

그 사람이 바다로 뛰어들려고 하는 순간 어떤 소녀가 그 부자의 옷을 붙잡고 "아저씨, 저를 좀 구해주세요."라며 애걸하였습니다. 그 소녀는 엄마와 같이 배를 탔다가 엄마는 파도에 쓸려 가버리고 혼자 남게 된 소녀였습니다.

그 부자는 이때 자신의 허리에 금광에서 뽑은 금들을 차고 있었습니다. 그 부자는 자신만을 쳐다보고 있는 소녀를 물끄러미 바라보았습니다. 이제 그 부자는 무거운 금괴를 택할 것인가 아니면 소녀를 택할 것인가를 결정해야만 하였습니다.

거친 파도가 얼굴을 후려치자, 그 부자는 자신이 차고 있던 금괴를 풀어 바다에 던져 버렸습니다. 그러고 나서 소녀를 잡고 바다 속으로 뛰어들었습니다. 그는 사력을 다해 섬이 있는 곳으로 헤엄쳐 나갔습니다.

기력이 다했을 즈음에 그 부자는 소녀와 함께 섬에 다다를 수 있었습니다. 그는 소녀를 해변에 내려놓고는 기력이 다해 그대로 해변에서 의식을 잃고 쓰러졌습니다.

얼마간의 시간이 흐른 후 정신이 다시 돌아왔습니다. 간신히 눈을 떠서보니 그 소녀가 자신의 목을 끌어안고 얼굴에 뽀뽀를 하고 있었습니다. 소녀는 그 사람이 눈을 뜬 것을 확인하고는, 그 부자에게, "아저씨, 저를 구해주셔서 너무 고맙습니다." 라고 말하였습니다.

그 사람은 자신이 소녀의 생명을 살려 준 것이 호주에서 얻은 금보다 더 값진 것이었음을 체험으로 알게 되었다고 나중에 사람들에게 간증하였습니다.

우리가 천국의 반짝이는 해변을 걷게 될 때, 이 땅에서 살 때에 우리가 구원해 준 사람들을 만나 그 사람들로부터 "천국에 오신 것을 환영합니다. 저에게 구원의 복음을 들려주심으로 저를 구원해 주신 당신을 만나 뵙게 되어서 너무도 기쁩니다. 저를 구원해 주셔서 참 감사합니다." 라는 말을 듣게 되었으면 참 좋겠습니다.

제 3부

성공의 비밀

왜 사람들은 저마다 특별한 재주(능력)들을 갖고 있을까요? 왜 사람들은 하나님이 우리에게 좋은 것을 주시는 분이시라는 사실을 망각하고 희망없이 살고 있을까요?

삶에 기본적으로 필요한 7가지가 있습니다. 건강하고, 행복하고, 성공하고, 번영하는 삶을 살 수 있는 단순한 비밀을 여기서 밝혀드리겠습니다. 여러분을 위해 하나님이 준비하신 모든 것들을 풍요롭게 받는 방법에 대해서도 말씀드리겠습니다.

당신의 뿌리가 하나님으로부터 나왔다는 사실을 당신이 알게 되는 것은 당신이 금광을 발견한 것과 같습니다. 이 금광에서 나온 금은 당신과 당신이 사랑하는 모든 사람들이 사용하기에 충분한 양의 금입니다.

제 11 장

성공과 행복을 증가시키는 방법

더욱 더 성공하는 좋은 인생을 살 수 있는 그리스도인이 되기 위해 매일 해야 하는 세 가지 습관 - 1) 기도 2) 성경 읽기 그리고 3) 그리스도 증거하기 - 외에 해야 할 것이 있습니다. 그것이 무엇인지에 대해 말씀드리겠습니다.

3세기경에 사이프러스 사람으로서 카싸지(Carthage)의 감독이었던 한 사람이 자신의 친구 도나투스(Donatus)에게 다음과 같은 편지를 썼습니다: "도나투스, 이 세상은 정말로 악해. 그러나 이런 악한 세상에서도 거룩하고 조용하게 살 수 있는 방법을 알아내어, 그 방법대로 정말로 거룩하고 조용하게 살고 있는 사람들을 나는 발견했네. 그 사람들은 죄를 지를 때 느끼는 기쁨보다 천배나 더 큰 기쁨을 누리며 살고 있는 사람들이라네. 그 사람들은 세상 사람들로부터 멸시를 당하고 핍박을 받고 있는 사람들이지만, 그런 멸시와 핍박을 크게 생각하지 않고 살고 있다네. 그 사람들은 세상을 이긴 사람들이라고 할 수 있어. 도나투스, 그 사람들은 그리스도인들이야. 나는 그 사람들 중의 한명이라네."

만일 당신이 죄를 회개하고 그리스도를 인생의 구원자로 받아들이면 당신도 지극히 행복한 삶을 사는 사람들 중의 한명입니다.

그리스도인이 된 후 그리스도인으로서 살아가는 최고의 방법 중의 하나는 다른 그리스도인들과 교제하는 것입니다.

성경은 다음과 같이 말하고 있습니다.

너희는 그리스도의 몸이요 지체의 각 부분이라. (고전 12:27)

오직 사랑 안에서 참된 것을 하여 범사에 그에게까지 자랄지라. 그는 머리니 곧 그리스도라. 사랑 안에서 자라, 그에게서 온 몸이 각 마디를 통하여 도움을 받음으로 연결되고 결합되어 각 지체의 분량대로 역사하여 그 몸을 자라게 하며 사랑 안에서 스스로 세우느니라. (엡 4:15-16)

바울은 그리스도인들에게 다음과 같이 촉구하는 말을 하였습니다.

그가 어떤 사람은 사도로, 어떤 사람은 선지자로, 어떤 사람은 복음 전하는 자로, 어떤 사람은 목사와 교사로 삼으셨으니, 이는 성도를 온전하게 하여 봉사의 일을 하게 하며, 그리스도의 몸을 세우려 하심이라. 우리가 다 하나님의 아들을 믿는 것과 아는 일에 하나가 되어 온전한 사람을 이루어 그리스도의 장성한 분량이 충만한 데까지 이르리니 (엡 4:11-13)

너희도 산 돌 같이 신령한 집으로 세워지고 예수 그리스도로 말미암아 하나님이 기쁘게 받으실 신령한 제사를 드릴 거룩한 제사장이 될지니라.(벧전 2:5)

그러므로 형제들아 내가 하나님의 모든 자비하심으로 너희를 권하노니 너희 몸을 하나님이 기뻐하시는 거룩한 산 제물로 드리라. 이는 너희가 드릴 영적 예배니라. 너희는 이 세대를 본받지 말고 오직 마음을 새롭게 함으로 변화를 받아 하나님의 선하시고 기뻐하시고 온전하신 뜻이 무엇인지 분별하도록 하라.(롬 12:1-2)

내게 주신 은혜로 말미암아 너희 각 사람에게 말하노니 마땅히 생각할 그 이상의 생각을 품지 말고 오직 하나님께서 각 사람에게 나누어 주신 믿음의 분량대로 지혜롭게 생각하라. 우리가 한 몸에 많은 지체를 가졌으나 모든 지체가 같은 기능을 가진 것이 아니니 이와 같이 우리 많은 사람이 그리스도 안에서 한 몸이 되어 서로 지체가 되었느니라. 우리에게 주신 은혜대로 받은 은사가 각각 다르니 혹 예언이면 믿음의 분수대로, 혹 섬기는 일이면 섬기는 일로, 혹 가르치는 자면 가르치는 일로, 혹 위로하는 자면 위로하는 일로, 구제하는 자는 성실함으로, 다스리는 자는 부지런함으로, 긍휼을 베푸는 자는 즐거움으로 할 것이니라. 사랑에는 거짓이 없나니 악을 미워하고 선에 속하라. 형제를 사랑하여 서로 우애하고 존경하기를 서로 먼저 하며 부지런하여 게으르지 말고 열심을 품고 주를 섬기라. 소망 중에 즐거워하며 환난 중에 참으며 기도에 항상 힘쓰며, 성도들의 쓸 것을 공급하며, 손

대접하기를 힘쓰라 너희를 박해하는 자를 축복하라. 축복하고 저주하지 말라. 즐거워하는 자들과 함께 즐거워하고 우는 자들과 함께 울라. 서로 마음을 같이하며 높은 데 마음을 두지 말고 도리어 낮은 데 처하며 스스로 지혜 있는 체 하지 말라 아무에게도 악을 악으로 갚지 말고 모든 사람 앞에서 선한 일을 도모하라. 할 수 있거든 너희로서는 모든 사람과 더불어 화목하라. 내 사랑하는 자들아 너희가 친히 원수를 갚지 말고 하나님의 진노하심에 맡기라. 기록되었으되 원수 갚는 것이 내게 있으니 내가 갚으리라고 주께서 말씀하시니라. 네 원수가 주리거든 먹이고 목마르거든 마시게 하라 그리함으로 네가 숯불을 그 머리에 쌓아 놓으리라. 악에게 지지 말고 선으로 악을 이기라.(롬 12:3-21)

각 사람은 위에 있는 권세들에게 복종하라. 권세는 하나님으로부터 나지 않음이 없나니 모든 권세는 다 하나님께서 정하신 바라. 그러므로 권세를 거스르는 자는 하나님의 명을 거스름이니 거스르는 자들은 심판을 자취하리라. 다스리는 자들은 선한 일에 대하여 두려움이 되지 않고 악한 일에 대하여 되나니, 네가 권세를 두려워하지 아니하려느냐? 선을 행하라. 그리하면 그에게 칭찬을 받으리라. 그는 하나님의 사역자가 되어 네게 선을 베푸는 자니라. 그러나 네가 악을 행하거든 두려워하라. 그가 공연히 칼을 가지지 아니하였으니, 곧 하나님의 사역자가 되어 악을 행하는 자에게 진노하심을 따라 보응하는 자니라. 그러므로 복종하지 아니할 수 없으니 진노 때문에 할 것이 아니라 양심을 따라 할 것이라.(롬 13:1-5)

너희가 조세를 바치는 것도 이로 말미암음이라 그들이 하나님의 일꾼이 되어 바로 이 일에 항상 힘쓰느니라.(롬 13:6)

모든 자에게 줄 것을 주되 조세를 받을 자에게 조세를 바치고 관세를 받을 자에게 관세를 바치고 두려워할 자를 두려워하며 존경할 자를 존경하라. 피차 사랑의 빚 외에는 아무에게든지 아무 빚도 지지 말라. 남을 사랑하는 자는 율법을 다 이루었느니라. 간음하지 말라, 살인하지 말라, 도둑질하지 말라, 탐내지 말라 한 것과 그 외에 다른 계명이 있을지라도 네 이웃을 네 자신과 같이 사랑하라 하신 그 말씀 가운데 다 들었느니라.(롬 13:7-9)

또한 너희가 이 시기를 알거니와 자다가 깰 때가 벌써 되었으니 이는 이제 우리의 구원이 처음 믿을 때보다 가까웠음이라. 밤이 깊고 낮이 가까웠으니 그러므로 우리가 어둠의 일을 벗고 빛의 갑옷을 입자. 낮에와 같이 단정히 행하고 방탕하거나 술 취하지 말며 음란하거나 호색하지 말며 다투거나 시기하지 말고 오직 주 예수 그리스도로 옷 입고 정욕을 위하여 육신의 일을 도모하지 말라.(롬 13:11-14)

믿음이 연약한 자를 너희가 받되 그의 의견을 비판하지 말라.(롬 14:1)

먹는 자는 먹지 않는 자를 업신여기지 말고 먹지 않는 자는 먹는 자를 비판하지 말라. 이는 하나님이 그를 받으셨음이라. 남의 하인을 비판하는 너는 누구냐? 그가 서 있는 것이나 넘어지는 것이 자기 주인에게 있으매 그가 세움을 받으리니 이는 그를 세우시는 권능이 주께 있음이라.(롬 14:3-4)

네가 어찌하여 네 형제를 비판하느냐? 어찌하여 네 형제를 업신여기느냐? 우리가 다 하나님의 심판대 앞에 서리라 기록되었으되 주께서 이르시되 내가 살았노니, 모든 무릎이 내게 꿇을 것이요, 모든 혀가 하나님께 자백하리라 하였느니라. 이러므로 우리 각 사람이 자기 일을 하나님께 직고하리라. 그런즉 우리가 다시는 서로 비판하지 말고 도리어 부딪칠 것이나 거칠 것을 형제 앞에 두지 아니하도록 주의하라.(롬 14:10-13)

그러므로 너희의 선한 것이 비방을 받지 않게 하라. 하나님의 나라는 먹는 것과 마시는 것이 아니요, 오직 성령 안에 있는 의와 평강과 희락이라. 이로써 그리스도를 섬기는 자는 하나님을 기쁘시게 하며 사람에게도 칭찬을 받느니라. 그러므로 우리가 화평의 일과 서로 덕을 세우는 일을 힘쓰나니(롬 14:16-19)

이제 인내와 위로의 하나님이 너희로 그리스도 예수를 본받아 서로 뜻이 같게 하여 주사, 한마음과 한 입으로 하나님 곧 우리 주 예수 그리스도의 아버지께 영광을 돌리게 하려 하노라. 그러므로 그리스도께서 우리를 받아 하나님께 영광을 돌리심과 같이 너희도 서로 받으라.(롬 15:5-7)

나의 복음과 예수 그리스도를 전파함은 영세 전부터 감추어졌다가 이제는 나타내신 바 되었으며, 영원하신 하나님의 명을 따라 선지자들의 글로 말미암아 모든 민족이 믿어 순종하게 하시려고 알게 하신 바, 그 신비의 계시를 따라 된 것이니, 이 복음으로 너희를 능히 견고하게 하실 지혜로우신 하나님께 예수 그리스도로 말미암아 영광이 세세무궁하도록 있을지어다. 아멘.(롬 16:25-27)

제 12 장

응답받는 기도

좋은 인생을 살 수 있는 비밀은 기도를 통해 하나님의 응답을 받아내는 데에 있습니다. 하나님은 당신이 하나님 앞으로 나아갈 때 하나님의 사랑받는 자녀로서 나아오기를 원하십니다. 어린 아이가 부모가 자신이 필요한 것을 확실히 줄 줄로 믿고 달라고 요청하듯, 어린 아이와 같은 심정으로 하나님께 요청하면, 당신은 원하는 것을 확실하게 받게 됩니다.

하나님께서는 놀라운 약속들을 하였습니다. 그 약속들은 당신 개인에게 하신 약속들입니다.

너는 내게 부르짖으라. 내가 네게 응답하겠고 네가 알지 못하는 크고 은밀한 일을 네게 보이리라. (렘 33:3)

이렇듯 하나님께서는 당신 개인에게 기도하라고 요청하시고, 기도를 하면 그분께서 응답해주시겠다고 약속하십니다.

구하라 그리하면 너희에게 주실 것이요. 찾으라. 그리하면 찾아낼 것이요. 문을 두드리라. 그리하면 너희에게 열릴 것이니(마 7:7)

그리스도께서도 우리에게 기도하라고 말씀하셨고 기도하면 기도에 대해 응답이 있을 것이라고 말씀하셨습니다.

구하는 이마다 받을 것이요. 찾는 이는 찾아낼 것이요. 두드리는 이에게는 열릴 것이니라.(마 7:8)

기도하는 사람이 수백만 명이 될지라도 모두가 기도 응답을 받아낼 수 있다고 예수님께서는 위의 성경 구절을 통해 약속하셨습니다. 예수님의 마음 속에는 응답받지 못하는 기도란 없습니다.

구하는 이마다 받을 것이요.(마 7:8)

찾는 이는 찾아낼 것이요 두드리는 이에게는 열릴 것이니라.(마 7:8)

그분은 기도에 항상 응답해주시는 분이십니다. 우리가 올린 기도에 대해 응답해주시는 것이 그분의 기쁨입니다.
하나님께서는 여러분에게 기도할 것을 요청하십니다. 그분은 여러분의 기도에 대해 응답하여줄 자신이 있기 때문에 기도하라고 요청하셨습니다.
사람들이 기도하지 않는 이유는 기도를 드린다고 하려도 하나님께서 응답해주시지는 않을 것이라고 생각하지 않기 때문입니다.

응답받지 못한 기도들로 인해 믿음이 자라나지 못합니다.

어떤 사람들은 "나는 믿음이 있는 사람입니다. 그러나 나는 그동안 여러 차례 기도했지만 응답을 받지 못했습니다."라고 말합니다. 아니면, "내가 과거에는 믿음이 있어서 어떤 문제를 놓고 하나님께 열심히 기도했었지만 응답이 없었습니다."라고 말합니다.

이와 같이, 많은 사람들이 자신이 믿음이 없는 것에 대해 하나님께 그 탓을 돌립니다. 그러나 우리는 하나님의 약속의 말씀에 의거하여 기도하지 못하고 있는 우리에게, 응답받지 못하는 탓을 돌려야 옳습니다.

많은 경우, 기도에 응답해 주지 않으신 것에 대해 하나님을 비방하지는 않는다고 하더라도, 계속 기도해도 기도에 응답이 없으면 흔히들 감정이 상해서 혼란스러워 합니다. 기도해도 응답이 없으면 응답에 대한 희망을 점차 잃어가게 되고, 급기야는 기도하는 것을 포기하기에 이르게 됩니다.

그리고 결과적으로 믿음을 상실하게 됩니다.

기도하지 않는 사람들은 자신의 믿음에 대해 실망한 사람들입니다. 그런 사람들은 자신이 기도해도 응답이 있을 것이라고 생각하지 않고 있습니다. 이런 사람들은 하나님의 응답에 관한 한, 포기한 사람들입니다. 그런 사람들에게는 교회에 나가는 것이 종교적인 활동들 중의 하나에 불과합니다. 그런 사람들은 그들의 삶의 실체(Reality, 현존)이신 하나님 경험하기를 포기한 사람들입니다.

믿음의 불이 꺼지면 삶이 따분해지기 시작합니다.

믿음을 버리는 것은 인생의 여정을 하나님 없이 혼자 걸어 나가는 것과 같습니다. 하나님은 불신(믿음 없음)과는 친구할 수가 없는 분이십니다.

믿음을 상실한 사람에게는 두려움과 불안이 찾아와 그 사람을 묶습니다.

기도는 소용없는 것이라는 생각을 갖게 됨으로 희망 없는 삶을 사는 사람이 되지 마십시오.

기도하시면 응답을 받게 됩니다.

하나님과 함께 할 수 있는 가장 놀랍고도 훌륭한 교제 중의 하나는 하나님께 기도를 드리고 그 기도의 응답을 받음을 통해 이루어지는 하나님과의 교제입니다. *구하는 이마다 받을 것입니다.*(마 7:8)

일반적으로 그리스도인들은 자신의 오랫동안의 기도가 처음으로 응답되었을 때의 체험은 너무나 감동적이어서 평생 동안 간직하고 있는 경우가 대부분입니다.

어떤 노인이 수년전에 자신이 그토록 하나님께 울부짖으며 기도하였던 문제에 대해 하나님께서 기적적으로 응답하여 주신 것을 기억하고서는, 수년이 지난 지금도 그 응답에 감격하여 감사의 눈물을 흘리고 있다는 이야기를 얼마 전에 전해들은 적이 있습니다.

우리의 하나님 아버지께서는 오늘도 우리에게 매일 매일의 삶을 통해 하나님의 응답의 축복을 경험하라고 우리에게 요청하시고 계십니다.

언제나 그러하듯이, 당신은 오늘도 역시 기도를 통하여 하나님과의 깊은 교제 속으로 들어갈 수 있는 특권을 누릴 수가 있습니다.

과거에 기도했지만 응답받지 못했던 기억을 간직한 채 살아가지 마십시오. 그런 기억은 머릿속에서 지워버리십시오.

과거는 과거로 돌려버리십시오. 당신은 지금 자신이 실패자라고 느끼고 계십니까? 그런 생각일랑 얼른 없애버리십시오. 수없이 많은 사람이 당신처럼 자신이 실패자라는 생각 속에 묻혀 귀한 시간을 낭비하고 있습니다. 그런 사람들은 과거의 실패에 묶여 그들의 희망에 찬 미래를 포기하고 살아가는 사람들입니다.

그러나 이들과는 다른 일단의 사람들이 세상에서 살아가고 있습니다. 그들은 과거에 실패하였던 아픈 기억을 의지적으로라도 잊어버리고, 새로운 인생을 살기 위해 앞으로 걸음을 내딛는 사람들입니다. 그런 사람들은 성공합니다. 그런 사람들은 하나님이 주시는 풍요로움과 행복을 바라보고 미래 지향적인 삶을 사는 사람들입니다.

응답받는 기도의 기초석은 자신이 하나님으로부터 축복을 받는 삶을 살게 될 것이라고 믿는 것입니다. 이런 믿음은 예수께서 자기에게 축복을 주시기 위해 십자가에서 죽으셨다는 철저한 인식에서 나옵니다.

여러분들도 잘 아시는 바와 같이, 오늘날도 수천수만의 그리스도인들은 오직 예수 그리스도의 죽음을 통해서만 자신들의 기도가 하나님께 상달되어 하나님으로부터 반드시 응답이 올 것이라는 믿음을 갖고 기도하고 있습니다.

병든 사람이 치유되어야만 하는 이유는 병든 사람이 많은 고통을 받았기 때문이거나, 아니면 그들이 선한 행위를 하였기 때문이거나, 교회 예배에 열심히 참석하였기 때문이 아닙니다.

그렇게 생각하는 것은 오히려 하나님의 능력으로 치유받는데 오히려 장애가 될 뿐입니다.

아픈 자는 성경의 다음과 같은 말씀에 근거하여 치유받는다는 사실을 믿음으로 치유받습니다.

이는 선지자 이사야를 통하여 하신 말씀에 우리의 연약한 것을 친히 담당하시고 병을 짊어지셨도다 함을 이루려 하심이더라. (마 8:17)

그는 실로 우리의 질고를 지고 우리의 슬픔을 당하였거늘…그가 징계를 받으므로 우리는 평화를 누리고 그가 채찍에 맞으므로 우리는 나음을 받았도다. (사 53:4-5)

당신의 기도가 응답받기 위해 당신이 하여야 할 것은 예수 그리스도의 고난과 죽음이 있었기 때문에 당신의 기도가 응답받을 수 있게 되었다는 사실을 믿는 것입니다.

당신이 그 어떤 것을 놓고 기도하건 상관없이, 당신의 기도가 응답받을 수 있는 유일한 이유는 그분께서 십자가에서 죽으심으로 당신과 하나님과의 교제가 회복되었기 때문입니다.

그리스도의 죽음으로 인해, 우리가 이 세상에서 축복을 받을 수 있도록 해달라는 기도를 하나님께 드릴 수 있는 근거가 마련된 것입니다.

그리스도께서 당신에게 축복의 통로를 마련해 주시기 위해서 죽으셨습니다. 그러므로 당신이 이제는 당당히 하나님의 축복을 받을 수 있게 되었고, 하나님은 당신이 하나님의 축복을 받아 누리며 살기를 원하십니다. 그러므로 하나님께 축복을 달라고 당당하게 요청하십시오.

당신의 필요는 7배로 채워집니다. 7이라는 숫자는 성경에서 완전함을 나타내는 숫자입니다. 하나님은 인간의 구원과 관련하여 7가지의 이름을 가지고 계십니다. 이 7가지의 이름에는 하나님의 7가지 성품(nature)이 담겨져 있고 이를 통해 우리는 하나님이 우리에게 7가지의 축복을 주시는 하나님이심을 알 수 있습니다. 그리스도의 죽음은 우리에게 7배의 구속(7fold redemption)을 주시기에 충분한 죽음입니다.

예수님의 십자가에서의 죽음으로 인해 우리가 원하고 필요로 하는 모든 것들이 하나님으로부터 와서 우리에게 채워질 수 있게 되었습니다.

스코필드 성경(Scofield Bible)의 주석 책 7페이지에 (4)번으로 표시된 부분에는 창세기 2장 4절에 관한 주석이 나오는데, 거기에는 인간의 구속과 관련을 맺고 있는 여호와(Jehovah)의 7가지 이름이 간결하고 명확하게 설명되어져 있습니다. 거기에 나온 여호와 하나님의 7가지이름을 소개하면 다음과 같습니다.

여호와 – 씨드케누(Jehovah-tsidkenu): 하나님은 우리의 의(Righteousness)가 되신다.(렘 23:6)

여호와 – 샬롬(Johovah-Shalom): 하나님은 우리의 평화가 되신다.(삿 6:23-24)

여호와 – 라(Jehovah-raah): 하나님은 우리의 인도자 또는 목자가 되신다.(시 23:1)

여호와 - 라파(Johovah-rapha): 하나님은 우리의 의사 또는 치료자가 되신다.(출 15:26)

여호와 - 이레(Johovah-jireh): 하나님은 우리의 공급자 또는 원천이 되신다.(창 22:8-14)

여호와 - 샴마(Johovah-shammah): 하나님은 영원히 존재하신다.(겔 48:35)

여호와 - 닛시(Jehovah-nissi): 하나님은 우리의 승리되신다.(출 17:15)

위에 기록된 여호와 하나님의 7가지 이름을 통해 우리는 하나님의 인간을 향한 마음이 어떠하신지 알 수 있습니다. 하나님께서 고통 받는 인간을 고통으로부터 구해주기 위한 하나님의 속성이 이 7가지의 이름들 속에 담겨져 있습니다. 그리스도의 대속의 죽음으로 인해 이 7가지 전부를 우리가 가질 수 있게 되었습니다. 인간을 구해주기 위한 하나님의 뜻이 그리스도가 십자가에 죽으심으로 인간에게 도달할 수 있게 된 것입니다. 다른 말로하자면, 그리스도의 십자가 죽음으로 인해, 하나님께서 인간에게 주시고자 원래 계획하셨던 것들을 당당하게 받을 수 있게 된 것입니다. 하나님의 축복을 원하는 사람은 누구나 다 받을 수 있습니다.

응답받는 기도를 하기 위해서는 기도하는 사람이 믿음(인식)을 갖고 있어야 합니다. 그 믿음은 그리스도께서 십자가에 죽으심으로 인간이 살아나가기 위해 필요한 모든 것을 하나님이 인간에게 줄 수 있게 되었다는 사실을 받아들이는 믿음입니다.

그러므로 당신이 착한 사람이거나 교회에 열심히 다녔기 때문이라거나 그동안 너무도 많은 고통을 받았기 때문이라거나, 또는 당신이 당신의 가정에 꼭 필요한 사람이기 때문이라는 이유로, 축복해달고 기도하는 것은 바른 기도가 아닙니다. 이와 마찬가지 이치로, 당신이 앞으로 하나님을 위해 열심히 일하겠으니 하나님이 치료해주셔야 된다고 기도하는 것도 바른 기도가 아닙니다.

하나님께 건강을 달라고 당당하게 기도할 수 있는 유일한 이유에 대해 성경은 다음과 같이 기록하고 있습니다: *그가 찔림은 우리의 허물을 인함이요, 그가 상함은 우리의 죄악을 인함이라. 그가 징계를 받음으로 우리가 평화를 누리고 그가 채찍에 맞음으로 우리가 나음을 입었도다.*(사 53:3-4)

예수의 죽음으로 인해 법적으로 모든 문제가 해결되었기 때문에, 당신은 당당하게 축복과 치료를 하나님께 요청할 수 있는 것입니다. 당신은 지금 하나님의 자녀입니다. 그분께서는 당신의 병을 지시고 고통당하셨기 때문에 당신이 병으로 인한 고통을 당할 필요가 없어졌습니다. 하나님은 당신이 건강한 삶을 살기 원하십니다. 그러므로 건강은 당신에게 속해야 마땅한 것입니다. 건강의 대가를 그분께서 지불하셨기에 건강이 당신에게 공짜로 주어지는 것입니다. 예수의 죽음으로 인해, 당신은 법적으로 당당하게 축복을 요구할 권리를 회복하였습니다. 이것은 마치 당신의 통장에 있는 돈을 당신이 당당하게 쓸 수 있는 것과 마찬가지 이치입니다.

그리스도께서 당신에게 건강을 주시기 위해 죽으셨다는 사실을 알게 되면, 당신은 병으로 고통당할 필요도 없다는 사실은 저절로 알게 됩니다. 예수의 죽음으로 인해, 사탄이 당신의 몸에 병을 일으킬 수 있는 법적인 근거를 상실하였습니다. 사탄이 당신의 몸에 고통을 가할 수 없는 이유는 당신의 몸이 그리스도의 차지가 되었기 때문입니다. 그러므로 당신을 억압하는 악한 것들에 대해 믿음으로 대적하십시오.(벧전 5:9) 그리스도께서 당신의 병을 다 갖고 가셨으므로 당신은 건강하여야만 한다는 사실을 하나님께 당당하게 주지시키십시오.(마 8:17) 병이 가져다주는 저주를 거부하셔야합니다. 왜냐하면 그리스도께서 당신을 대신하여 저주와 질병을 짊어지셨기 때문입니다.(갈 3:13)

예수에 의해 당신이 구속된 것에 질병도 포함되어있음을 인식하십시오. 당신의 통장에 건강이 저금되어 있음을 인식하십시오. 당신의 총체적인 온전함을 위해 예수께서 죽으셨다는 사실을 깨달으십시오.

병은 마귀에게 속한 것입니다.(욥 2:7, 눅 13:11, 16, 행 10:38) 병은 저주입니다.(신 28:15-18, 갈 3:13) 병은 처음부터 있었던 것이 아닙니다. 병은 살인자입니다. 에덴동산에서 살고 있던 아담과 하와가 하나님께 죄를 지었기 때문에 병이 온 것입니다. 병은 하나님으로부터 온 것이 절대로 아닙니다. 병은 사탄이 갖고 온 것입니다.

질병은 인간이 죄의 영향력아래 있기 때문에 발생하는 것입니다.(시 103:3) 하나님께서 예수의 죽음을 통해 인간들을 구원하신 구원에는 죄로 부터의 자유함뿐만 아니라 죄가 주는 영향력으로 부터의 자유함도 포함되어 있습니다.

그리스도께서 우리의 죄를 지시고 죽으심으로, 우리와 죄 사이를 아주 멀리 떨어뜨려 놓으셨습니다.(벧전 2:24) 우리의 질병도 우리에서 멀리 떨어뜨려 놓으셨습니다.(사 53:4-5) 그분은 우리를 대신하여 고통을 당하셨습니다. 그분은 우리를 구속하셨습니다. 우리가 받았어야 마땅한 처벌을 그분이 대신 받으심으로, 우리를 죄와 질병과 죽음의 묶임에서 풀려나도록 해주셨습니다.(롬 5:8, 롬 6:6)

우리는 우리의 죄로 인해 죽어야만 하였습니다. 그런데 그리스도께서 우리 대신 죄를 지시고 죽으셨습니다.(고후 5:21)

우리가 죄로 인해 병에 걸려 고통을 당하여만 하였습니다. 그런데 그리스도께서 우리의 병을 갖고 가셨고, 우리 대신 고통을 당하셨습니다. *그가 채찍에 맞음으로 우리가 나음을 입었습니다.* (사 53:4-5)

당신이 병이 없어지게 해달라고 하나님께 당당하게 요청할 수 있는 유일한 근거가 바로 예수의 죽음입니다.

그분께서 죽으심으로, 그분께서는 당신이 하나님으로부터 축복과 선물을 달라고 요구할 수 있는 충분한 근거를 마련해 놓으셨습니다. 그렇기 때문에 당신은 하나님께 당신의 행위를 근거로 축복을 달라고 기도해서는 절대로 안 됩니다.

당신의 필요는 7배나 채워집니다. 그 이유는 하나님의 속성에 7배의 축복의 속성이 포함되어있기 때문입니다. 그리스도의 공급도 7배입니다. 그리스도의 구속도 7배입니다.

하나님의 7배의 원칙은 당신이 이 세상에서 살아가는데 절대적으로 필요한 원칙입니다. 이제, 하나님이 당신에게 주시는 7가지가 무엇인지에 대해 알아보십시다. 하나님이 당신에게 주시는 7가지가 무엇인지를 알게 되면, 당신은 하나님께 이 7가지를 달라는 기도를 당당하게 할 수 있게 됩니다.

1. 당신은 용서가 필요가 필요합니다.

당신은 저주에서 완전히 자유함 받기 위해 하나님의 용서와 하나님의 의(義, righteousness)가 필요합니다. 죄가 항상 당신의 발목을 잡습니다. 죄는 당신이 하나님의 도움을 받는 것을 제지합니다. 당신이 죄를 짓게 되면, 자신이 가치없는 존재라고 생각합니다. 당신이 죄를 지은 것을 빌미로 마귀는 당신을 넘어지게 하고 지치게 합니다. 마귀는 당신이 죄를 지은 것을 근거로 당신이 기도하지 못하게 합니다. 그 결과 당신은 절망하게 됩니다. 절망하지 않기 위해서는 당신의 앞길을 가로막고 있는 마귀의 고소들을 제거해버려야 합니다. 이때 당신에게 필요한 것은 하나님의 의와 하나님의 용서입니다. 당신이 하나님으로부터 용서와 의를 받게 되면, 죄의 문제가 영원히 해결됩니다.

성경적 근거: 친히 나무에 달려 그 몸으로 우리 죄를 담당하셨으니, 이는 우리로 죄에 대하여 죽고 의에 대하여 살게 하려 하심이라. 그가 채찍에 맞음으로 너희는 나음을 얻었나니(벧전 2:24)

하나님이 죄를 알지도 못하신 이를 우리를 대신하여 죄로 삼으신 것은 우리로 하여금 그 안에서 하나님의 의가 되게 하려 하심이라.(고후 5:21)

그의 날에 유다는 구원을 받겠고, 이스라엘은 평안히 살 것이며, 그의 이름은 여호와 우리의 공의라 일컬음을 받으리라.(렘 23:6)

예수님께서 당신의 죄를 짊어지시고 십자가에서 죽으심으로 예수님의 의가 당신의 의가 되었습니다. 그리스도의 의가 당신에게 공짜로 주어졌습니다.(롬 5:17) 예수님께서 당신의 불의의 값을 치르셨기 때문에 그렇게 된 것입니다. 예수님께서 당신의 죄를 당신에게서 멀리 떨어뜨려 놓으셨기 때문에, 당신의 죄가 당신을 정죄할 수 없게 되었습니다. 당신의 죄는 동이 서에서 먼 것처럼 당신에게서 멀어졌기 때문에(시 103:12), 마귀는 더 이상 당신이 지은 죄를 근거로 당신을 고소할 수가 없게 되었습니다. 당신의 죄는 없어졌습니다. 그 이유는 그리스도가 모든 죄에 대한 형벌을 다 받으셨기 때문입니다. 당신이 지불해야 될 죄에 대한 값은 예수가 이미 지불하였습니다. 그러므로 당신은 이제 자유합니다. (요 8:36)

믿음의 근거: 당신이 마땅히 받았어야할 형벌을 그리스도께서 대신 받으셨습니다. 당신은 형벌에서 면제 되었습니다. 당신은 당신이 지은 죄에 대해 용서받았습니다. 이제 죄로 인한 저주에서 당신은 완전히 자유롭게 되었습니다.

기도: 당신은 용서와 의를 구하는 기도를 다음과 같이 하실 수 있습니다.

주님, 저는 예수께서 나의 죄를 지시고 십자가에서 죽으셨다는 사실을 인정합니다. 그분이 흘리신 피는 나의 죄를 없애기 위한 피였습니다. 저는 이러한 사실들을 인정합니다. 예수께서 십자가 형벌을 당하심으로 저는 용서받았습니다. 저는 구원받았습니다. 하나님께서 자신의 의를 나에게 주셨습니다. 그분이 나에게 거저 주시는 의의 선물을 내가 믿음으로 받습니다. 나는 나의 죄에 대해 완전히 자유합니다. 죄 값은 이미 예수가 치르셨습니다. 그리스도께서 나의 죄 값을 치르시기 위해서 이미 십자가에 달려 죽으셨습니다.

2. 당신은 평화가 필요합니다.

마음에 평화가 없는 영혼은 혼동 그 자체입니다. 마음에 평화가 없기에 불안 초조해하고 죄책감과 정죄감에 눌려서 살아갑니다. 당신의 영혼이 안정되어야 합니다. 당신은 그동안 고통으로 얼룩진 삶, 쉼이 없는 삶을 살아왔습니다. 당신은 평화가 필요합니다.

성경적 근거: 주님은 우리의 평화이십니다.(삿 6:20-24)

나의 평안을 너희에게 주노라.(요 14:27) 주님이 주신 평화는 이제 당신의 것입니다. 예수님께서는 당신에게 평화를 주시기 위해 죽으셨습니다.

그가 징계를 받으므로 우리는 평화를 누립니다.(사 53:5) 그의 십자가의 피로 화평을 이루셨습니다.(골 1:20) 그러므로 사탄은 당신이 받은 하나님의 평화를 빼앗아갈 수 없습니다. 그리스도가 당신이 지은 죄 때문에 십자가에서 고뇌를 겪으셨기 때문에 당신에게 하나님의 평화가 들어갔습니다.

믿음의 근거: 그리스도께서 당신에게 평화를 주기 위해 십자가에 달리셔서 응징을 당하셨습니다. 이제는 하나님의 평화가 당신 것이 되었습니다. 그렇기 때문에 당신은 하나님께 그 평화를 달라고 당당하게 기도할 수 있습니다. 당신은 내적 불안과 동요를 당당하게 거부할 수 있게 되었습니다.

기도: 평화를 요청하는 기도를 다음과 같이 하시면 됩니다.

주님, 당신은 내가 맞았어야할 채찍을 맞으셨고 십자가에 달려 피를 흘리셔서, 내가 평화를 가질 수 있도록 해놓으셨습니다. 주님, 그 평화를 나에게 주십시오. 당신께서 피를 흘리심으로 나의 죄가 나에게서 영원히 떠났습니다. 고로 나의 죄를 빌미로 악한 적이 나를 공격할 수도 없고 하나님과 나 사이를 갈라놓을 수도 없습니다. 평화는 나의 것이기에 내가 당신에게 그 평화를 달라고 당당하게 요청합니다. 십자가에서 나의 갈등은 종료되었습니다. 나와 마귀의 계산은 끝났습니다. 이제부터 영원까지 당신의 평화는 내 소유가 되었습니다.

3. 당신은 삶의 인도자가 필요합니다.

당신이 이제껏 마귀에게 속아서 살아왔다는 사실을 깨닫게 되면, 마귀에 대해 분노하는 마음이 생기게 되고, 무슨 일을 하더라도 혹시 마귀에게 또 속는 것이 아닌가라는 생각이 들어 초조하게 됩니다. 또한 하나님께 당신의 삶을 인도해 달라는 기도를 하여도 기도 응답에 대한 의심이 남아있게 됩니다. 그 결과 하는 일들이 잘 안되게 됩니다. 이런 당신에게 가장 필요한 것은 하나님의 인도하심을 확실하게 경험하는 것입니다.

성경적 근거: 여호와께서 사람의 걸음을 정하시고, 그의 길을 기뻐하시나니(시 37:23)

주의 말씀은 내 발에 등이요 내 길에 빛이니이다.(시 119:105)

여호와는 나의 목자시니 내게 부족함이 없으리로다.(시 23:1)

예수님께서는 다음과 같이 말씀하셨습니다: 내 양은 내 음성을 들으며 나는 그들을 알며 그들은 나를 따르느니라. 타인의 음성은 알지 못하는 고로 타인을 따르지 아니하고 도리어 도망하느니라 (요 10:27, 5)

주님이 당신의 인생의 인도자이십니다. 나는 선한 목자라 선한 목자는 양들을 위하여 목숨을 버린다(요 10:11) 고 말씀하신 예수님께서는 자신의 말씀대로 우리를 위하여 목숨을 내어놓으심으로, 그분의 양이 된 우리를 인도하시는 목자가 되셨습니다. 그분이 죽으심으로 우리는 그분에게 속하게 되었고, 그분의 인도함을 받을 수 있게 되었습니다.

믿음의 근거: 그리스도께서는 당신의 목자가 되시기 위해 자신

의 목숨을 버리셨습니다. 고로 당신은 그분께 당신의 삶을 인도해 달라고 당당하게 요구할 수 있게 되었습니다. 당신은 이제 당신의 인생에서 더 이상 방황하지 않게 되었다는 사실을 확실하게 믿고 받아들이십시오.

기도: 그분께 인도해 달라는 기도를 드릴 때 다음과 같이 기도하시면 됩니다.

주님, 당신은 나의 목자이십니다. 나는 목자이신 당신만을 좇아갑니다. 나는 당신의 목소리를 알아차릴 수 있습니다. 당신은 나에게 당신의 생명을 주셨습니다. 나는 절대로 길을 잃어버리지 않을 것인데, 그 이유는 내가 목자이신 당신만을 따라가기 때문입니다.

4. 당신은 치유가 필요합니다.

당신은 병으로 고통당하며 살아왔습니다. 질병과 육신의 나약함과 아픔으로 인해 힘든 삶을 살아왔습니다. 하나님은 당신의 질병을 치료해주실 수 있는 분이십니다. 그분에게 매달리십시오. 병으로부터 완전히 자유함 받게 해달라고 기도하십시오.

성경적 근거: 예수님께서 십자가에 달려 돌아가셨을 때 그분은 당신의 육신의 완전한 치료에 대한 그 어떤 값도 다 지불하셨습니다. 그분은 치료하시는 여호와이십니다. (출 15:26)

그가 네 모든 죄악을 사하시며 네 모든 병을 고치십니다.(시 103:3)

그가 찔림은 우리의 허물 때문이요 그가 상함은 우리의 죄악 때문이라. 그가 징계를 받으므로 우리는 평화를 누리고, 그가 채찍에 맞으므로 우리는 나음을 받았도다.(사 53:4-5)

예수님께서 십자가에서 모든 것을 이루셨습니다.(요 19:30) 당신의 육체의 질병에 대한 값을 그분께서 십자가 죽음으로 다 지불하셨습니다. 당신의 질병을 영원히 다 갖고 가셨습니다. 그러므로 치유는 당신 것이 되었습니다. 치유는 하나님이 당신에게 거저 주시는 선물입니다. 예수께서 십자가에 달리심으로 하나님께서 당신에게 주신 것을 마귀가 절대로 빼앗아갈 수 없습니다.

믿음의 근거: 그리스도께서 당신의 병을 가지시고 죽으셨습니다. 고로 완전한 치유가 당신에게 속하게 되었습니다. 이제 당신은 그분의 이름으로 건강하게 살 수 있는 권리를 갖게 되었습니다.

기도: 치유를 비는 기도를 할 때 다음과 같이 기도하시면 됩니다.

주님, 당신께서 나의 질병과 고통을 예수에게 전가시키셨습니다. 그분께서는 나의 질병과 고통을 갖고 죽으셨습니다. 그분께서 내 대신 육체적 고통을 당하셨기 때문에, 나는 육체적 고통을 당할 필요가 없습니다. 나는 자유합니다. 나는 치유 받았습니다. 예수가 나의 고통을 갖고 가셨다는 성경의 말씀이 진리임을 나는 믿습니다. 나는 지금 건강을 달라고 당신께 당당하게 요구합니다.

5. 당신의 물질적인 필요가 채워져야 합니다.

당신은 지금 경제적인 문제로 난관에 봉착해 있습니다. 어떠하든지 난관을 뚫고 나와야합니다. 그것은 마귀가 당신을 고문하고 있는 것입니다. 당신은 지금 두려움에 차서 울고 있습니다. 지금 당신은 가난과 궁핍이 없어지게 해달라고 하나님께 기도해야합니다. 왜냐하면 하나님은 공급하시는 하나님이시기 때문입니다.

성경적 근거: *나의 하나님이 그리스도 예수 안에서 영광 가운데 그 풍성한 대로 너희 모든 쓸 것을 채우시리라.*(빌 4:19)

하나님께서는 자신이 얼마나 위대한 공급자인지를 우리에게 알리고 싶어 하십니다. 아브라함은 아들에게, "내 아들아 번제할 어린 양은 하나님이 자기를 위하여 친히 준비하시리라."(창 22:8) 라고 말하고 나서, 자신의 아들을 하나님의 명령대로 하나님께 희생 제물로 바치려고 하였습니다. 이것은 예수 그리스도의 죽음을 상징합니다. 예수는 십자가에서 자신의 몸을 희생 제물로 하나님께 바침으로, 당신이 필요로 하는 모든 것을 하나님으로부터 당당하게 받을 수 있는 길을 마련해 놓으셨습니다.

자기 아들을 아끼지 아니하시고 우리 모든 사람을 위하여 내주

신 이가 어찌 그 아들과 함께 모든 것을 우리에게 주시지 아니하 겠느냐?(롬 8:32)

바울이나 아볼로나 게바나 세계나 생명이나 사망이나 지금 것 이나 장래 것이나 다 너희의 것이요, 너희는 그리스도의 것이요, 그리스도는 하나님의 것이니라.(고전 3:22-23)

믿음의 근거: 그분은 십자가라는 제단에서 자신이 갖고 계신 것을 다 내어놓으셨습니다. 이로 인해 우리는 하나님이 소유하고 있는 모든 것을 우리의 것으로 당당하게 요구할 수 있습니다. 예수의 십자가에서의 죽으심으로, 하나님께서는 당신이 필요한 모든 것을 공급해주셔야만 하게 되었습니다. 이제 당신은 가난에 대한 두려움을 갖고 있을 필요가 없게 되었습니다.

기도: 경제적으로 가난으로부터 벗어나고 싶으시면 다음과 같은 기도를 드리십시오.

주님, 당신은 예수님을 내 대신 죽게 하셨습니다. 그분의 죽음으로 나는 당신의 자녀가 되었습니다. 당신이 나를 위해 예수를 죽게 하셨을 때, 나에게 당신의 모든 것을 주셨습니다. 그러므로 당신이 가지신 모든 것은 나의 것입니다. 고로 나는 당신께 나의 현재의 궁핍함을 채워달라고 당당하게 기도합니다. 내가 그렇게 기도로 요청할 수 있는 것은 예수님께서 내가 경제적으로 풍요로운 삶, 흘러넘치는 삶을 살도록 하시기 위해 죽으셨기 때문입니다.

6. 당신은 하나님의 임재가 필요합니다.

당신은 외롭습니다. 하나님과 멀리 떨어져 있다는 느낌이 듭니다. 당신이 필요한 것은 하나님이 당신과 함께 있는 것입니다. 당신은 도저히 어떻게 할 수가 없는 상황에 빠져있습니다. 당신을 도와줄 수 있는 사람이 한 사람도 없어서 불안해하고 있습니다. 당신은 당신을 도와줄 형제자매나 친구가 옆에 있으면 얼마나 좋을까 라는 생각을 하고 있습니다.

성경적 근거: 주님이 여기에 계십니다.(겔 48:35) *그가 친히 말씀하시기를 내가 결코 너희를 버리지 아니하고 너희를 떠나지 아니하리라.*(히 13:5)

예수그리스도의 죽음으로 하나님의 축복이 우리에게 부어질 수 있게 되었기 때문에 성경은 *그리스도 예수 안에서 그리스도의 피로 (우리가 하나님과) 가까워졌느니라*(엡 2:13) 라고 말하고 있습니다.

볼지어다 내가 세상 끝날까지 너희와 항상 함께 있으리라(마 28:20) 라고 주님께서 말씀하셨기 때문에, 그분은 절대로 당신의 곁을 떠나지 아니하십니다.

믿음의 근거: 그리스도께서는 당신을 하나님께로 데리고 가기 위해 피를 흘리셨습니다. 그러므로 이제 당신은 하나님과 함께 있을 수 있게 되었습니다. 하나님의 임재 안에 거할 수 있게 된 것입

니다. 이제 당신은 절대로 혼자 있지 않다는 것을 확신하셔도 좋습니다. 그분이 당신의 친구가 되셨습니다. 그리스도께서 당신을 하나님 앞으로 데리고 간 것입니다. 하나님 그분이 당신 앞에 계십니다.

기도: 하나님의 임재를 위해 다음과 같은 기도를 하십시오.

하나님, 나는 그리스도께서 피를 흘리심으로 하나님과 매우 가까이에 있게 되었다는 사실을 믿습니다. 그분은 나의 죄를 나에게서 다 없애버리셨습니다. 그러므로 나는 당신의 임재 안에 안전하게 거할 수 있게 되었습니다. 그리스도의 피가 나와 하나님이 함께 있을 수 있는 근거를 마련해 주었습니다. 나는 당신과 항상 함께 하고 있기에, 나는 당신에게만 의존적이 되어 살겠습니다. 나는 이제 혼자가 아닙니다. 하나님, 당신은 언제나 내 곁에 계십니다.

7. 당신은 승리가 필요합니다.

당신은 지금 영적으로 마귀와 전쟁 중에 있습니다. 당신은 당신을 대적하는 악한 영적 존재들과 싸우고 있습니다. 당신은 당신의 적에게 한방 맞고 쓰러져 있기 때문에, 두려움이 당신을 휩싸고 있습니다. 당신은 지금 하나님께 도와달라고 혼신을 다해 하나님께 매달리며 기도하고 있습니다. 당신이 필요한 것은 대적과의 싸움에서 승리하는 것입니다.

성경적 근거: *모세가 제단을 쌓고 그 이름을 여호와 닛시라 하고* (출 17:15)

하나님의 이름은 닛시 또는 승리자 또는 대장입니다. 그리스도께서는 이 세상의 주관자들과 권세들을 이기고 승리하셨습니다. (골 2:15) 그분께서는 우리가 "*우리 주 예수 그리스도로 말미암아 우리에게 승리를 주시는 하나님께 감사한다.*" (고전 15:57) 고 말할 수 있는 근거를 마련해 놓으셨습니다. 그분의 죽음으로 인해 악한 영들이 정복되었습니다. 그분은 당신을 어두움의 권세를 잡은 자에게서 구출해내어 하나님의 아들이 되게 해주셨습니다. (골 1:13)

믿음의 근거: 그리스도께서는 마귀를 정복하고 마귀의 나라를 궤멸시키기 위해 죽으셨습니다. 고로 이제 당신은 마귀를 두려워할 필요가 없습니다. 이제 당신은 모든 영적 전쟁에서 당당하게 승리를 선언할 수 있게 되었습니다.

기도: 당신이 영적 전쟁에서 승리하길 원하신다면 다음과 같은 기도를 드리십시오.

주님, 나는 예수께서 사탄을 이기시고 모든 정사들(principalities)을 이기셨다는 사실을 잘 알고 있습니다. 하나님께서 예수를 부활하도록 하셨기 때문에, 예수는 사탄을 이긴 승리자가 되셨습니다. 나는 믿음으로 당신에게 요구합니다. 나는 당당하게 마귀를 이긴 승리의 손을 높이 듭니다. 십자가로 인해 나와 마귀 사이의 전쟁에서 승리는 내 것이 되었습니다. 두려움은 나의 것이 아닙니다. 나는 그분이 승리주심으로 인해 안식합니다. 사탄은 패배하였습니다. 그리스도는 승리자이십니다. 나의 전쟁은 끝났습니다. 예수는 주님이십니다!

믿는 사람들 중에 일어나고 있는 가장 큰 비극은 오늘날의 그리스도인들은 우리를 대신하여 돌아가신 예수의 죽음을 통해 우리가 얻을 수 있게 된 것이 얼마나 대단한 것이고 많은 것인지에 대해 잘 모르고 있다는 사실입니다.

그분은 그분 자신을 위해 죽지 않으셨습니다. 그분은 당신을 위해 죽으신 것입니다.

그분이 죽음으로 그분의 죄가 사해진 것이 아닙니다. 그분은 죄를 지은 적이 없기에, 없앨 죄가 없으셨습니다. 그분은 당신의 죄를 당신에게서 멀리 옮겨놓기 위해 죽으신 것입니다.

예수님께서는 자기 자신을 위해서 마귀와 싸운 것이 아닙니다. 그분께서는 당신을 위해서 마귀와 싸움하셨고 또한 승리하셨습니다.

그분께서는 자신이 하나님과 화해하기 위해 자신의 피를 흘리신 것이 아닙니다. 그분이 피를 흘리심으로 하나님과 가까워지게 된 존재는 바로 당신입니다.

예수님께서는 자신의 필요를 채움 받기 위해 십자가에서 자신을 희생 제물로 바친 것이 아닙니다. 당신이 하나님이 가지신 모든 것을 받아 누리는 삶을 살 수 있도록 하기 예수님께서 자신의 몸을 희생 제물로 바치신 것입니다.

그분은 원래 병을 앓던 분이 아니셨습니다. 그럼에도 불구하고 그분은 당신이 앓고 있던 질병을 갖고 가심으로 당신을 치료하셨습니다.

십자가는 사탄과의 싸움에서 예수가 승리하였다는 것을 상징합니다. 이 승리는 바로 당신을 위한 승리입니다.

당신이 죄를 지었기 때문에, 사탄과의 싸움에서 승리가 필요한 것은 하나님이 아니라 바로 당신입니다. 하나님께서는 죄를 지은 당신을 구속하시기 위해 사탄을 다루실 필요가 있으셨습니다. 그래서 그분은 자신의 아들로 하여금 당신 대신에 죄의 값을 치르도록 하셨습니다. 그 결과 사탄은 자신의 노예로 살아가고 있던 인간들을 풀어놓지 않으면 안 되게 된 것입니다.

예수님께서 우리의 죄값을 담당하시고 죽으셨습니다. 그러나 하나님께서 죽은 예수를 다시 살리심으로 마귀를 이기고 승리하셨습니다.(골 2:12-13, 골 3:1-2) 그 결과 예수 그리스도의 사탄을 이긴 승리는 당신 것이 되었습니다. 당신은 이제 죄에서 풀려났습니다. 당신은 죄에 관한한 자유자가 되었습니다. 당신은 이제 승리자입니다. 평화가 당신의 것이 되었습니다. 궁핍은 이제 당신의 것이 아닙니다. 당신은 치유 받았습니다.

하나님께 기도할 때 마치 거지가 동냥하듯 하지 마시고, 당당하게 하십시오. 왜냐하면 당신은 예수로 인해 당신 것이 이미 된 것들을 달라고 당신의 아버지 하나님께 기도하기 때문입니다.

여러분이 예수가 십자가에 달려 당하신 고통과 죽음을 통해 이룩하신 것을 인정하지 않으면, 당신은 그리스도의 죽음을 통한 축복을 절대로 받을 수 없습니다.

그러므로 나는 여러분들에게 강력하게 말씀드립니다. 당신이 하나님께 기도할 때 그 기도가 응답받는 기도가 되도록 하기 위해서, 예수님의 죽음을 통해서만 당신이 하나님의 축복을 받을 수 있는 길이 열렸다는 사실을 깨달아야 하고 또한 깨달은 바대로 믿어야합니다.

그분의 죽으심으로 당신이 하나님의 것, 7가지를 다 가질 수 있게 되었습니다.

제 13 장

예수님 임재 연습

　당신이 예수를 영접하셨다면 지금 당신 안에 예수가 거하고 계십니다.(요 14:23) 그러므로 이제부터는 당신 속에 예수가 있다는 사실을 인식하는 연습을 끊임없이 하십시오. 이러한 예수님이 당신과 함께하는 것을 경험하는 임재 경험을 통해 그분이 당신의 삶의 진정한 파트너가 될 때에만, 당신은 좋은 인생을 살 수 있게 됩니다.
　당신은 당신의 삶을 예수 그리스도에게 내어드렸습니다. 그 결과 그분이 당신의 삶 속으로 들어오시게 되었습니다. 그리고 당신은 이러한 사실을 이미 잘 알고 있습니다.

　이는 너희가 죽었고 너희 생명이 그리스도와 함께 하나님 안에 감추어졌음이라.(골 3:3)

　우리 생명이신 그리스도께서 나타나실 그 때에 너희도 그와 함께 영광 중에 나타나리라.(골 3:4)

당신은 그분의 현존(임재, 함께하심, His presence)을 다음과 같은 4가지 방법으로 경험할 수 있습니다.

첫째로, 당신이 하고 있는 생각이 당신 속에 계신 그리스도의 생각이 되도록 노력 하십시오.

육신의 생각은 사망이요, 영의 생각은 생명과 평안이니라. 육신의 생각은 하나님과 원수가 되나니, 이는 하나님의 법에 굴복하지 아니할 뿐 아니라 할 수도 없음이라.(롬 8:6-7)

너희는 이 세대를 본받지 말고 오직 마음을 새롭게 함으로 변화를 받아 하나님의 선하시고 기뻐하시고 온전하신 뜻이 무엇인지 분별하도록 하라.(롬 12:2)

오직 심령으로 새롭게 되어 하나님을 따라 의와 진리의 거룩함으로 지으심을 받은 새 사람을 입으라.(엡 4:23-24)

너희 안에 이 마음을 품으라. 곧 그리스도 예수의 마음이니 (빌 2:5)

형제들아 무엇에든지 참되며 무엇에든지 경건하며 무엇에든지 옳으며 무엇에든지 정결하며 무엇에든지 사랑 받을 만하며 무엇에든지 칭찬 받을 만하며 무슨 덕이 있든지 무슨 기림이 있든지 이것들을 생각하라.(빌 4:8)

누가 주의 마음을 알아서 주를 가르치겠느냐 그러나 우리가 그리스도의 마음을 가졌느니라.(고전 2:16)

둘째로, 당신 속에 거하고 계신 예수님께서 들으시면 싫어하실 말은 입 밖으로 내지 마십시오.

우리는 수많은 사람들처럼 하나님의 말씀을 혼잡하게 하지 아니하고 곧 순전함으로 하나님께 받은 것 같이 하나님 앞에서와 그리스도 안에서 말하노라.(고후 2:17)

또 왕들 앞에서 주의 교훈들을 말할 때에 수치를 당하지 아니하겠사오며 (시 119:46)

주의 모든 계명들이 의로우므로 내 혀가 주의 말씀을 노래하리이다.(시 119:172)

내 입이 여호와의 영예를 말하며 모든 육체가 그의 거룩하신 이름을 영원히 송축할지로다.(시145:21)

기록된 바 내가 믿었으므로 말하였다 한 것 같이, 우리가 같은 믿음의 마음을 가졌으니 우리도 믿었으므로 또한 말하노라.(고후 4:13)

말씀이 네게 가까워 네 입에 있으며 네 마음에 있다 하였으니 곧 우리가 전파하는 믿음의 말씀이라.(롬 10:8)

또 우리 형제들이 어린 양의 피와 자기들이 증언하는 말씀으로써 그를 이겼으니 그들은 죽기까지 자기들의 생명을 아끼지 아니하였도다.(계 12:11)

독사의 자식들아 너희는 악하니 어떻게 선한 말을 할 수 있느냐? 이는 마음에 가득한 것을 입으로 말함이라. 선한 사람은 그 쌓은 선에서 선한 것을 내고 악한 사람은 그 쌓은 악에서 악한 것을 내느니라. 내가 너희에게 이르노니 사람이 무슨 무익한 말을 하든지 심판 날에 이에 대하여 심문을 받으리니, 네 말로 의롭다 함을 받고 네 말로 정죄함을 받으리라.(마 12:34-37)

(이 책을 읽으시는 독자 분들은 이 책의 14장과 15장을 반드시 공부하시기를 바랍니다.)

오직 너희는 그리스도의 복음에 합당하게 생활하라.(빌 1:27) (이 말씀을 책의 원본대로 번역하면 "너희는 그리스도의 복음에 합당한 말을 하라." 입니다: 역자 주)

그러므로 다른 사람들과 대화하실 때 하나님의 말씀에 비추어 바른 말이라고 생각하는 말만 하는 것을 연습하십시오. 당신이 말할 때 마다 당신 속에 그리스도께서 계시다는 사실을 인식하시고 말하십시오. 정말로 그분은 당신 속에 계십니다. 그분이 당신의 입술을 통해 말씀하시도록 하는 연습을 계속하십시오.

너희 말을 항상 은혜 가운데서 소금으로 맛을 냄과 같이 하라. 그리하면 각 사람에게 마땅히 대답할 것을 알리라.(골 4:6)

책망할 것이 없는 바른 말을 하게 하라. 이는 대적하는 자로 하여금 부끄러워 우리를 악하다 할 것이 없게 하려 함이라.(딛 2:8)

예수님께서는, "누구든지 사람 앞에서 나를 시인하면 나도 하늘에 계신 내 아버지 앞에서 그를 시인할 것이다."(마 10:32) 라고 말씀하셨습니다.

세 번째로, 예수님께서 가시기를 꺼려하시는 곳에는 절대로 가지 마십시오.

예수님이 당신의 삶과는 절대로 떼어놓을 수 없는 분이 되도록 하십시오. 예수님께서는, "내가 너희에게 분부한 모든 것을 가르쳐 지키게 하라 볼지어다 내가 세상 끝날까지 너희와 항상 함께 있으리라."(마 28:20) 고 말씀하셨습니다.

하나님의 성전과 우상이 어찌 일치가 되리요? 우리는 살아 계신 하나님의 성전이라? 이와 같이 하나님께서 이르시되, 내가 그들 가운데 거하며 두루 행하여 나는 그들의 하나님이 되고 그들은 나의 백성이 되리라.(고후 6:16)

예수께서 대답하여 이르시되 사람이 나를 사랑하면 내 말을 지키리니, 내 아버지께서 그를 사랑하실 것이요. 우리가 그에게 가서 거처를 그와 함께 하리라.(요 14:23)

위의 것을 생각하고 땅의 것을 생각하지 말라. 이는 너희가 죽었고 너희 생명이 그리스도와 함께 하나님 안에 감추어졌음이라. 우리 생명이신 그리스도께서 나타나실 그 때에 너희도 그와 함께 영광 중에 나타나리라.(골 3:2-4)

그러므로 너희는 그들 중에서 나와서 따로 있고 부정한 것을 만지지 말라.(고후 6:17)

그런즉 사랑하는 자들아, 이 약속을 가진 우리는 하나님을 두려워하는 가운데서 거룩함을 온전히 이루어 육과 영의 온갖 더러운 것에서 자신을 깨끗하게 하자.(고후 7:1)

전에 악한 행실로 멀리 떠나 마음으로 원수가 되었던 너희를 이제는 그의 육체의 죽음으로 말미암아 화목하게 하사, 너희를 거룩하고 흠 없고 책망할 것이 없는 자로 그 앞에 세우고자 하셨으니, 만일 너희가 믿음에 거하고 터 위에 굳게 서서 너희 들은 바 복음의 소망에서 흔들리지 아니하면 그리하리라. 이 복음은 천하 만민에게 전파된 바요 나 바울은 이 복음의 일꾼이 되었노라.(골 1:21-23)

하나님은 우리의 피난처시요 힘이시니 환난 중에 만날 큰 도움이시라.(시 46:1)

내가 결코 너희를 버리지 아니하고 너희를 떠나지 아니하리라 하셨느니라.(히 13:5)

그분은 절대로 당신을 떠나지 않으십니다. 고로 주님이 가셔서는 안 될 곳에 가지 마십시오. 주님이 당신이 그곳에 있는 것을 보시면 싫어하실 곳에는 절대로 가지 마십시오.

어떤 친구는 형제보다 친밀합니다.(잠 18:24) 그분은 당신의 가장 친한 친구입니다. 그분은 당신을 위해 죽으실 정도로 당신과 같이 있고 싶어 하시는 당신의 친구입니다. 그러므로 그분과 교제하십시오. 당신이 어디로 가든지 친한 친구로서 같이 가자고 당당하고 자랑스럽게 그분께 요청하십시오.

네 번째로, 당신 속에 계신 그리스도께서 보시면 싫어하실 행동은 하지 마십시오.

모든 사람에게 구원을 주시는 하나님의 은혜가 나타나 우리를 양육하시되, 경건하지 않은 것과 이 세상 정욕을 다 버리고 신중함과 의로움과 경건함으로 이 세상에 살고, 복스러운 소망과 우리의 크신 하나님 구주 예수 그리스도의 영광이 나타나심을 기다리게 하셨으니, 그가 우리를 대신하여 자신을 주심은 모든 불법에서 우리를 속량하시고 우리를 깨끗하게 하사, 선한 일을 열심히 하는 자기 백성이 되게 하려 하심이라.(딛 2:11-14)

너는 그들로 하여금 통치자들과 권세 잡은 자들에게 복종하며 순종하며 모든 선한 일 행하기를 준비하게 하며(딛 3:1)

너는 이 여러 것에 대하여 굳세게 말하라. 이는 하나님을 믿는
자들로 하여금 조심하여 선한 일을 힘쓰게 하려 함이라. 이것은
아름다우며 사람들에게 유익하니라.(딛 3:8)

그러나 너희는 택하신 족속이요, 왕 같은 제사장들이요, 거룩한
나라요, 그의 소유가 된 백성이니, 이는 너희를 어두운 데서 불러
내어 그의 기이한 빛에 들어가게 하신 이의 아름다운 덕을 선포하
게 하려 하심이라.(벧전 2:9)

선을 행하고 선한 사업을 많이 하고 나누어 주기를 좋아하며 너
그러운 자가 되게 하라.(딤전 6:18)

범사에 네 자신이 선한 일의 본을 보이며(딛 2:7)

하나님이 능히 모든 은혜를 너희에게 넘치게 하시나니, 이는 너
희로 모든 일에 항상 모든 것이 넉넉하여 모든 착한 일을 넘치게
하게 하려 하심이라.(고후 9:8)

이는 하나님의 사람으로 온전하게 하며 모든 선한 일을 행할 능
력을 갖추게 하려 함이라.(딤후 3:17)

큰 집에는 금 그릇과 은 그릇뿐 아니라 나무 그릇과 질그릇도
있어 귀하게 쓰는 것도 있고 천하게 쓰는 것도 있나니, 그러므로
누구든지 이런 것에서 자기를 깨끗하게 하면 귀히 쓰는 그릇이 되

어 거룩하고 주인의 쓰심에 합당하며 모든 선한 일에 준비함이 되리라.(딤후 2:20-21)

그러나 하나님의 견고한 터는 섰으니 인침이 있어 일렀으되 주께서 자기 백성을 아신다 하며 또 주의 이름을 부르는 자마다 불의에서 떠날지어다 하였느니라.(딤후 2:19)

기록되었으되 주께서 이르시되 내가 살았노니 모든 무릎이 내게 꿇을 것이요, 모든 혀가 하나님께 자백하리라 하였느니라. 이러므로 우리 각 사람이 자기 일을 하나님께 직고하리라.(롬 14:11-12)

그리스도께서 정말로 당신 속에 살고 계시기 때문에, 그분께서는 당신을 통해 그분 자신을 표현하시고 싶어 하십니다. 당신의 몸은 그분께서 거하시는 성전입니다.(고전 6:19) 그분의 마음은 당신의 것이 되었습니다.(고전 2:16) 그분의 사랑이 당신을 통해 표현됩니다. 그분의 사랑의 감정 표현과 사랑 표현도 당신의 표현이 될 수 있습니다.(고후 5:14) 주 예수를 당신의 삶의 통해 예수가 표현되는 것(롬 13:14, 갈 3:27)을 열심히 배우십시오. 그러면 그분이 당신의 삶을 통해 나타나시기 시작하십니다.

너희 안에서 행하시는 이는 하나님이시니 자기의 기쁘신 뜻을 위하여 너희에게 소원을 두고 행하게 하시나니(빌 2:13)

그러므로 당신이 좋은 인생을 영위하기 원하신다면 당신 속에 계신 예수 그리스도가 나타나도록 하는 연습을 하십시오. 그렇게 되도록 하기위해, 나는 여러분에게 다음의 네 가지 방법을 강력하게 추천합니다.

1) 당신이 하고 있는 생각이 당신 속에 계신 그리스도의 생각이 되도록 노력 하십시오.
2) 당신 속에 계신 예수가 들으면 싫어하실 말을 입 밖에 내지 마십시오.
3) 예수님께서 가시기를 꺼려하시는 곳에는 가지 마십시오.
4) 당신 속에 계신 그리스도께서 보시면 싫어하실 행동은 하지 마십시오.

당신의 매 순간의 생각과 행동에 주님께서 계십니다. 여러분은 그분의 몸이기에 그분께서는 그분의 몸된 당신을 통해 그분의 사랑을 다른 사람들에게 나타내시기를 원하십니다. 당신의 몸을 통해 그분께서 원하시는 바를 하실 수 있도록 연습하십시오.

나는 언젠가 주님께서 한 손은 하늘 쪽을 향하시고 다른 한쪽 손은 자신의 주위에 몰려있는 사람들을 향해 도움을 주시기 위해 내미시는 그림을 본적이 있습니다. 주님은 하늘의 하나님과 인간을 연결하는 다리 역할을 하시기 위해 이 땅에 오신 분입니다. 우리가 그분을 힘입어 이 세상에서 살고 있습니다.(행 17:28) 그러므로 우리는 우리의 지체를 사용하여 그분을 표현하는 삶을 살아야합니다. 그분이 이 땅에서 그분의 목적을 이루시기위해 우리의 손과 발을 위시한 우리 몸의 모든 지체들을 사용하시고자 하실 때 전적으로 허락해야합니다.

그분은 우리의 손 외에는 갖고 계신 손이 없으십니다.

그분은 우리의 손을 사용하여 이 세상에서 일하고 싶어 하십니다.

그분은 우리의 발 외에는 갖고 계신 발이 없으십니다.

그분은 우리의 발을 사용하여 우리를 바른 길로 인도하시길 원하십니다.

그분은 우리의 혀 외에는 갖고 계신 혀가 없으십니다.

그분은 우리의 혀를 사용하여 세상 사람들에게 자신이 죽으신 이유에 대해 말씀하고 싶어 하십니다.

그분은 우리의 도움이 없이는 아무 일도 하실 수 없으십니다.

그분은 우리를 사용하여 사람들이 그분 곁으로 오도록 하십니다.

제 4 부

좋은 인생을 살기 위한 언어 사용

당신이 하고 있는 생각은 당신의 인생이라는 땅에 심는 씨에 비교될 수 있습니다. 당신이 사용하는 단어들은 당신이 땅에 씨를 심는 방법에 비교될 수 있습니다.

당신의 말이 당신의 삶의 질을 결정합니다.

당신의 삶의 수준은 당신이 하는 대화의 수준과 정비례합니다.

당신은 당신이 믿고 생각하고 있는 것 이상은 절대로 이야기 할 없습니다.

당신이 하는 말은 당신이 속사람이 어떤 사람인지를 알려주는 지표입니다.

당신은 이제 읽을 장들에서 어떻게 하나님 수준의 최고의 언어생활을 할 수 있는 지에 대해서 아시게 되실 것입니다.

제 14 장

최고의 언어생활을 영위할 수 있는 방법

좋은 인생을 누리는 데 좋은 언어 습관을 몸에 익혀 사용하는 것보다 더 좋은 방법은 없습니다.

기독교는 자기가 믿는 것을 입으로 시인(고백, 선언, "profession" or "confession")하는 종교입니다.

바울은, "사람이 마음으로 믿어 의에 이르고 입으로 시인하여 구원에 이르느니라."(롬 10:10) 라고 말하였습니다. 이것은 바울이 우리 삶에 필요한 두 가지가 있는데, 그것은 바로 1) 마음으로 믿고, 2) 입으로 시인하는 것이라고 말한 것과 동일합니다.

예수님께서는 자기가 누구인지를 입술로 말씀하셨습니다. 우리 그리스도인들은 자신이 누구인지를 시인하고 고백해야 합니다. 우리는 우리가 믿는 바를 계속해서 인정하고 고백해야 합니다. 우리가 시인하여 입술로 고백하는 바는 다음과 같습니다:

우리는 구속받았다.(계 5:9, 벧전 1:18)
우리는 다시 태어났다.(요 1:12-13, 요 3:7, 벧전 1:23)

우리는 새로운 존재가 되었다.(고후 5:17, 갈 6:15, 엡 4:22-24)

우리가 받은 구속은 실제다.(엡 1:7, 골 1:14, 히 9:12)

우리는 치유받았니다.(사 53:4-5, 벧전 2:24, 출 15:26)

우리의 모든 필요가 채워진다.(빌 4:19, 시 84:11, 고후 9:8)

우리는 두려워하지 않는다.(수 1:9, 시 27:1, 3, 시 23:4, 시 56:11, 시 91:1-7, 9-12, 사 41:10)

그리스도께서 우리 안에 살고 계신다.(고후 6:16, 요 14:23, 갈 2:20, 요 17:23, 골 1:27)

그분은 우리의 힘이시고, 우리의 공급자이시고, 우리의 치유자이시고, 우리의 보호자이시다.(빌 4:13, 시 31:19, 출 15:26, 딤후 1:12, 딤후 3:3, 유 24)

우리는 사탄의 권세에서 풀려났다.(골 1:12-14, 욥 5:19, 단 6:27, 고후 1:10)

우리는 새로운 성품에 참여하는 자가 되었다.(벧후 1:4, 고전 10:16-17, 골 1:12, 히 3:14)

우리는 예수의 의를 가진 자가 되었다.(롬 5:17, 빌 3:9, 고전 1:30)

우리는 더 이상 심판과 저주를 받지 아니한다.(롬 8:1, 요 5:24)

우리는 의롭게 되었다.(롬 5:1, 18, 갈 3:24)

우리는 승리자 이상의 존재가 되었다.(롬 8:37)

우리는 더 이상 사탄의 나라에 속하지 않는다.(골 1:12-14, 눅 10:19)

우리의 패배와 실패는 과거의 것이 되었다.(엡 2:1-6, 고후 5:17)

우리와 하나님은 서로 연결되었다.(엡 2:6, 골 2:9-10)

그분이 우리 인생의 파트너와 친구가 되셨다.(잠 18:24, 요 15:13-16, 요 17:21-23)

우리는 구원받았다.(행 2:21, 엡 2:8, 딤후 1:9, 딛 3:5)
좋은 인생이 우리의 것이 되었다.(요 10:10, 벧후 1:3-4)

　이번 장과 다음 장을 통해 당신은 위에 적힌 우리 그리스도인들의 고백에 관한 성경적인 근거가 되는 성경 구절들을 계속해서 접하게 되실 것입니다. 그 성경 구절들에 익숙해지십시오. 여러분의 성경에 그 성경 구절들을 찾아서 밑줄 그어놓으십시오. 사람들과의 대화중에 그 성경 구절들을 사용하십시오.

　수많은 그리스도인들이 그리스도께서 그들에게 주신 특권을 제대로 사용하지 못하고 있습니다. 또한 너무나 많은 그리스도인들이 입술로 자신이 믿는 바를 표현(고백)하지 않고 있기 때문에, 그리스도인이면 당연히 누릴 수 있는 복된 삶을 제대로 누리지 못하고 있습니다. 당신의 말이 당신을 장악합니다. 당신이 당신의 생각을 입으로 표현할 때 당신의 생각의 씨가 당신의 인생의 땅에 심겨집니다. 당신은 그 땅에서 나는 열매를 먹고 살 수밖에 없습니다.

　좋은 인생을 묵상하십시오. 좋은 인생을 말하고 고백하십시오. 그러면 곧 당신은 좋은 인생을 꿈꾸게 되고, 그 꿈은 당신의 생각에 가득 차게 됩니다. 그러면 결국 당신의 좋은 인생에 대한 꽉 찬 생각들은 당신의 행동을 통해 나타나서, 결국 당신은 좋은 인생을 살 수밖에 없게 됩니다.

　항상 그 순서는 1) 생각, 2) 말, 그리고 3) 행동입니다.

　이미 당신은 구원받은 사람이므로 과거의 삶에 대해 생각하거나 말하지 마십시오. 그런즉 누구든지 그리스도 안에 있으면 새로운 피조물이라 이전 것은 지나갔으니 보라 새 것이 되었도다.(고후 5:17) 당신의 생각과 사용하는 언어들 바꾸십시오.(사 55: 7-8)

당신이 며칠만이라도 당신의 생각과 행동 사이의 연관관계를 면밀히 관찰하신다면, 당신은 당신의 부정적인 생각은 반드시 부정적인 행동을 수반하게 된다는 사실을 알게 되실 것입니다.

만일 당신이 믿음이 없는 사람이라고 생각하시면 바로 그 순간 의심의 생각이 거인처럼 커져서 당신을 묶게 됩니다.

만일 당신이 그러한 원리를 모르고 지내왔던 분이라면 그러한 원리를 깨닫고 아마도 놀라실 것입니다.

솔로몬은 이렇게 말했습니다: *네 입의 말로 네가 얽혔으며 네 입의 말로 인하여 잡히게 되었느니라.*(잠 6:2)

만일 당신이 입으로 "실패했다."라고 말하면, 당신의 그 말이 당신을 묶습니다.

만일 당신이 입으로 "두렵다."라고 말하면, 두려움이 증가하여 당신은 두려움에 묶이게 됩니다.

우리는 우리의 심령을 하나님의 말씀으로 채우는 일을 맨 먼저 해야합니다. 그렇게 하기 위해서는 우선 우리가 말한 하나님의 말씀이 우리의 일부가 될 때까지 계속적으로 연습해야합니다.

우리의 마음과 우리의 입술이 하나님 아버지의 말씀에 관해 서로 조화를 이루어야합니다.

다윗은, "여호와여 내 입에 파수꾼을 세우시고 내 입술의 문을 지키소서."(시 141:3) 라고 기도하였고, 또한 "나의 반석이시요 나의 구속자이신 여호와여 내 입의 말과 마음의 묵상이 주님 앞에

열납되기를 원하나이다."(시 19:14) 라고 기도하였습니다.

"어린 양의 피와 자기들이 증언하는 말씀으로써 마귀를 이겼습니다."(계 12:11) 는 성경 말씀에 근거하여 우리는 마귀를 이길 수 있습니다.

여러분, 요한이 뭐라고 말하였는지 아십니까? 요한은, "죄를 짓는 자는 마귀에게 속하나니 마귀는 처음부터 범죄함이라. 하나님의 아들이 나타나신 것은 마귀의 일을 멸하려 하심이라."(요일 3:8) 라고 하였습니다. 통치자들과 권세들을 무력화하여 드러내어 구경거리로 삼으시고 십자가로 그들을 이기셨습니다.(골 2:15)

성경은 예수님께서는 마귀의 일을 멸하셨고, 마귀가 힘을 쓰지 못하게 하셨고, 그를 이기고 승리하셨다고 기록하고 있습니다. 사탄은 자신의 계획이 수포로 돌아갔고, 힘을 잃었고, 굴복을 당했습니다. 사탄은 이미 패배한 우리의 대적입니다.

예수님의 승리는 우리의 승리입니다. 그분은 자신을 위해 사탄과 싸워 승리하신 것이 아닙니다. 그분은 우리를 위해서 사탄과 싸웠고 우리를 위해 그 싸움에서 승리를 쟁취하신 것입니다. 그분은 우리를 위해 사탄을 궤멸시키셨습니다. 그분은 마귀의 일을 멸하셨습니다. 그분은 우리를 위해 사탄을 누르시고 승리하신 것입니다.

우리로 하여금 그분이 거두신 승리의 수혜가가 되도록 하시기 위해 그분은 행동하셨고 싸우셨고 이기셨습니다.(엡 2:5-6, 골 1:12-14)

우리는 마귀의 포로로 살아가고 있었습니다. 그러나 그리스도께서 우리를 마귀의 포로에서 풀려나게 해주신 것입니다.(요 8:32, 롬 6:22)

우리는 죄와 질병의 저주 아래에 살고 있었습니다. 그러나 그리스도께서 우리의 구속자가 되셔서 우리를 그 저주에서 풀려나게 해주셨고 저주의 나라에서 나올 수 있도록 해주셨습니다.(갈 3:13)

우리는 약한 존재입니다. 그러나 주님께서 우리의 힘이 되어주셨습니다. 그러므로 이제 우리는 강한 자들입니다.(시 27:1, 시 28:7, 욜 3:10, 고후 12:10)

우리는 과거에는 마귀에게 묶인 채로 마귀가 만든 감옥에 갇혀 지냈지만, 그리스도께서 우리를 마귀의 노예 상태에서 풀려나 자유롭게 살 수 있도록 해주셨습니다.(요 8:36, 롬 8:2)

우리는 병에 취약한 존재들입니다. 그러나 그리스도께서 우리의 나약함과 병을 짊어지셨습니다. 그러므로 병과 나약함은 우리에게 속한 것이 더 이상 아닙니다. *그분이 채찍에 맞으심으로 우리가 나음을 입게 되었습니다.*(사 53:5, 벧전 2:24)

그러므로 당신이 승리자라는 사실을 입술로 고백하십시오.(롬 8:37) 약속하신 이는 미쁘시니 우리가 믿는 도리의 소망을 움직이지 말며 굳게 잡으십시오.(히 10:23)

예수님께서 죽었다가 다시 살아나심으로 사탄은 치명적인 손상을 영원히 입게 되었습니다. 그러므로 당신은 살면서 사탄은 영원히 패배하였다라고 생각하고 사셔야합니다. 당신 속에 계신 예수는 사탄을 영원히 패배시킨 예수라는 사실을 생각하고 인정하고 입술로 고백하고 사십시오.(엡 1:19-23, 빌 2:9-11)

위의 사실들은 영원히 변하지 않는 사실입니다. 그러한 사실들을 입으로 인정하고 고백하듯 말하십시오. 그러면 사탄이 당신을 어쩌지 못하게 됩니다.

성경에 기록된 이러한 사실들에 대해 여러분들이 놀라워하시고 그 사실들을 인정하고 받아들이시고 입술로 인정하는 말을 하십시오. 그리고 그러한 사실들에 근거하여 행동하십시오. 그래야 마귀가 당신의 좋은 인생을 강탈해가지 못합니다.

당신도 잘 아는 바와 같이, 그리스도께서 사탄을 쳐서 자신의 발아래 굴복시키셨습니다. 그래서 하나님 아버지와 사탄은 똑같이 동일하게 하나님의 자녀인 우리가 사탄과의 싸움에서 이긴 승리자라고 생각하십니다. 우리는 사탄의 속박을 물리친 존재입니다. 고로 우리가 쓰는 말 속에 우리가 초자연적인 존재임을 나타내는 말들이 스며들어 있어야합니다. 우리는 마치 다른 세상의 사람인 것처럼 말해야합니다. 사실은 우리는 이 세상에 속한 사람들이 아닙니다.

> 너희는 택하신 족속이요 왕 같은 제사장들이요, 거룩한 나라요, 그의 소유가 된 백성이라. (벧전 2:9)

우리는 권세를 갖고 있는 존재입니다. 하나님께서 우리의 직위와 권세를 뒷받침하여 주시고 계십니다. 그러므로 우리는 담대해야 합니다. 불신자들이 그들의 두려움을 말로 자주 표현하듯이 우리는 하나님이 쓰시는 표현들을 우리의 입으로 자주 표현해야합니다.

우리는 우리가 그리스도 안에 있는 존재라는 사실을 고백하여야 합니다. 우리는 구속받은 존재라는 사실과 우리의 구속은 실제라는 사실, 그리고 우리는 사탄의 나라와 권세에서 해방되어 나왔다는 사실을 고백하여야합니다. 우리가 이러한 사실들을 우리의 입술로 고백해야하고 확신을 가지고 담대하게 선포해야합니다. 왜냐하면 이러한 것들은 사실이기 때문입니다.

우리는 그리스도의 신적 형상을 부여받은 존재이기 때문에(벧후 1:4), 우리의 입술로 우리는 예수 그리스도로 인해 다시 창조 된 새로운 피조물이라고 고백해야 하는 것입니다.(고후 5:17)

우리는 질병, 아픔, 두려움, 연약함, 실패는 현재의 우리와 상관없는 과거의 것이 되었다고 고백해야합니다.

잘못된 고백은 패배의 고백이고 실패의 고백이며 사탄이 조정하는 고백입니다. 마귀가 얼마나 당신을 힘들게 하고, 당신의 앞길을 막으며, 마귀가 얼마나 당신을 묶고 있는지에 대해 말하고, 마귀가 당신에게 얼마나 많은 문제들을 야기시키고 있는지에 대해 계속적으로 말하는 것은 패배의 고백이고 잘못된 고백입니다.

여러분이 여러분의 입술로 여러분의 병약함과 가난과 실패를 고백하면 당신은 고백한대로 살게 됩니다. 패배와 실패만을 고백하고 살면, 당신이 아무리 영성이 뛰어난 사람이라고 하더라도, 당신이 아무리 능력이 많은 하나님의 종들을 찾아가 기도를 받는다고 하더라고 별 효과가 없습니다. 그 이유는 당신이 한 불신의 말들이 당신에게 있던 모든 믿음들을 잡아먹기 때문입니다.

당신이 당신의 입으로 당신의 나약함과 실패를 말할 때마다, 당신의 말로 인해, 당신의 대적은 살이 찌고 있다는 사실을 아셔야 합니다. 당신의 나약한 말과 실패의 말로 인해 하나님의 약속의 말씀에 대한 당신의 믿음이 좀먹고 있다는 사실을 아십시오. 만일 당신이 그런 사람이라면, 성경에 나와 있는 당신의 특권과 권세에 대해 공부하십시오. 그리고 바른 고백을 하신 후, 당신의 입술의 고백의 말에 단단히 붙어있으십시오. (히 10:23)

그리스도께서 십자가에서 다 이루셨다고 고백하십시오. 그분께서 사탄을 누를 수 있는 권세를 주셨다고 고백하십시오.

내가 너희에게 뱀과 전갈을 밟으며 원수의 모든 능력을 제어할 권능을 주었으니 너희를 해칠 자가 결코 없으리라. (눅 10:19)

마귀보다 당신이 훨씬 강하다고 고백하십시오. 당신은 마귀를 넉넉히 이길 수 있다고 고백하십시오. 마귀는 자신이 당신을 더 이상 이길 수 없다는 사실을 잘 알고 있습니다. 하나님의 말씀을 믿으십시오. 그분이 말씀하신 진리 안에서 담대하십시오. 하나님이 말씀하신 것만을 진리로 고백하십시오. 진리를 당신 마음대로 변경하지 마십시오. 하나님의 말씀이 당신 속에서 살아 움직이게 하십시오. 그 말씀 속에서 사십시오. (요 15:7-8)

다음의 이 말씀을 마음에 간직하고 있으십시오: *그런즉 누구든지 그리스도 안에 있으면 새로운 피조물이라 이전 것은 지나갔으니 보라 새 것이 되었도다.* (고후 5:17)

우리가 새로운 피조물이 되었다는 말은 우리가 죄를 용서받은 존재가 되었긴 하지만, 가난과 연약함은 아직 해결 못 받은 채 비틀거리며 교회만 계속해서 다녀야 하는 불쌍한 존재가 되었다는 말이 아닙니다. 새로운 피조물이 되었다는 말은 새롭게 창조된 새 존재가 되었다는 말입니다. 우리는 그리스도 예수 안에서 하나님의 생명을 갖고 있는 존재, 하나님의 속성을 갖고 있는 존재, 하나님의 능력을 갖고 있는 완전히 다른 존재가 되었습니다. 그러므로 그렇게 되었다는 것을 당신의 입술로 고백하십시오.

"*나는 새로운 피조물이라 이전 것은 지나갔으니 보라 새 것이 되었다*"(고후 5:17) 라고 계속 고백하십시오. 그리고 고백한대로 믿으십시오. 정말로 당신은 새롭게 되었습니다. 당신의 옛 존재는 이미 지나갔습니다. 이제 당신은 죄에 묶여 살던 과거의 당신이 아니고 나약하고 두려워하며 살던 과거의 당신이 아닙니다. 이제 당신은 하나님의 성품과 그분의 생명과 그분의 힘과 그분의 영광과 그분의 능력을 소유한 존재가 되었습니다.

다음의 성경 말씀이 당신의 삶에서 실제가 되도록 하십시오: 두려워하지 말라. 내가 너와 함께 함이라. 놀라지 말라. 나는 네 하나님이 됨이라. 내가 너를 굳세게 하리라. 참으로 너를 도와 주리라. 참으로 나의 의로운 오른손으로 너를 붙들리라.(사 41:10)

만일 하나님이 우리를 위하시면 누가 우리를 대적하리요.(롬 8:31)

당신을 세상의 악에 대항해서 단단히 서있을 수 있도록 해주는 다음의 구절이 당신의 입술의 고백을 통해 나오도록 하십시오.

자녀들아 너희는 하나님께 속하였고 또 그들을 이기었나니, 이는 너희 안에 계신 이가 세상에 있는 자보다 크심이라.(요일 4:4)

두려워하지 말고 살아가십시오. 당신 속에 계신 이가 당신을 대적하는 모든 세력들의 집합보다 강하다는 사실을 아십시오.

하나님께서 당신의 모든 문제를 해결하여 주실 수 있다는 분이라는 사실을 진정으로 깨닫게 되면, 당신 속에서 큰 기쁨이 흘러나오게 됩니다.

환경을 두려워하지 마십시오. 왜냐하면 당신은 당신에게 능력 주시는 자 안에서 내가 모든 것을 할 수 있기 때문입니다.(빌 4:13) 그분은 당신의 힘이 되실 뿐 아니라 당신을 도와주기 위해 당신 옆에 계신 분이십니다. 그분은 당신의 구원되십니다. 그러니 누가 감히 당신에게 두려움을 가져다 줄 수 있단 말입니까?(시 27:1) 그분께서 생명의 빛을 당신에게 비추어주시면 당신은 지혜롭게 행동할 수 있습니다. 그분은 당신의 구원이시고, 당신의 대적이 쳐놓은 그물에서 당신을 건져내어주는 분이십니다. 그 그물이 아무리 대단한 그물이라도 당신은 그분으로 인해 넉넉히 빠져나올 수 있습니다.

여호와는 나의 빛이요 나의 구원이시니 내가 누구를 두려워하리요? 여호와는 내 생명의 능력이시니 내가 누구를 무서워하리요? (시 27:1)

아무것도 두려워하지 마십시오. 하나님이 당신 편이시기 때문에 두려워하거나 걱정할 필요가 없다고 고백하십시오.

약속하신 이는 미쁘시니 우리가 믿는 도리의 소망을 움직이지 말며 굳게 잡으십시오.(히 10:23)

당신은 마귀의 노예가 더 이상 아니라는 사실을 기억하십시오. 이제 죄와 죄로 인한 형벌이 당신을 묶을 수가 없게 되었습니다. 과거에 당신은 마귀의 권세아래 꼼짝 못하는 존재로 살아갔지만, 이제는 아닙니다.

주 여호와의 영이 내게 내리셨으니 이는 여호와께서 내게 기름을 부으사 가난한 자에게 아름다운 소식을 전하게 하려 하심이라. 나를 보내사 마음이 상한 자를 고치며, 포로된 자에게 자유를, 갇힌 자에게 놓임을 선포하려 하심이라.(사 61:1)

당신이 마귀의 묶임에서 풀려난 존재가 되었다고 입술로 선포하시고 고백하십시오. 당신이 자유하게 되었음을 믿으십시오. 당신이 구속되었다는 것은 사실입니다. 당신이 얻은 자유에 근거하여 행동하십시오. 당신의 모든 잘못이 백 프로 다 용서받았습니다. 당신을 가두어 놓았던 감옥의 문이 열렸습니다. 당신의 묶임은 과거의 일입니다. 하나님께서 "그렇다."라고 말씀하셨으면 그런 것입니다. 그분의 말을 믿으십시오. 인정하고 고백하십시오. 당신의 고백에 따라 행동하십시오.

제 15 장

하나님이 하신 말씀을 당신의 입으로 말할 때 일어나는 놀라운 일들

당신의 믿음은 당신의 입술의 고백보다 더 클 수 없다는 사실을 기억하십시오. 하나님의 우리에 대한 약속은 우리가 그 약속을 입술로 고백할 때 실현됩니다. 하나님의 약속의 말씀은 입술로 표현될 때 그 진가를 발휘한다는 사실을 아셔야합니다. 좋은 인생을 경험하려면 입술로 하나님의 축복의 말씀을 발해야합니다.

하나님의 말씀에 반하는 말을 하고서는 절대로 하나님께서 약속하신 축복을 받아 낼 수가 없습니다.

당신이 하는 말이 당신의 믿음이 어떠한지를 말해주는 표준입니다. 당신은 당신이 믿는 것을 말로 표현할 수밖에 없습니다.

너무 많은 사람들이 실패를 말하고 있기 때문에 실패하는 삶을 살고 있다는 사실을 당신은 정말로 알고 계십니까? 사람들은 실패를 두려워하면서 실패에 대해 말하기 때문에 실패할 것을 믿게 되고, 그 결과 실패하는 삶을 살게 되는 것입니다.

당신의 삶은 당신이 말하는 말의 수준까지만 올라갑니다.

이러한 사실은 삶에 적용 될 수 있는 너무도 중요한 원칙인데도 사람들을 그 원칙을 모르고 잘못 사용하고 있습니다. 이 원칙을 잘 적용한다면 축복의 삶을 누릴 수 있습니다. 그러나 그 원칙을 제대로 사용함으로 성공의 삶을 사는 사람들은 극히 적습니다.

많은 사람들이 말로 패배를 연습하고 있고 생각으로도 패배를 실습하고 있습니다. 그런 사람들은 자신들이 실습한대로 패배의 삶을 살아가게 되기 마련입니다.

성경은 당신이 하는 말에 관해 중요한 지침들을 주고 있습니다. 성경은 비관적인 말과 불신의 말을 하지 말라고 경고하고 있습니다.

또한 성경에는 믿음의 말을 함으로 축복의 삶을 살게 된 사람들의 실제 이야기들이 많이 기록되어있습니다.

바른 말을 하는 것을 지속하고 바르게 생각하는 연습을 게을리 하지 않으면 결국 당신은 반드시 바른 행동을 하게 됩니다.

당신의 수준은 당신이 쓰는 말의 수준보다 절대로 높아지지 않는다는 사실을 명심하십시오. 만일 당신이 패배, 두려움, 실패, 걱정, 병, 불신을 말하면, 당신은 꼭 그 수준의 삶을 살게 됩니다. 당신을 포함한 그 어떤 사람도 당신이 하고 있는 대화의 수준의 삶보다 더 복된 삶을 살 수는 없습니다. 이 원칙은 시대가 변하더라도 변하지 않습니다.

바보 같고 하찮고 비실용적이고 천방지축의 말을 하면 그와 동일한 삶을 살게 됩니다.

당신은 당신이 하는 단어로 당신의 캔버스에 인생의 그림을 그려나가고 있는 것입니다.

예수님께서는, *"너희는 악하니 어떻게 선한 말을 할 수 있느냐? 이는 마음에 가득한 것을 입으로 말함이라."*(마 12:34) 라고 말씀하셨습니다.

당신은 당신이 믿는 것을 입으로 표현합니다. 만일 당신이 부정적이고 혼동스런 말들을 함부로 한다면, 그 이유는 당신 마음이 그렇기 때문입니다.

만일 당신이 질병과 두려움, 걱정 및 좌절의 말들을 자주 한다면, 당신의 삶은 질병, 두려움, 걱정 및 좌절들로 얼룩지게 됩니다.

만일 당신의 심령과 생각이 하나님의 말씀으로 가득 차 있다면 당신은 하나님의 말씀을 입술로 말하게 됩니다.

당신의 고백의 말은 당신의 믿음이 어떠한지를 말해줍니다.

입술로 고백하지 않는 믿음은 믿음이 아닙니다.

예수님께서는 우리에게, *"너희들은 사람들 앞에서 하나님에 대한 너희들의 믿음을 시인하는 말들을 자주 해야 한다."*고 하셨습니다.(마 10:32)

당신은 하나님이 말씀하신 것을 당신의 입으로 말할 권리를 갖고 있습니다.

하나님이 "그렇다."고 말씀하신 것을 당신의 입술로도 "그렇다." 고 선포하면 하나님께서 당신의 삶을 그분의 축복의 약속의 말씀대로 빚어나가시게 됩니다.

성경은 다음과 같이 말하고 있습니다: *그가 친히 말씀하시기를 내가 결코 너희를 버리지 아니하고 너희를 떠나지 아니하리라 하*

셨느니라. 그러므로 우리가 담대히 말하되 주는 나를 돕는 이시니 내가 무서워하지 아니하겠노라 사람이 내게 어찌하리요 하노라.(히 13:5-6)

하나님께서 당신께 "어떻게 되게 해주겠다."고 말씀하셨으니, 당신의 입으로 담대히 "나는 그렇게 된다."고 말하십시오.

하나님께서, "여호와를 경외하며 그의 계명을 크게 즐거워하는 자는 복이 있도다. 여호와를 찬송하라, 부와 재물이 그의 집에 있다."(시 112:1, 3) 라고 약속하셨기 때문에, "나는 하나님을 경외하고 찬양하기 때문에 즐거워하고 복된 삶을 살게 되고, 부자가 된다." 라고 담대하게 말하십시오. "네, 주님, 당신은 모든 복과 부요함의 원천이십니다. 나는 당신을 경외하고 당신의 계명을 기뻐합니다. 그러므로 당신의 부와 재물이 나와 내 집에 부어짐을 믿습니다." 라고 말하십시오.

그분께서, "나는 너희를 치료하는 여호와임이라."(시 35:27) 라고 말씀하셨습니다. 그러므로 여러분은 담대하게, "네, 주님, 당신은 나를 치료하시는 주시는 분이십니다." 라고 고백하는 말을 하십시오.

하나님께서 말씀하신 것과 상반되는 생각이 당신의 생각에 자리 잡지 못하도록 하십시오. 담대하게 주님이 말씀하신 것을 생각하고 그 생각을 말로 표현하십시오.

병에 걸린 것을 무서워하거나 암이 생긴 것에 대해 전전긍긍해 하지 마시고 "주님은 나를 치료하시는 분이시다." 라고 말하시고, 말한 것을 믿으십시오. 그리고 치유에 관계되는 성경 구절을 찾아 읽으십시오. 그리고 그 구절들이 당신의 심령에 차서 넘칠 때까지 그 구절들을 묵상하고 또 묵상하십시오. 믿음으로 담대히 하나님의 말씀이 진리임을 입술로 말하십시오. 당신이 확신에 차서 말할 때, 하나님이 확증해주십니다.

그분께서 채찍에 맞으므로 우리는 나음을 받았기 때문에(사 53:5, 벧전 2:24), 우리는 담대히, "네, 주님, 당신이 나를 대신해서 채찍에 맞으셨기 때문에 나는 지금 치료 받습니다." 라고 말할 수 있어야 합니다.

그 말씀이 당신의 심령에 가득 차게 될 때까지 그 말씀을 묵상하십시오. 그리고 그분의 말씀대로 그런 일이 당신에게 일어나게 될 것이라고 입으로 말하십시오.

하나님께서는 이렇게 말씀하셨습니다.

나는 여호와라. 내가 말하리니 내가 하는 말이 다시는 더디지 아니하고 응하리라. 반역하는 족속이여 내가 너희 생전에 말하고 이루리라. 나 주 여호와의 말이니라 하셨다 하라. 그러므로 너는 그들에게 이르기를 주 여호와의 말씀에 나의 말이 하나도 다시 더디지 아니할지니 내가 한 말이 이루어지리라. 나 주 여호와의 말이니라 하셨다 하라. (겔 12:25, 28)

하나님의 말씀은 당신에게 유익을 준다는 사실을 의심없이 받아들이십시오.

하나님이 하신 말씀은 실패하는 법이 없는데, 그 이유는 하나님은 실패하시는 분이 아니시기 때문입니다.

성경 말씀은 하나님의 말씀입니다. 성경은 하나님의 생각과 뜻을 담고 있습니다. 성경 말씀은 살아있습니다. 성경의 약속은 영원히 지켜집니다. 그 말씀은 결코 없어지지 않습니다. 하나님의 말씀은 하나님 자신의 일부분입니다. 하나님은 실패하지 않기 때문에 그분의 말씀도 실패하지 않습니다.

예수님께서는, "*성경은 폐하지 못한다.*"(요 10:35) 라고 말씀하셨습니다.

하나님께서는, "*내 입에서 나가는 말도 이와 같이 헛되이 내게로 되돌아오지 아니하고 나의 기뻐하는 뜻을 이루며 내가 보낸 일에 형통함이니라.*"(사 55:11) 라고 하셨습니다.

하나님께서 "어떻다." 고 말씀 것을 우리도 "그렇다." 라고 담대히 말할 수 있어야합니다. 그래야 우리는 하나님께서 하신 약속의 말씀이 우리의 삶 가운데 실현되는 축복을 경험할 수 있습니다.

예수님께서 성경 말씀을 통해, "*내가 온 것은 양으로 생명을 얻게 하고 더 풍성히 얻게 하려는 것이라.*"(요 10:10) 라고 말씀하셨기 때문에, 우리는 담대하게, "나는 예수 그리스도를 나의 구주로 영접하였기 때문에, 내 속에 이미 풍성한 생명이 있다." 라고 말할 수 있어야합니다.

예수님께서 성경 말씀을 통해, "*그런즉 너희는 먼저 그의 나라와 그의 의를 구하라 그리하면 이 모든 것을 너희에게 더하시리라.*"(마 6:33) 라고 말씀하셨기 때문에, 우리는 담대하게, "나는 영혼 구원을 나의 삶의 첫 번째 목표로 삼고 살아오고 있기 때문에, 주님께서는 내가 필요한 모든 것을 공급해 주신다." 라고 말해야 합니다.

그분께서 성경을 통해, *만일 하나님이 우리를 위하시면 누가 우리를 대적하리요?*(롬 8:31) 라고 말씀하셨기 때문에, 우리는 담대히, "하나님은 내 편이시다. 그 어느 누구도 나를 대적하여 나를 이길 순 없다." 라고 말할 수 있어야합니다.

그분께서 성경 말씀을 통해, *사랑하는 자여, 네 영혼이 잘됨 같이 네가 범사에 잘되고 강건하기를 내가 간구하노라*(요삼 1:2) 라고 말씀하셨기 때문에, 우리는 담대히, "하나님은 나를 사랑하신다. 하나님이 내 영혼이 잘 될 것이라고 말씀하셨기 때문에 나의 영이 잘될 것이고, 이에 따라 나는 건강하고 번영하는 삶을 살 것이다." 라고 말해야 합니다.

그분께서 성경 말씀을 통해, *두려워하지 말라 내가 너와 함께 함이라 놀라지 말라 나는 네 하나님이 됨이라*(사 41:10) 라고 말씀하셨기 때문에, 우리는 담대히, "하나님께서 항상 나와 함께 하신다. 그러므로 나는 더 이상 두려워하지 않는다."라고 말해야합니다.

그분께서 성경 말씀을 통해, *여호와께서… 네 창고와 네 손으로 하는 모든 일에 복을 내리시고, 네 하나님 여호와께서 네게 주시는 땅에서 네게 복을 주실 것이라*(신 28:8, 11) 라고 하셨기 때문에, 우리는 담대히, "하나님께서는 나를 도와주시는 분이시고, 당신 자신이 하신 약속의 말을 절대적으로 지키시는 분이시다. 그분은 내가 하는 모든 일에 복을 주신다고 약속하셨다. 그러므로 그분은 내가 하는 일을 통하여 나와 내 집에 복을 내려주실 것이다." 라고 말해야 합니다.

그분께서 성경 말씀을 통해, *"진리를 알지니 진리가 너희를 자유롭게 하리라."*(요 8:32) 라고 하셨기 때문에, 우리는 담대히, "나는 그분의 축복을 주는 진리를 알고 있기 때문에 나는 자유롭게 되었다."라고 말해야 합니다.

그분께서 성경 말씀을 통해, *약한 자도 이르기를 나는 강하다 할지어다.*(욜 3:10) 라고 말씀하셨기 때문에, 우리는 담대히, "그리스도는 나에게 힘을 주시는 분이시기 때문에, 나는 모든 일을 할 수 있다."(빌 4:13) 라고 말해야 합니다.

그분께서 성경 말씀을 통해, *나의 하나님이 그리스도 예수 안에서 영광 가운데 그 풍성한 대로 너희 모든 쓸 것을 채우시리라* (빌 4:19) 라고 하셨기 때문에, 우리는 담대히, "그분은 내가 무엇이 필요한지를 잘 알고 계신다. 그분은 부족한 것이 있는 사람들에게 부족한 부분을 채워주시는 분이시다. 그러므로 나의 필요한 부분들이 그리스도 예수의 풍요함으로 인해 풍성하게 채워질 것이다."라고 말해야 합니다.

그분께서 성경 말씀을 통해, *마귀를 대적하라 그리하면 너희를 피하리라*(약 4:7) 라고 하셨기 때문에, 우리는 담대히, "나는 예수의 이름으로 마귀를 계속해서 대적한다. 그 결과 마귀는 나에게서 도망가게 된다."라고 말해야 합니다.

그분께서 성경 말씀을 통해, *우리의 연약한 것을 친히 담당하시고 병을 짊어지셨도다*(마 8:17) 라고 하셨기 때문에, 우리는 담대히, "나는 신체적 약함과 병으로부터 자유하다. 왜냐하면 예수께서 나의 병약함을 갖고 가셨기 때문이다."라고 말해야 합니다.

그분께서 성경 말씀을 통해, *누구든지 사람 앞에서 나를 시인하면 나도 하늘에 계신 내 아버지 앞에서 그를 시인할 것이요*(마 10:32)

라고 약속하셨기 때문에, 우리는 담대히, "예수님께서는 하나님 아버지에게 나를 인정하는 말을 하고 계신다. 왜냐하면 나는 사람들에게 예수님을 나의 구주로 인정하고 고백하는 말을 해왔기 때문이다." 라고 말해야 합니다.

그분께서 성경 말씀을 통해, *예수를 죽은 자 가운데서 살리신 이의 영이 너희 안에 거하시면 그리스도 예수를 죽은 자 가운데서 살리신 이가 너희 안에 거하시는 그의 영으로 말미암아 너희 죽을 몸도 살리시리라*(롬 8:11) 라고 하셨기 때문에, 우리는 담대히, "하나님께서는 성령을 통해 죽어 없어질 나의 육신을 다시 살리신다. 나의 육신을 살리시는 성령은 죽은 예수를 살리신 성령과 동일한 성령이다. 그러므로 나는 병 없이 살 수 있다." 라고 말해야 합니다.

그분께서 성경 말씀을 통해, *여호와를 찾는 자는 모든 좋은 것에 부족함이 없으리로다*(시 34:10) 라고 말씀하셨기 때문에, 우리는 담대히, "나는 내 마음을 다하여 하나님을 찾아왔다. 그러므로 하나님은 나에게 좋은 것을 부족함이 없이 주신다. 나의 필요를 미리 아시고 채워주신다." 라고 말해야 합니다.

그분께서 성경 말씀을 통해, *하나님이 우리에게 주신 것은 두려워하는 마음이 아니요 오직 능력과 사랑과 절제하는 마음이다*(딤후 1:7) 라고 하셨기 때문에, 우리는 담대히, "나에게는 두려움이 없다. 그 이유는 하나님께서 나에게 능력과 사랑과 건강한 마음을 주셨기 때문이다." 라고 말해야 합니다.

그분께서 성경 말씀을 통해, *주라 그리하면 너희에게 줄 것이니 곧 후히 되어 누르고 흔들어 넘치도록 하여 너희에게 안겨 주리라*

(눅 6:38) 라고 하셨기 때문에, 우리는 담대히, "나는 그분과 그분의 사역을 위하여 아낌없이 바쳤다. 그러므로 주님께서 나에게 축복을 넘치도록 부어주실 것이다." 라고 말해야 합니다.

그분께서 성경 말씀을 통해, *병든 사람에게 손을 얹은즉 나으리라* (막 16:18) 라고 말씀하셨기 때문에, 우리는 담대히, "내가 이 아픈 사람에게 믿음으로 손을 얹으면 이 사람이 낫는다. 왜냐하면 주님께서는 병든 사람에게 손을 대면 낫게 된다고 말씀하셨기 때문이다. 하나님은 본인이 하신 말씀에 책임을 져주시는 분이시다. 그러므로 내가 이 일로 인해 수치를 당하지 않는다." 라고 말해야 합니다.

그분께서 성경 말씀을 통해, *그들이 내 이름으로 귀신을 쫓아낸다*(막 16:17) 라고 하셨기 때문에, 우리는 담대히, "내가 예수의 이름으로 귀신에게 나가라고 명령하면 귀신은 나가게 된다." 라고 말해야 합니다.

그분께서 성경을 통해, *그의 영광을 두려워할 것은 여호와께서 그 기운에 몰려 급히 흐르는 강물 같이 오실 것임이로다*(사 59:19) 라고 말씀하셨기 때문에, 우리는 담대히, "나의 대적이 나를 억누르기 위해 나를 공격할 때에, 하나님의 성령이 일어나셔서 나를 대신하여 싸워주실 것이다. 내가 겪고 있는 문제의 해결은 하나님의 손안에 있다. 나는 하나님을 찬양한다."라고 말해야 합니다.

그분께서 성경 말씀을 통해, *너의 항상 섬기는 네 하나님이 너를 구원하시리라*(단 6:16) 라고 하셨기 때문에, 우리는 담대히, "나는 하나님을 섬겨왔다. 그러므로 하나님께서 지금 내가 겪고 있는 어려움으로부터 나를 구원해 주실 것이다."라고 말해야 합니다.

그분께서 성경 말씀을 통해, 날마다 우리 짐을 지시는 주 곧 우리의 구원이신 하나님을 찬송할지로다(시 68:19) 라고 하셨기 때문에, 우리는 담대히, "주님 저는 주님을 찬송합니다. 그 이유는 당신은 나의 힘든 짐을 대신 지어주시기 때문입니다."라고 말해야 합니다.

그분께서 성경 말씀을 통해, 여호와께서는 자기에게 간구하는 모든 자 곧 진실하게 간구하는 모든 자에게 가까이 하시는도다(시 145:18) 라고 하셨기 때문에, 우리는 담대히, "나는 지금 그분께 진실한 마음으로 기도를 올렸다. 고로 그분은 지금 내 곁에 계신다."라고 말해야 합니다.

그분께서 성경 말씀을 통해, 여호와께서 너희를 위하여 싸우시리니 너희는 가만히 있을지니라(출 14:14) 라고 하셨기 때문에, 우리는 담대히, "나는 이 문제를 하나님께 맡겨드리고 편히 있겠다. 왜냐하면 하나님께서는 나를 대신하여 싸워주실 것이기 때문이다." 라고 말할 수 있어야 합니다.

그분께서 성경 말씀을 통해, 내게 능력 주시는 자 안에서 내가 모든 것을 할 수 있느니라(빌 4:13) 라고 하셨기 때문에, 우리는 담대히, "그분이 내안에 계셔서 나를 위하여 일하시기 때문에, 내게 불가능은 없다." 라고 말해야 합니다.

그분께서 성경 말씀을 통해, 네 하나님 여호와를 섬기라 그리하면 여호와가 너희의 양식과 물에 복을 내리고 너희 중에서 병을 제해주실 것이다(출 23:25) 라고 하셨기 때문에, 우리는 담대히, "나의 병은 없어졌다. 내가 먹는 빵과 물의 축복을 받았다. 그 이유는 내가 주 나의 하나님을 섬기고 있기 때문이다."라고 말해야 합니다.

그분께서 성경을 통해, 그들이 부르기 전에 내가 응답하겠고 그들이 말을 마치기 전에 내가 들을 것이다(사 65:24) 라고 하셨기 때문에, 우리는 담대히, "내가 기도하고 있는 중에라도 주님께서 나의 기도에 응답하고 계신다. 내가 기도하기도 전에라도 하나님께서는 응답을 주시기 위해 작업하고 계신다."라고 말해야 합니다.

그분께서 성경 말씀을 통해, 이 모든 일에 우리를 사랑하시는 이로 말미암아 우리가 넉넉히 이기느니라(롬 8:37) 라고 하였기 때문에, 우리는 담대히, "나는 넉넉히 이기는 자다. 나는 승리자다. 왜냐하면 나를 사랑하시는 그리스도께서 내 안에 계시기 때문이다. 또한 내 안에 계신 그리스도를 이길 대적은 아무도 없기 때문이다."라고 말해야 합니다.

그분께서 성경 말씀을 통해, 예수 그리스도는 어제나 오늘이나 영원토록 동일하시니라(히 13:8) 라고 하셨기 때문에, 우리는 담대히, "그분이 다른 사람들에게 해주셨던 것을 나에게 해 주실 수 있다. 왜냐하면 그분은 변하지 않으시는 분이시기 때문이다."라고 말해야 합니다.

그분께서 성경 말씀을 통해, 네 믿은 대로 될지어다(마 8:13) 라고 하셨기 때문에, 우리는 담대히, "나는 기도했고 기도가 이루어 질 것이라고 한결같이 믿어왔다. 내가 믿는 대로 응답 될 것이다."라고 말해야 합니다.

그분께서 성경을 통해, 그리스도 예수 안에 있는 자에게는 결코

정죄함이 없다(롬 8:1) 라고 하셨기 때문에, 우리는 담대히, "나는 모든 심판과 저주에서 자유하게 되었다. 왜냐하면 나는 지금 그리스도 안에서 살고 있기 때문이다." 라고 말해야 합니다.

하나님의 약속의 말씀을 밑거름 삼아 살아가십시오. 그분이 말씀하신 것을 당신의 입으로 말하는 훈련을 하십시오. 그러면 당신의 삶이 당신이 말로 말한 대로 이루어지는 것을 발견할 수 있게 될 것입니다.

하나님의 말씀 속에 하나님이 계십니다. 당신이 먼저 하나님이 하신 말을 하고, 당신이 한 말을 통해 하나님이 일하기 시작하십니다. 그 말을 통해 하나님께서 당신의 편이 되어서 일하심으로 당신은 어떠한 조건과 환경 속에서도 승리할 수 있게 됩니다. 당신의 말이 당신을 하나님 편에 서게 되도록 할 수 있습니다. 그분이 당신의 삶에서 역사할 수 있는 말, 그분이 하신 말씀이 맞는 말이라고 맞장구를 쳐주는 말을 하십시오. 그러면 여러분의 대적이 쓰러집니다.

그분께서 성경 말씀을 통해, *내가 결코 너희를 버리지 아니하고 너희를 떠나지 아니하리라.*(히 13:5-6) 라고 하셨기 때문에, 우리는 담대히, "주님은 나를 도와주시는 분이시다. *내가 무서워하지 아니하겠노라 사람이 내게 어찌하리요?*"(히 13:5-6) 라고 말해야 합니다.

그분께서 말씀하셨기 때문에, 우리는 그것을 담대하게 말할 수 있습니다. 그분이 "어떻게 된다." 라고 말씀하셨으면 그대로 됩니다.

그가 말씀하신 대로 그의 백성 이스라엘에게 태평을 주셨으니 그 종 모세를 통하여 무릇 말씀하신 그 모든 좋은 약속이 하나도 이루어지지 아니함이 없습니다. (왕상 8:56)

"내 아들아 들으라 내 말을 받으라. 그리하면 네 생명의 해가 길리라. 훈계를 굳게 잡아 놓치지 말고 지키라. 이것이 네 생명이니라." (잠 4:10, 13)

"하나님이여 주의 인자하심이 어찌 그리 보배로우신지요? 사람들이 주의 날개 그늘 아래에 피하나이다. 그들이 주의 집에 있는 살진 것으로 풍족할 것이라. 주께서 주의 복락의 강물을 마시게 하시리이다. 진실로 생명의 원천이 주께 있사오니 주의 빛 안에서 우리가 빛을 보리이다." (시 36:7-9)

좋은 인생을 발견하십시오. 하나님과 화목한 관계를 맺고 사십시오. 그분의 생각을 가지십시오. 그분의 프로젝트에 가담하십시오. 그분이 보는 시각으로 인생을 보십시오. 당신이 누구인지를 아시고 당신의 가치가 얼마나 귀한지를 아십시오. 하나님께서 당신을 보시는 시각으로 당신 자신을 보십시오. 그분은 당신을 믿으시고 당신과의 우정을 귀하게 생각하십니다.

티 엘 오스본(T. L. Osborn)과 데이지 오스본 (Daisy Osborn)부부는 반세기가 넘는 세월동안 73개국을 돌아다니며, 수많은 군중들 앞에서 좋은 인생을 살 수 있는 원칙들을 전하였습니다. 두 분은 하나님의 대사로서 그리스도를 모르는 사람들에게 하나님의 좋은 소식을 전한 것입니다. 이 세상 그 어떤 부부들도 이 부부들만큼 예수 영접을 많이 하게 한 부부는 아직 없습니다. 이분들은 남녀를 차별하지 않고 복음을 전했고, 평생 동안 누구든지 예수에게로 오면 *"생명을 얻게 되고 더 풍성히 얻게 된다."* (요 10:10)는 좋은 소식만을 전했습니다.

오스본 전도집회	푸에루토리코의 폰스
오스본 전도집회	자이레의 루붐바쉬
오스본 전도집회	루존의 카바나투안
오스본 전도집회	우간다의 캄팔라
오스본 전도집회	인도의 마두라이
오스본 전도집회	나이제리아의 라고스
오스본 전도집회	자바의 자카르타
오스본 전도집회	트리니다드의 산페르난도

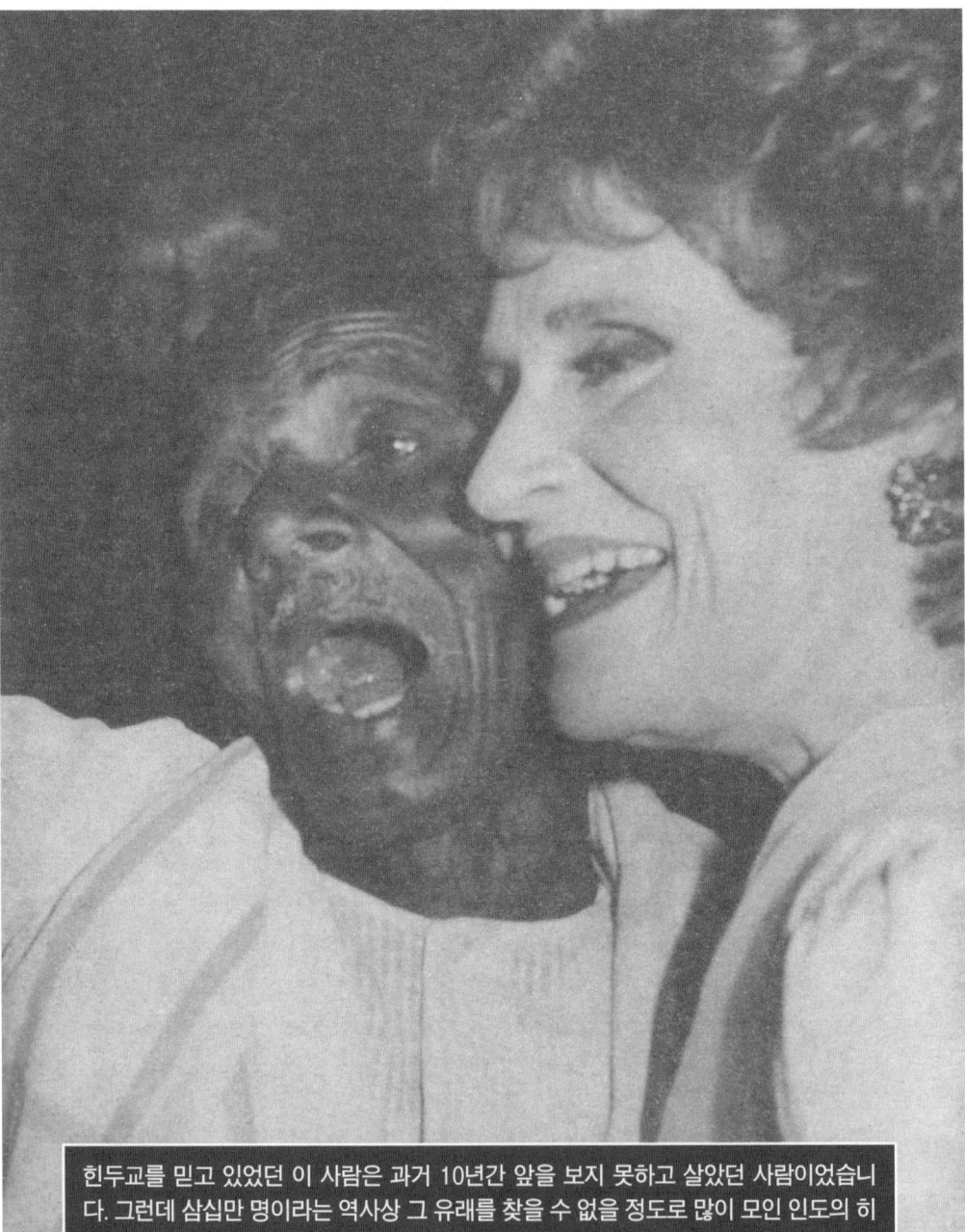

힌두교를 믿고 있었던 이 사람은 과거 10년간 앞을 보지 못하고 살았던 사람이었습니다. 그런데 삼십만 명이라는 역사상 그 유래를 찾을 수 없을 정도로 많이 모인 인도의 히데라바드(Hyderabad)에서 열렸던 티 엘과 데이지 오스본의 대규모 전도 집회에 참석하여, 그리스도의 사랑에 관한 복음을 처음 듣고, 예수를 그의 구원자와 주로 받아들였습니다. 그러자 그는 그 자리에서 눈을 떴습니다. 그 사람이 수많은 군중들 앞에서 간증하고 있는데 데이지가 같이 기뻐하고 있습니다.

사진 속의 검은 피부의 사람은 듣지 못하고 말하지 못하는 사람이었습니다. 이 사람은 인도의 히데라바드에서 있었던 오스본의 전도집회에 매번 참석하여 사람들이 치료되는 기적의 현장을 목격하였습니다. 그리고 집회가 끝나면 매번 오스본 부부가 차를 타는 데 까지 쫓아갔습니다. 그러다가 갑자기 말을 할 수 있게 되었습니다. 이 사람이 자신의 소리를 난생 처음 듣고 기뻐하며 티 엘 오스본을 껴안고 있습니다.

티 엘과 데이지 오스본 부부가 전 세계에서 인도한 대규모 전도 집회

오스본 대규모 전도 집회는 70개국에 흩어져 사는 수백만의 사람들에게 새로운 믿음과 희망을 심어주었습니다. 이 분들은 공원, 스타디움과 같은 넓은 장소에서 복음을 전했습니다. 각양각색의 종교와 신앙을 가진 사람들이 참석하여 복음을 들었고, 살아계신 그리스도께서 현장에서 기적과 이사들을 일으키시는 것을 목격하였거나 직접 체험하였습니다.

남태평양 집회 - 인도네시아의 수라바야

유럽 집회 - 네델란드의 헤이그

아프리카 집회 - 나이제리아의 우요

남아메리카 집회 - 콜롬비아의 보고타

아시아 집회 - 인도의 히데라바드

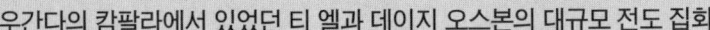

우간다의 캄팔라에서 있었던 티 엘과 데이지 오스본의 대규모 전도 집회

"큰 무리가 따르니 이는 (예수께서) 병인들에게 행하시는 표적을 봄이러라." (요 6:2)
"예수께서 예루살렘에 계시니 많은 사람이 그 행하시는 표적을 보고 그 이름을 믿었더라." (요 2:23)
"사도들의 손으로 민간에 표적과 기사가 많이 되매 믿는 사람이 다 마음을 같이하여 솔로몬 행각에 모이고... 믿고 주께로 나오는 자가 더 많으니 남녀의 큰 무리더라." (행 5:12-14)

캄팔라(Kampala)의 루고고 스타디움에서 하나님 나라의 복음에 대해 가르치고 설교하고 있는 티 엘 오스본 박사와 데이지 오스본 박사

케냐(Kenya)의 니안자(Nianza)지방에서 열렸던 전국 여성 사역자 모임(National Women`s Ministry)에서 그 곳에 모인 수천 명의 여성들에게 가르치고 있습니다.

데이지 오스본이 캄팔라(Kampala)에서 열린 전국 여성 대규모 집회에서 말씀을 전하고 있습니다. 이 집회에서는 어린이와 남자들 제외한 여자들만의 숫자가 200,000 명이었습니다.

데이지가 가나(Ghana)의 아크라(Accra)에서 있었던 전국 여성 컨퍼런스에서 말씀을 전하고 있습니다.

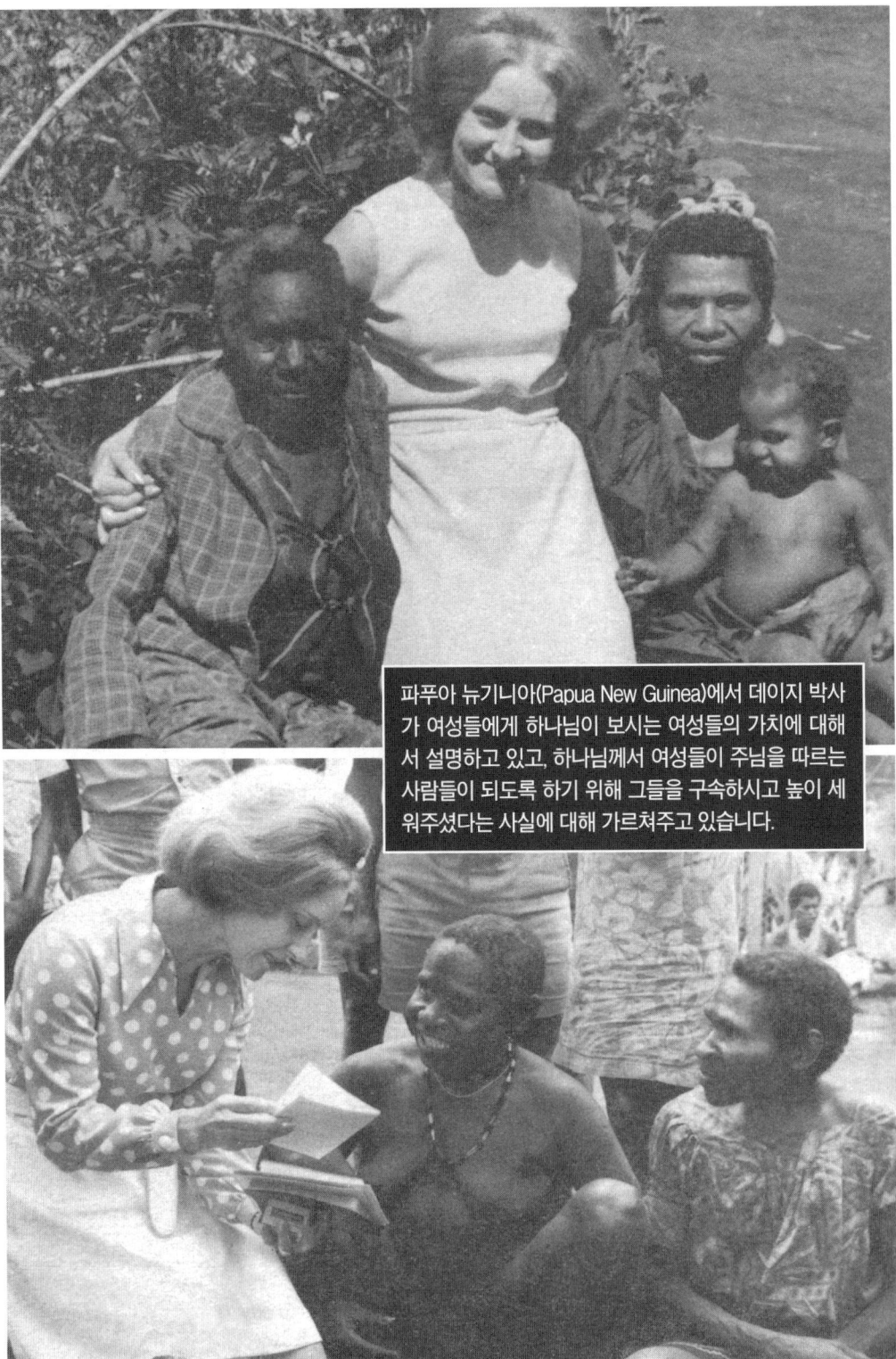

파푸아 뉴기니아(Papua New Guinea)에서 데이지 박사가 여성들에게 하나님이 보시는 여성들의 가치에 대해서 설명하고 있고, 하나님께서 여성들이 주님을 따르는 사람들이 되도록 하기 위해 그들을 구속하시고 높이 세워주셨다는 사실에 대해 가르쳐주고 있습니다.

"하나님께서는 증거를 남기지 않고서는 결코 물러가시는 법이 없습니다. 그분이 행하신 곳에 가면 항상 그분이 어떠한 분이지를 알게 됩니다." (행 14:17, 리빙 바이블)

"우리를 명하사 백성에게 전도하되... 저를 믿는 사람들이 다 그 이름을 힘입어 죄 사함을 받는다 하라 하였느니라." (행 10:42-43)

전 세계 티 엘과 데이지 오스본 복음 전도 집회
전 세계의 73개 나라에서, 집회 때 마다 대규모 군중들이 모여 하나님의 말씀을 들었고 하나님의 축복을 받았습니다.

하나님께서는 사람들이 뛰어난 삶, 성공하는 삶, 유쾌한 삶, 자기를 존중하는 삶, 건강한 삶, 행복한 삶 그리고 풍성한 삶을 살도록 하시기 위해 인간을 창조하셨습니다. 하나님께서 인간들이 우울하고 무의미하고 병 걸리고 가난하고 죄책감에 찌든 삶을 살도록 하기 위해, *"자기(하나님)의 형상대로"* 창조하지 않으셨습니다.

숨 막히도록 장엄하고 아름다운 산들과 아름다운 보물들로 가득 찬 골짜기들에 이르기까지 하나님께서 이 세상에 좋은 것들을 만들어 두신 이유는 자신이 창조한 인간들이 그것들로 인해 풍성한 삶을 살 수 있게 되기를 원하셨기 때문입니다.

그분께서는 *"너희가 수치 대신에 배나 얻으며 능욕 대신에 분깃을 인하여 즐거워할 것이라. 그리하여 고토에서 배나 얻고 영영한 기쁨이 있으리라. 무릇 이를 보는 자가 그들은 여호와께 복받은 자손이라 인정하리라."* (사 61:7, 9) 라고 말씀하셨습니다.

"생명을 사랑하고 좋은 날 보기를 원하는 자는... 너희 마음에 그리스도를 주로 삼으라." (벧전 3:10, 15)

"여호와께서 은혜와 영화를 주시며 정직하게 행하는 자에게 좋은 것을 아끼지 아니하실 것임이라." (시 84:11)

제 5 부

하나님을 섬기기 위해 필요한 건강

좋은 인생은 하나님이 인간을 위해 계획하신 인생입니다. 이 세상에서 살아나가야 할 당신의 좋은 인생에는 당신의 건강한 육체도 포함되어 있습니다.

많은 사람들이 인간이 고통을 당하는 원인이 어디에 있는지는 알려고 하지 않는 채, 병마에 굴복하며 살아갑니다.

좋은 아버지는 자녀를 차별하지 않는 아버지입니다. 하나님은 우리의 좋은 아버지시기에 인간들을 차별해서 대우하지 않습니다. 그리스도께서 죽으심으로 인간에게 부여된 축복은 그 누구에게나 동일하게 주어지는 축복입니다.

하나님의 약속의 말씀에는 그분께서 우리들을 위해서 하시고자 하는 것들이 표현되어져 있습니다.

제 16 장

죽으셨다가 다시 살아나신 분

예수께서 죽으셨다가 다시 살아난 바로 그날부터 모든 인류에게는 좋은 인생을 살 수 있는 기회가 생겼습니다.

예루살렘의 역사 전체를 놓고 보면, 예수가 죽음을 이기시고 다시 살아났을 때부터 예루살렘의 사람들은 가장 활기찬 삶들을 살기 시작하였음을 알 수 있습니다.

죄인으로 몰려 처형을 당한 예수라는 이름을 가진 한 사람이 다시 살아났다는 소식이 예루살렘 전역으로 번져나가기 시작하였습니다.

매일 매일 희한한 소문들이 들려왔습니다.

맨 먼저, 어떤 한 여인이 예수가 살아있는 것을 보았다고 주장했습니다.(마 28:5-8)

얼마 후, 예수를 오랫동안 따라다녔던 예수의 제자들이 다시 살아난 예수를 손으로 직접 만져보았고, 그와 함께 식사를 하였다고 주장하였습니다.(눅 24:36-43)

오순절 날이 되자 예수의 제자들이 성령의 세례를 받았습니다.(행 2:1-4)

예수의 제자들이 성령을 받는 것을 본 많은 사람들은, "갈릴리 지방의 평범한 사람들이 성령을 받자, 여러 나라의 말로 말(방언)하는 것을 보고 들었다." 고 주장하였습니다.(행 2:5-12)

그 지역을 관장하고 있었던 군대의 상관은 이러한 이상한 보고들을 연달아 받게 되자 신경이 곤두섰습니다.

그 군대장관은 상부에 이와 관련한 보고서를 작성하면서 속으로, "나는 예수라는 사람이 십자가 달려 죽을 때 현장에서 그 사건을 부하들에게 지휘 감독하고 있었어. 나는 그가 피를 흘리는 것을 본 사람이야. 나는 그가 죽었는지를 확인하기 위해 그의 옆구리에 창을 찔러 넣었던 장본인이야. 그는 분명히 죽어있었어. 그는 숨이 끊어진 상태였어."(요 19:31-36) 라며 중얼거렸습니다.

그때 군인 한명이 문을 열고 들어왔습니다.

"상관님, 이런 말씀 드리기가 편하지 않습니다만, 분명히 무슨 일이 생긴 것 같습니다." 라며 말문을 열었습니다.

"무슨 일인데. 빨리 말해."

"예수가 다시 살아난 것이 분명합니다. 상관님도 잘 아시겠지만 죽은 사람이 다시 살아난다는 것은 말도 안 되는 이야기입니다. 그러나 요즈음 이 도시에는 그가 다시 살아났다고 증언하는 사람들이 너무도 많이 생겨나고 있습니다. 내 마음이 뒤숭숭하니 휴가 좀 보내주십시오."

"휴가라고? 그런 말은 꺼내지도 말게. 당장 이 도시에 있는 모든 군인들에게 비상을 걸어 꼼짝 말고 대기하고 있도록 하게. 오늘 제사장들과 산헤드린 의원들이 모여 이 문제의 진위를 밝히겠다고 하니, 그때까지 기다려 보자고. 만일 예수가 정말로 다시 살아났다면, 많은 사람들이 그를 따르기 시작할지도 몰라. 그는 평소에도 자기가 죽으면 다시 살아나게 된다고 주장하고 다니지 않았는가 말일세. 종교 전쟁이 발발할지도 몰라." (마 28:11-15)

이때 전령이 들어와서 솔로몬 전각에 모여 있는 수많은 군중들을 해산하려고 시도하였지만 실패했다는 보고를 하였습니다. (행 3:11)

"솔로몬 전각에 사람들이 많이 모인 이유가 무엇인가?" 라고 상관이 전령에게 물었습니다.

"두 사람이 성전 문 앞에서 한 일 때문에 사람들이 모였습니다. 이 두 사람은 얼마 전 오순절 날에 있었던 축제 때에 머리 위에 불 같은 것이 내려오자 각 나라의 방언을 말하게 된 사람들입니다." 라고 전령이 말하였습니다.

"그 두 사람이 무슨 일을 하였다는 거야?" 라고 상관이 다그쳐 물었습니다.

"상관님, 성전 문 앞에 절음발이 걸인이 앉아있었는데…" 라며 전령이 머뭇거렸습니다. (행 3:1-9)

"그럼 그 두 사람이 그 절음발이를 고치기라도 했단 말인가?" 라며 상관이 질문하였습니다.

"네, 그렇습니다. 그 두 사람 중 한 사람이 절음발이에게 예수의 이름으로 걸으라고 명령하자, 그 절음발이가 걷기 시작하였습니다. 나는 그 절음발이가 걷고 뛰는 것을 내 눈으로 목격하였습니다. 그는 다시 걷게 되었습니다. 그 두 사람이 행한 기적은 예수가 살았을 때 사람들 앞에서 행한 기적과 같은 종류의 기적이었습니다." (행 3:8)

"예수, 예수, 내가 잠깐 고개만 돌리면 내 귀에 들리는 단어란 예수란 말 뿐이군…"이라며 상관이 신경질적으로 반응하였습니다.

"그 두 사람, 베드로와 요한이 뭐라고 말하는 것을 들었는가?"

"네, 상관님, 베드로는 그 절름발이를 고친 것은 자기가 아니라 예수님의 능력이라고 하던데요."(행 3:12-16)

"베드로가 뭐라고 말했는지 나에게 상세하게 말해주게."라며 상관이 다시 재촉하였습니다.

성경은 베드로가 솔로몬 전각에 모여 있던 사람들에게 한 말에 대해 이렇게 기록하고 있습니다.

베드로가 이것을 보고 백성에게 말하되 이스라엘 사람들아 이 일을 왜 놀랍게 여기느냐? 우리 개인의 권능과 경건으로 이 사람을 걷게 한 것처럼 왜 우리를 주목하느냐? 아브라함과 이삭과 야곱의 하나님 곧 우리 조상의 하나님이 그의 종 예수를 영화롭게 하셨느니라. 너희가 그를 넘겨 주고 빌라도가 놓아 주기로 결의한 것을 너희가 그 앞에서 거부하였으니 너희가 거룩하고 의로운 이를 거부하고 도리어 살인한 사람을 놓아 주기를 구하여 생명의 주를 죽였도다.

그러나 하나님이 죽은 자 가운데서 그를 살리셨으니 우리가 이 일에 증인이라. 그 이름을 믿으므로 그 이름이 너희가 보고 아는 이 사람을 성하게 하였나니, 예수로 말미암아 난 믿음이 너희 모든 사람 앞에서 이같이 완전히 낫게 하였느니라. 형제들아 너희가 알지 못하여서 그리하였으며 너희 관리들도 그리한 줄 아노라. 그러므로 너희가 회개하고 돌이켜 너희 죄 없이 함을 받으라. 이같이 하면 새롭게 되는 날이 주 앞으로부터 이를 것이요.
(행 3:12-17, 19)

전령으로부터 베드로가 한 이 이야기를 다 전해들은 상관의 얼굴에는 수심이 가득차기 시작하였습니다. 그는 속으로 무슨 수를 써서라도 예수로 인해 모이는 군중들을 해산시켜야겠다고 생각하였습니다. 그는 그 지역을 담당하는 군대의 최고 상관으로 마땅히 그렇게 해야 할 책임이 있었습니다.

소문이 소문에 꼬리를 물었습니다. "그가 살아났데." "예수가 살아났데." "아직도 그에게서 능력이 나타난데." "그가 제자들을 만났데." "그가 다시 아픈 사람들을 고쳐주기 시작했데."

군인들 중에서 다시 살아난 예수를 본 사람은 아직 없었습니다. 군인들은 불안해지기 시작하였습니다. 그들도 다시 살아난 예수를 대면할 수도 있다는 생각에 마음이 착잡하였습니다. 군인들이 자신들의 손으로 직접 죽인 예수를 만나게 된다면 살인자들과 살해된 자가 서로 만나게 되는 것입니다.

상관은 사람들이 모이지 못하도록 예수에 관해 말하였던 사람들을 감옥에 잡아넣으라는 명령을 하달하였습니다. 이에 대해 성경은 다음과 같이 기록하고 있습니다.

사도들이 백성에게 말할 때에 제사장들과 성전 맡은 자와 사두개인들이 이르러 예수 안에 죽은 자의 부활이 있다고 백성을 가르치고 전함을 싫어하여 그들을 잡으매 날이 이미 저물었으므로 이튿날까지 가두었으나 말씀을 들은 사람 중에 믿는 자가 많으니 남자의 수가 약 오천이나 되었더라.(행 4:1-4)

베드로는 잡힌 다음날 법정에 섰습니다. 이때, 제사장이 베드로에게 다음과 같이 물었습니다: *너희가 무슨 권세와 누구의 이름으로 이 일을 행하였느냐?*(행 4:7)

이 질문에 대해 베드로는 이렇게 대답하였습니다: *너희와 모든 이스라엘 백성들은 알라. 너희가 십자가에 못 박고 하나님이 죽은 자 가운데서 살리신 나사렛 예수 그리스도의 이름으로 이 사람(절음발이)이 건강하게 되어 너희 앞에 섰느니라.*(행 4:10)

베드로의 이야기를 다 듣고 난 제사장들은 베드로와 요한이 별로 배운 것이 없는 사람인 줄 알았는데 그가 그토록 담대하고 조리있게 말하는 것을 보고 놀랐습니다. 이에 대해 성경은 이렇게 기록하고 있습니다: *그들이 베드로와 요한이 담대하게 말함을 보고 그들을 본래 학문 없는 범인으로 알았다가 이상히 여기며 또 전에 예수와 함께 있던 줄도 알고 또 병 나은 사람이 그들과 함께 서 있는 것을 보고 비난할 말이 없는지라.*(행 4:13-14)

사도들이 큰 권능으로 주 예수의 부활을 증언하니 무리가 큰 은혜를 받았더라.(행 4:33)

그 당시 그 도시와 사회에 가장 큰 관심거리는 정말 예수가 다시 났는가 하는 것이었습니다. 그러나 종교 지도자들은 그러한 소문을 믿으려고 하지 않았습니다.

종교지도자들은 오히려 예수의 부활이 거짓이라고 믿고, 예수가 다시 살아났다고 증언하는 사람들에 대해 강력하게 대응하고자 하였습니다.

사도들의 손을 통하여 민간에 표적과 기사가 많이 일어나매 믿는 사람이 다 마음을 같이하여 솔로몬 행각에 모이고, 그 나머지는 감히 그들과 상종하는 사람이 없으나 백성이 칭송하더라. 믿고 주께로 나아오는 자가 더 많으니 남녀의 큰 무리더라. 심지어 병든 사람을 메고 거리에 나가 침대와 요 위에 누이고 베드로가 지날 때에 혹 그의 그림자라도 누구에게 덮일까 바라고 예루살렘 부근의 수많은 사람들도 모여 병든 사람과 더러운 귀신에게 괴로움 받는 사람을 데리고 와서 다 나음을 얻으니라.(행 5:12-16)

예수의 이름으로 표적과 기사가 일어났다는 소문들이 계속 들려왔습니다. 사도들은 예수가 다시 살아나셨기 때문에 이러한 표적과 기사들이 일어나는 것이라고 주장하였습니다. 그리고 그들은 표적과 기사가 자신들의 사역을 통해 일어나면 일어날수록 더욱 힘을 얻어 예수가 성경에 예언된 대로 다시 살아나셨다고 증거하였습니다.

예수께서는 분명히 다시 살아나셨습니다. 그러나 사람들은 옛날이나 지금이나 마찬가지로, 예수가 부활하였다는 사실을 믿기 전에 예수 부활의 증거를 예수이름으로 행해지는 기적과 이사를 통해 눈으로 목격하길 원하고 있습니다.

그분이 죽어있다면 그분은 더 이상 기적을 행할 수 없습니다. 그러나 그 분이 살아나셨다면, 오늘날도 살아계셔서, 자신이 십자가에 못 박혀 돌아가시기 전에 행하셨던 기적을 행하셔야 옳습니다.

많은 사람들이 예수 부활에 대해 확신을 가지고 예수를 그들 인생의 주님으로 받아들이기 시작하였습니다.(행 2:41, 행 8:6-8, 행 9:42, 행 11:21, 행 13:48, 행 16:34, 행 17:12, 행 18:8, 행 19:18-20)

많은 수의 사람들이 그리스도인이 되었습니다. 그 결과 기독교가 생겨나게 되었습니다.

죽은 사람의 제자가 되기 위해 그리스도인이 된 사람들은 하나도 없습니다. 예수가 자신의 예언대로 다시 살아났다고 믿는 그리스도인들은 예수의 부활 소식을 곳곳에 전하며 다녔습니다. 그리스도인이란 그리스도가 죽음을 이기고 다시 살아났다는 사실을 굳건하게 믿는 사람들입입니다.

예수가 다시 살아났다는 것을 믿는 확실한 방법은 예수가 죽임을 당하기 전에 행하셨던 일들이 다시 일어나는 것을 눈으로 목격하는 것입니다.(행 3:6, 14-16)

초대 교회는 기적과 이사들 가운데서 탄생한 교회라고 말할 수 있습니다.

오늘날 예수를 믿은 수많은 사람들은 *예수 그리스도는 어제나 오늘이나 영원토록 동일하시다*(히 13:8) 라는 성경의 말씀을 사실로 믿고 있습니다.

예수께서 이르시되 할 수 있거든이 무슨 말이냐, 믿는 자에게는 능히 하지 못할 일이 없느니라 하시니(막 9:23)

만일 죽은 자의 부활이 없으면 그리스도도 다시 살아나지 못하셨으리라. 그리스도께서 만일 다시 살아나지 못하셨으면 우리가 전파하는 것도 헛것이요 또 너희 믿음도 헛것이며 또 우리가 하나님의 거짓 증인으로 발견되리니 우리가 하나님이 그리스도를 다시 살리셨다고 증언하였음이라. 만일 죽은 자가 다시 살아나는 일이 없으면 하나님이 그리스도를 다시 살리지 아니하셨으리라. 만일 죽은 자가 다시 살아나는 일이 없으면 그리스도도 다시 살아나신 일이 없었을 터이요. 그리스도께서 다시 살아나신 일이 없으면 너희의 믿음도 헛되고 너희가 여전히 죄 가운데 있을 것이요, 또한 그리스도 안에서 잠자는 자도 망하였으리니, 만일 그리스도 안에서 우리가 바라는 것이 다만 이 세상의 삶뿐이면 모든 사람 가운데 우리가 더욱 불쌍한 자이리라. 그러나 이제 그리스도께서 죽은 자 가운데서 다시 살아나사 잠자는 자들의 첫 열매가 되셨도다.(고전 15:13-20)

네가 만일 네 입으로 예수를 주로 시인하며 또 하나님께서 그를 죽은 자 가운데서 살리신 것을 네 마음에 믿으면 구원을 받으리라. 사람이 마음으로 믿어 의에 이르고 입으로 시인하여 구원에 이르느니라. 성경에 이르되 누구든지 그를 믿는 자는 부끄러움을 당하지 아니하리라 하니, 유대인이나 헬라인이나 차별이 없음이라. 한 분이신 주께서 모든 사람의 주가 되사, 그를 부르는 모든

사람에게 부요하시도다. 누구든지 주의 이름을 부르는 자는 구원을 받으리라.(롬 10:9-13)

제 17 장

모든 사람들을 위한 치유

좋은 인생은 산다는 말에는 건강한 몸으로 살아간다는 것도 포함됩니다.
하나님의 인간에 대한 바람은 그들의 영이 구원받는 것 뿐 아니라, 그들의 병든 육체도 치유되는 것입니다.

그가 네 모든 죄악을 사하시며 네 모든 병을 고치시며(시 103:3)

치유와 용서는 하나님이 우리에게 주시는 선물인데, 우리는 믿음의 손으로 이 선물을 받을 수 있습니다.
믿음이란 하나님께서 약속하신대로 행하실 것을 기대하는 것입니다. 그러므로 성경은 *믿음은 들음에서 나며 들음은 그리스도의 말씀으로 말미암았느니라*(롬 10:17) 라고 말하고 있습니다.
하나님께서는 우리에게 자신의 뜻을 계시해주시기 위해, 놀랍고 위대한 약속들을 참으로 많이 하셨습니다.(벧후 1:4) 그분의 언약, 그분의 뜻, 그분의 약속 또는 그분의 말씀은 서로 배치되는 법이 없습니다.

하나님으로부터 좋은 인생을 받아 누리기 위해 우리에게 필요한 것이 있는데, 그것은 바로 믿음입니다. 하나님으로부터 오는 축복을 받는 데 필요한 믿음은 하나님께서는 우리를 축복해주시기를 간절히 원한다는 사실에 대한 확실한 믿음이어야합니다. 만일 하나님이 나 같은 사람에게도 그런 축복을 주시기를 원하실까 라고 생각한다면 믿음이 없는 것입니다.

그분께서는 그분께 무엇을 달라고 요청할 때 요청하는 것에 대해 받게 된다고 믿고 요청하라고 말씀하셨습니다. *오직 믿음으로 구하고 조금도 의심하지 말라. 의심하는 자는 마치 바람에 밀려 요동하는 바다 물결 같으니, 이런 사람은 무엇이든지 주께 얻기를 생각하지 말라.*(약 1:6-7)

그리스도께서 당신을 위해 죽으셨다는 것을 당신이 믿을 때까지 당신은 구원받을 수 없습니다. 하나님께서 당신의 죄를 용서해 주시기를 원한다는 사실을 당신이 믿을 때까지 당신은 절대로 구원받을 수 없습니다. 당신에게 이러한 사실에 대한 믿음이 생기면 이 믿음을 근거로 당신이 새 생명(새 인생)으로 태어나게 되는 것입니다. 사람은 누구든지 구원을 받을 수 있습니다.(요 3:16, 롬 10:13, 계 22:17)

당신의 육체가 병들었을 경우도 이와 마찬가지입니다. 당신이 병들었다면 하나님의 약속의 말씀을 근거로 하나님께서 당신의 병든 몸을 고쳐주시기 원하시는 것이 하나님의 뜻이라고 확실히 믿어야합니다. 만일 그러한 사실을 믿지 않으면 당신은 몸을 고쳐달라는 기도할 수가 없을 것입니다.

기독교의 전통에 예속되어있는 사람들은 "만일 당신께서 나의 병을 고쳐주시는 것이 당신의 뜻이라면 고쳐주세요."라고 기도하는 데, 그런 기도는 잘못된 기도입니다. 그렇게 기도하는 사람들의 병이 낫게 되는 일은 극히 드뭅니다.

하나님께서는 자신의 자녀들이 앓고 있는 질병을 고쳐주시겠다고 약속하셨습니다.

성경이 말하는 좋은 인생에는 육체적인 건강이 분명히 포함되어 있습니다.

그리스도께서 죽음에서 다시 살아나신 후에 어떤 일이 일어났는지를 주목해보면, 복음이 전파되는 곳에서는 어떤 일이 일어나야하는지 알 수 있습니다.

사도들의 손을 통하여 민간에 표적과 기사가 많이 일어나매 믿는 사람이 다 마음을 같이하여 솔로몬 행각에 모이고 그 나머지는 감히 그들과 상종하는 사람이 없으나 백성이 칭송하더라. 믿고 주께로 나아오는 자가 더 많으니 남녀의 큰 무리더라. 심지어 병든 사람을 메고 거리에 나가 침대와 요 위에 누이고 베드로가 지날 때에 혹 그의 그림자라도 누구에게 덮일까 바라고 예루살렘 부근의 수많은 사람들도 모여 병든 사람과 더러운 귀신에게 괴로움 받는 사람을 데리고 와서 다 나음을 얻으니라.(행 5:12-16)

위의 성경 구절 마지막에 "다 나음을 얻은지라"라는 표현이 나옵니다. 솔로몬 행각에 모인 병자들이 모두 다 나았습니다. 병자들이 다 낫는 것이 하나님의 뜻입니다. 하나님의 뜻은 항상 마찬가지어서, 오늘날에도 병자들이 다 낫는 것이 하나님의 뜻입니다.

위에 기록된 성경의 사건은 예수님께서 하나님 아버지께로 올라가신 후에 베드로의 사역을 통해 일어났던 일들입니다. 베드로의 치유 사역을 받기 위해 모인 병자들이 다 나음을 입었던 것입니다.

이러한 성경적 사실은 예수가 승천하신 후에도 예수의 사역은 승천하지 않고 지상에 남아 계속되고 있다는 것을 말해주는 분명한 증거가 됩니다.

아픈 모든 사람들이 고침받는 것은 하나님의 뜻입니다. 하나님께서는 *나는 너희를 치료하는 여호와임이라*(출 15:26) 라고 말씀하셨습니다. 여기서 말하는 "*너희*" 라는 단어에는 예루살렘에서 있었던 베드로의 사역을 통해 고침 받은 모든 사람들이 포함되었습니다.

모든 사람들이 치유받아 건강하게 되는 일이 이스라엘 전체에 일어난 것에 대해 성경은 이렇게 말해주고 있습니다: *그의 지파 중에 비틀거리는 자가 하나도 없었도다.*(시 105:37)

예수를 따라 다니던 군중들 중에 아픈 사람이 모두 다 나은 사건에 대해 성경은 다음과 같이 말해주고 있습니다: *예수께서 아시고 거기를 떠나가시니 많은 사람이 따르는지라 예수께서 그들의 병을 다 고치시고*(마 12:15)

뱀에게 물려 죽어가고 있던 이스라엘 사람들이 다 고침을 받는 일이 일어 났습니다: *모세가 광야에서 뱀을 든 것 같이 인자도 들려야 하리니 이는 그를 믿는 자마다 영생을 얻게 하려 하심이니라.*(요 3:14-15) *모세가 놋뱀을 만들어 장대 위에 다니 뱀에게 물린 자마다 놋뱀을 쳐다본즉 살더라.*(민 21:9)

여기서 놋뱀이 달려있는 긴 장대는 예수가 달린 갈보리 십자가를 상징합니다.

> 그가 그의 말씀을 보내어 그들을 고치시고 위험한 지경에서 건지시는도다.(시 107:20)

위의 성경 구절에서 잘 알 수 있듯이, 하나님의 말씀을 근거로 사람들이 고침을 받는 것이 하나님의 뜻입니다. 그러므로 아픈 모든 사람들이 고침받는 것이 하나님의 뜻이라는 사실을 우리는 성경을 근거로 믿어야할 것입니다.

모든 사람이 고침을 받으리라는 하나님의 약속은 오늘날도 유효한 약속입니다. 그러므로 고침을 받는 자에는 당신도 포함되어 있습니다. 이 말씀을 굳게 믿으면 하나님의 예정된 시간 전에 죽는 것을 방지할 수 있습니다: 너희 중에서 병을 제하리니... 내가 너의 날 수를 채우리라.(출 23:25-26)

그리스도께서... 율법의 저주에서 우리를 속량하셨는데(갈 3:13), 그 이유는 모든 사람들을 고쳐주시기 위해서입니다. 그분의 우리를 고치심에는 모든 질병과 모든 재앙(신 28:61)이 포함됩니다. 그리고 모든 질병에는 당신의 질병도 포함됩니다.

그는 실로 우리의 질고를 지고 우리의 슬픔을 당하였습니다.(사 53:4) 그분께서 갈보리에서 당하신 죽음으로 인해 모든 사람들에게 치유의 문이 열려졌습니다.

그가 채찍에 맞음으로 너희는 나음을 얻었노라.(사 53:5, 벧전 2:24) 라는 말씀에서 *"너희"* 라는 단어에 당신과 내가 포함됩니다.

그분께서 연약한 것을 친히 담당하시고 병을 짊어지셨도다 함을 이루려 하심이더라(마 8:17) 라는 말씀에는 우리의 병도 포함됩니다.

내가 하늘에서 내려온 것은 내 뜻을 행하려 함이 아니요 나를 보내신 이의 뜻을 행하려 함이니라.(요 6:38)

예수께서는 자신에게로 온 아픈 사람들을 다 고치셨습니다. (마 12:15, 마 14:36, 눅 6:19, 행 10:38) 예수님의 사역에서 아픈 모든 사람들이 고침 받는 것은 기본이었습니다. 그리고 예수님께서는 자신을 믿는 교회가 자신이 하였던 이러한 치유사역을 담당해 주시기를 바라는 마음을 다음과 같은 말씀을 통해 표현하셨습니다: 나를 믿는 자는 내가 하는 일을 그도 할 것이요 또한 그보다 큰 일도 하리니 이는 내가 아버지께로 감이라.(요 14:12)

예수께서 행하시며 가르치시기를 시작하심부터 그가 택하신 사도들에게 성령으로 명하시고 승천하신 날까지의 일을 기록(행 1:1-2) 하였습니다. 그 기록 속에는 예수께서 모든 사람들을 고쳤다는 기록이 여러 번 포함되어있습니다. 예수님께서는 하늘로 승천하신 후, 하나님의 보좌 우편에 앉으셔서(행 5:16, 행 28:9), 지상에서 계셨을 때 하셨던 치유사역을 계속해서 하고 계십니다.

예수님께서는 지금 하나님의 보좌 오른 쪽에 앉아 계시면서도 치유사역을 계속하시고 계시다는 근거가 되는 성경 말씀은 다음과 같습니다: 예수 그리스도는 어제나 오늘이나 영원토록 동일하시니라.(히 13:8)

모든 죄인들을 용서해주시기 원하시는 것이 하나님의 뜻인 것과 마찬가지로 모든 아픈 사람들을 치료해주시기를 원하시는 것이 하나님의 뜻입니다. 그가 네 모든 죄악을 사하시며 네 모든 병을 고치시길 원하시노라.(시 103:3)

모든 사람들이 고침 받는 일이 어디에서든지 일어나는 것이 하나님의 뜻입니다. 예수님께서는 *어느 동네에 들어가든지…(거기에 있는) 병자들을 고치셨습니다.*(눅 10:8-9)

예루살렘에서 그랬던 것처럼, 예수에 의해 고침을 받게 되거나 예수의 이름으로 고침을 받게 된 모든 곳에서 예수의 이름이 유명하게 되었습니다.

예수의 이름으로 모든 사람들이 고침을 받았다는 말을 듣고 사람들이 복음을 듣기 위해 모이는 일들이 일어났습니다.(행 5:16) 이웃해 있는 도시에서도 많은 군중들이 예수가 병자들을 고쳤다는 소문을 듣고 예수에게로 몰려들었습니다.

아픈 모든 사람들이 고침을 받음으로 *믿고 주께로 나아오는 자가 더 많으니 남녀의 큰 무리더라.*(행 5:14) 사도행전에는 사도행전에 기록된 첫 번째 치유 기적으로 인해 무려 오천 명이나 예수를 믿게 되었다는 기록이 있습니다.(행 4:4)

모든 사람들이 치유됨으로 하나님이 살아 계시다는 사실을 목격한 사람들은 쉽게 복음을 받아들여 구원받게 됩니다: *이 구원은 처음에 주로 말씀하신 바요 들은 자들이 우리에게 확증한 바니 하나님도 표적들과 기사들과 여러 가지 능력과 및 자기의 뜻을 따라 성령이 나누어 주신 것으로써 그들과 함께 증언하셨느니라.* (히 2:3-4)

우리의 사역을 통해 치유를 포함한 여러 종류의 표적과 기사가 나는 것을 보고, 전 세계 73개국에서 예수를 믿지 않는 수많은 사람들이 복음을 받아들였습니다.

아픈 모든 사람들이 낫는 것이 하나님의 뜻입니다. 초대 교회의 교인들은 주위에서 소문을 듣고 고침받기 위해 몰려든 사람들의 병이 낫게 해달라고 열심히 기도하였습니다: 주여 이제도 그들의 위협함을 굽어 보시옵고 또 종들로 하여금 담대히 하나님의 말씀을 전하게 하여 주시오며, 손을 내밀어 병을 낫게 하시옵고, 표적과 기사가 거룩한 종 예수의 이름으로 이루어지게 하옵소서 (행 4:29-30)

아픈 모든 사람들이 고침을 받았습니다. 건강한 사람들은 병자들을 길거리로 데리고 나가 고침 받기를 기다렸습니다.

심지어 병든 사람을 메고 거리에 나가 침대와 요 위에 누이고 베드로가 지날 때에 혹 그의 그림자라도 누구에게 덮일까 바라고(행 5:15)

모든 사람들이 고침받는 것이 하나님의 뜻이기 때문에 초대 교회에서는 교회 전체가 한 마음으로 그렇게 되게 해달라고 기도하였습니다.

그들이 듣고 한마음으로 하나님께 소리를 높여 이르되(행 4:24)

모든 사람들이 고침받는 것이 하나님의 뜻이기에 손을 대지 않아도 길거리로 옮겨진 병자들이 고침받는 일이 일어난 것입니다. 예수님에게 손을 대는 사람들은 다 고침을 받았습니다: *아무 데나 예수께서 들어가시는 지방이나 도시나 마을에서 병자를 시장에 두고 예수께 그의 옷 가에라도 손을 대게 하시기를 간구하니 손을 대는 자는 다 성함을 얻으니라.*(막 6:56)

베드로의 경우는 베드로의 그림자만 있어도 고침을 받았습니다: 심지어 병든 사람을 메고 거리에 나가 침대와 요 위에 뉘우고 베드로가 지날 때에 혹 그 그림자라도 뉘게 덮일까 바라고 예루살렘 근읍 허다한 사람들도 모여 병든 사람과 더러운 귀신에게 괴로움 받는 사람을 데리고 와서 다 나음을 얻으니라.(행 5:15)

아픈 모든 사람들이 고침을 받게 하는 것은 성령께서 원하시는 바입니다. a) 사도들은 병 고침이 일어나기를 위해 기도했습니다. (행 4:24-30) b) 병고침을 받는 일들이 실제 일어났습니다. (행 5:12-16) c) 그리고 복음과 치유에 대해 기록해 놓아, 그것을 후대 사람들이 듣고 예수를 믿을 수 있도록 하였습니다.

모든 사람들이 고침을 받았던 현장에 만일 당신이 아픈 사람으로 있었더라면 분명히 고침받았을 것입니다. 오늘 당신의 병이 고침받는 것이 하나님의 뜻입니다. 과거 예수살렘에서 병을 고치셨던 예수는 오늘도 그 마음에 변함이 없으신 분이십니다.

병 고침을 받은 모든 사람들 중에는 귀신들린 사람도 있었습니다: 예루살렘 부근의 수많은 사람들도 모여 병든 사람과 더러운 귀신에게 괴로움 받는 사람을 데리고 와서 다 나음을 얻으니라. (행 5:16) 하나님께서는 오늘날도 귀신들린 사람들을 그때처럼 동일하게 고쳐주시기를 원하십니다.

예수님께서는 나사렛에 가셨을 때에는 병자들이 다 낫지는 않았습니다: 거기서는 아무 권능도 행하실 수 없어 다만 소수의 병자에게 안수하여 고치실 뿐이었고, 그들이 믿지 않음을 이상히 여기셨더라.(막 6:5-6) 그들이 믿지 않음으로 말미암아 거기서 많은 능력을 행하지 아니하시니라.(마 13:58)

예수님께서 나사렛에서는 소수의 사람들 밖에 고치실 수 없었던 이유는 그곳 사람들의 예수를 대하는 태도가 잘못되었기 때문이었습니다. 베드로의 경우는 사람들의 태도가 옳았기 때문에 아픈 모든 사람들이 나았습니다.

모든 사람이 고침받은 것은 하나님의 뜻입니다. 모든 사람이 고침받는 일은 오늘날에도 일어날 수 있습니다. 진리를 옳은 마음과 태도로 받아들이면 오늘날에도 그런 일이 일어날 수 있습니다. 그러기에 예수님께서는 *진리를 알지니 진리가 너희를 자유롭게 하리라.*(요 8:32) 라고 말씀하신 것입니다.

모든 사람이 고침 받는 것은 예수님의 다음과 같은 약속의 말씀에 내포되어있습니다: *아버지께서 내게 주시는 자는 다 내게로 올 것이요. 내게 오는 자는 내가 결코 내쫓지 아니하리라.*(요 6:37) 예루살렘에 있던 모든 병자들이 치유를 받았고 그 주위의 도시에 있던 병자들이 다 치유받았습니다.(행 5:15-16) 여러 고을, 도시 및 나라의 사람들이 치유를 받았습니다.(마 6:56) 그런 일들이 일어날 수 있었던 이유는 사람들이 치유는 하나님이 "나"에게 주시는 축복이라고 믿고 받아들였기 때문입니다.

모든 사람들이 치유받는 것이 하나님의 뜻입니다. 이 뜻이 당신에게도 미치도록 하기위해, 예수님께서 하신 다음의 말씀이 당신 개인에게 하시는 말씀이라고 믿고 그 말씀을 받아들이십시오: *이에 예수께서 그들의 눈을 만지시며 이르시되 너희 믿음대로 되라 하시니*(마 9:29)

예수님께서 당신에게 또한 이렇게 말씀하십니다: *그러므로 내가 너희에게 말하노니 무엇이든지 기도하고 구하는 것은 받은 줄*

로 믿으라. 그리하면 너희에게 그대로 되리라.(막 11:24) 너희가 내 안에 거하고 내 말이 너희 안에 거하면 무엇이든지 원하는 대로 구하라 그리하면 이루리라.(요 15:7)

모든 사람들이 고침을 받는 것이 하나님의 뜻입니다. 하나님의 뜻은 오늘도 변하지 않습니다. 하나님은 뜻은 당신을 고쳐주는 것입니다. 주님께서는 우리에게 다음과 같은 약속을 하셨습니다: 구하는 이마다 받을 것이요, 찾는 이는 찾아낼 것이요, 두드리는 이에게는 열릴 것이니라(마 7:8)

제 18 장

오늘날의 치유

하나님의 선하심과 그분이 주시는 질병치유의 축복을 온전히 만끽하기위해서 우리가 해야 할 가장 중요한 부분은 하나님의 기적은 이 시대에도 계속되고 있고, 그리스도의 육체 치유 사역은 오늘날에도 이루어지고 있다는 것을 확실하게 믿는 것입니다.

예수님께서 사역하던 성경 시대에 병자들은 하나님의 능력을 힘입어 고침받았고, 눈 먼 자들이 눈을 떴고, 귀머거리가 들었고, 절름발이가 뛰었고, 문둥병자의 피부가 깨끗하게 되었고, 병으로 고통받는 모든 사람들이 고침을 받았습니다. 이러한 기적들은 오늘날에도 분명히 일어나고 있습니다. 이러한 병자 치유 사역은 오늘날의 교회가 마땅히 해야 할 사역입니다.

오늘날도 치유의 기적들이 일어난다고 믿어야 하는 이유는 다음과 같습니다:

1. **하나님은 치료자이십니다.** (출 15:26) 그분은 변하지 않는 분이십니다: *나 여호와는 변하지 아니하나니* (말 3:6)

2. **예수 그리스도께서는 아픈 병자들을 치료하셨습니다.**(마 9:35, 막 6:55-56, 행 10:38) 그분은 절대로 변하지 않으십니다: 예수 그리스도는 어제나 오늘이나 영원토록 동일하시니라.(히 13:8)

3. **예수님께서는 자신의 제자들에게 병자들을 고치라고 명령하셨습니다.**(마 10:1-7, 눅 10:1, 9) 그리스도의 참된 제자라면 그때나 지금이나 아픈 사람들을 아픈 치유하라는 주님의 명령에 순종해야 합니다: 너희가 내 말에 거하면 참으로 내 제자가 되고(요 8:31)

4. **초대교회시대에는 여러 곳에서 교회가 치유사역을 담당하였습니다.**(행 3:6, 행 4:30, 행 5:12, 행 6:8, 행 8:6, 행 14:3, 9-10, 행 19:11-12, 히 2:4) 교회의 주된 사역은 시대에 따라 변하지 않습니다. 초대교회의 사도들의 삶과 사역을 통해 교회가 해야 할 일(사역)들이 어떤 것들이지를 잘 알 수 있습니다. 교회가 마땅히 해야 할 사역들은 세상 끝 날까지 계속되어야 합니다.(마 28:20)

5. **예수님께서는 믿는 모든 자들에게 열방으로 가라고 명령하셨고, 아픈 자에게 손을 얹으면 그들이 낫게 될 것이라고 약속하셨습니다.**(막 16:15-18) 이러한 주님의 약속은 성도들에게 항상 유효한 약속입니다. 더군다나 예수님께서는 이렇게 말씀하셨습니다: 나를 믿는 자는 내가 하는 일을 그도 할 것이요 또한 그보다 큰 일도 하리니 (요 14:12)

제 19 장

치유에 대한 100가지 사실

믿는 자들 중에 하나님이 아픈 사람들을 치유하시기도 한다는 사실을 모르는 사람들은 거의 없을 것입니다. 그러나 예수께서는 오늘날에도 이 땅에 살아계셨을 때와 똑같이 병자들을 치료하고 계신다는 사실을 믿는 그리스도인들은 별로 없습니다.

하나님의 능력으로 병자가 치유되는 것을 목격한 그리스도인들조차도 하나님께서 자신의 병을 치료하실 것이라는 사실에 대해서는 의심하는 경우가 많습니다. 그런 사람들은 병이 들면 하나님께서 자기의 병을 고쳐주시는 것을 정말로 원하시는 지에 대해 의문을 품거나, 자기가 앓고 있는 병을 고치는 것에 대한 하나님의 특별 계시가 내려 올 때까지 기다리려고 합니다. 그러는 사이 병이 도지게 되고, 이에 놀라 자신의 병을 하나님께서 고쳐주시기 원한다는 진리는 놓쳐버린 채, 병을 고치려고 인간의 방법을 동원하는데 온갖 노력을 경주하곤 합니다.

하나님께서 여러분의 병을 고쳐주시는 것이 하나님의 뜻이 아니라고 생각하시는 분께 나는 다음과 같이 묻고 싶습니다. 당신의 병이 낫는 것이 하나님의 뜻이 아니라고 생각하신다면, 왜 그 뜻을 무시하고 의사를 동원해서라도 나으려고 하십니까?

만일 치유가 하나님의 뜻이라면, 치유가 하나님으로부터 오든 의사의 손을 통해서 오든, 과학의 힘을 빌리든, 기도와 믿음을 통해서 고치든, 우리는 모든 고침이 하나님으로부터 왔다고 믿어야 옳습니다.

성경은 영혼 구원이 하나님의 뜻인 것처럼 병든 몸이 치유되는 것도 하나님의 뜻인 것이라는 점을 분명하게 밝히고 있습니다. 성경을 통해 하나님께서는 이미 아픈 사람들을 다 치료하는 것이 그분의 뜻이라는 점을 명백히 밝히셨습니다. 그러므로 병이 낫는 것이 그분의 뜻인지 아닌지에 대해 특별 계시를 통해 하나님께서 개인별로 알려주시지 않으십니다. 모든 인간을 구원하시는 것이 하나님의 뜻이듯, 모든 인간을 치료하시는 것이 하나님의 뜻입니다.

성경을 조사해보면 하나님은 구원자이시면서 또한 치유자이시라는 사실이 명백합니다. 그분은 모든 사람들을 구원하시면서 또한 모든 사람들을 치료하십니다. 우리가 성경을 근거로 조사하였던 바, 치유에 관한 100가지 사실들은 다음과 같습니다.

1. 병은 죄와 동류로 취급해야합니다. 하나님은 모든 것을 지으시고 "좋았다." 고 말씀하셨습니다.(창 1:31) 그러므로 치유를 세상에서만 찾으려고 해서는 안 됩니다. 하나님은 자신이 창조한 모든 인간들이 건강하고 행복한 삶을 살아가기를 원하십니다. 영적인 병인 죄로부터 인간을 구해주는 것이 하나님의 마음이듯, 육적인 병인 질병에서 인간을 구해주는 것 역시 하나님의 마음입니다.

2. 인간이 범죄 함으로 병과 죄가 세상에 있게 되었습니다. 죄를 없애는 것과 병을 없애는 것 모두가 구원자에게 속한 것입니다.

3. 하나님께서 자신의 자녀들인 이스라엘 백성들을 애굽에서 구출해내셨을 때 그분께서는 그들과 치료하는 계약을 맺으셨습니다.(출 15:26, 출 23:25)
이스라엘의 역사를 살펴보면, 이스라엘 백성들에게 질병과 전염병이 번졌을 때마다 그들은 하나님께 나가가 회개하였고, 하나님께서는 이들의 회개를 보시고 그들을 용서해주셨고 또한 고쳐주셨습니다.

4. 하나님께서는 하나님의 자녀들이 뱀에게 물려서 죽게 되었을 때 장대에 달린 놋 뱀을 쳐다보면 살 수 있도록 하셨는데, 장대에 달린 놋 뱀은 예수가 갈보리 언덕에서 십자가에 달린 것을 예표합니다.(민 21:8, 요 3:14-15) 이스라엘 백성들이 그 옛날 광야에서 생활할 때 놋 뱀을 쳐다봄으로 치료받았다면, 오늘날 예수를 쳐다보는 사람의 병이 치료되는 것은 당연합니다.

5. 예수님 자신도, *"모세가 광야에서 뱀을 든 것 같이 인자도 들려야 한다."*(요 3:14, 민 21:4-9) 고 말씀하셨습니다.

6. 그 옛날 사람들이 하나님께 죄를 지었듯이 오늘날도 사람들은 하나님께 죄를 지으며 살아가고 있습니다.

7. 뱀에게 물리면 뱀의 독이 몸에 들어가 죽게 됩니다. *죄의 삯은 사망이요 하나님의 은사는 그리스도 예수 우리 주 안에 있는 영생이니라.* (롬 6:23)

8. 그 옛날 하나님의 백성들이 뱀에 물리자 하나님께 울부짖었습니다. 하나님은 그들의 울부짖는 소리를 들으시고 그들이 고침 받을 수 있는 방법을 알려주셨습니다. 그것은 높이 든 놋 뱀을 쳐다보는 것입니다. 오늘날 하나님을 향해 울부짖는 사람들의 (영과 육의) 질병이 치유받는 방법을 마련해 놓으셨습니다. 그것은 십자가에 높이 달리신 예수 그리스도를 쳐다보는 것입니다.

9. 그 옛날 뱀에게 물린 모든 사람들이 놋 뱀을 쳐다 봄으로 치유받게 되는 것이 하나님의 뜻이었습니다. 이와 마찬가지로, 오늘날 예수를 믿는 모든 사람들이 예수를 바라봄으로 치유 받는 것이 하나님의 뜻입니다.

10. 그 옛날 놋 뱀을 쳐다본 사람들의 죄가 용서 받았고 그들의 병이 치료받았습니다. 이와 마찬가지로, 오늘날 예수를 믿어 그분을 쳐다보는 사람들의 죄가 용서받고 그 사람들의 병이 치료받습니다.

11. 그 옛날 하나님이 주신 치료법은 뱀에게 물린 모든 사람들에게 해당되는 치료법이었습니다. 오늘날 하나님이 주신 치료법도 믿는 모든 사람들에게 해당되는 치료법입니다.

12. 그 옛날 뱀에게 물린 사람들 각자가 하나님의 치료법을 받아들이고 안받아들이고를 결정해야만 했습니다. 오늘날도 각자가 예수를 믿을 것인가 안 믿을 것인가를 결정해야만 합니다.

13. 그 옛날 뱀에게 물린 사람들은 고침받기 위해 하나님에게 무엇을 갖다 바칠 필요가 없었습니다. 단지 놋 뱀을 쳐다보기만 하면 되었습니다. 오늘날도 구원받고 치유받기 위해 그리스도에 무엇을 갖다 바칠 필요가 없습니다. 단지 그분을 믿기만 하면 됩니다.

14. 그 옛날 그들은 고침받기 위해 모세를 쳐다볼 필요가 없었습니다. 오늘날도 이런 원칙은 마찬가지어서, 우리가 그리스도만 쳐다보면 되지 목사나 설교자를 쳐다볼 필요가 없습니다.

15. 그 옛날 뱀에게 물린 사람들이 고침받기 위해서 그들의 상처의 심각성에 대해 고민할 필요가 없었습니다. 오늘날의 우리도 우리가 지은 죄의 심각성이나 병의 심각성에 대해 고민할 필요가 없습니다. 우리의 치유자이신 그리스도만 바라보면 됩니다.

16. *뱀에게 물린 자마다 놋 뱀을 쳐다본즉 살리라.*(민 21:9) 이것은 하나님의 약속의 말씀입니다. 그 당시 이 약속의 말씀에 적용되지 않는 사람은 한명도 없었습니다. *하나님이 세상을 이처럼 사랑하사 독생자를 주셨으니 이는 그를 믿는 자마다 멸망하지 않고 영생을 얻게 하려 하심이라.*(요 3:16) 예수를 믿으면 누구든지 삽니다. 오늘날 이 원칙에 적용되지 않는 사람은 한사람도 없습니다.

17. 그 당시 이스라엘 백성들이 받은 저주가 없어진 것은 높이 든 놋 뱀을 쳐다보았기 때문인데, 이것은 갈보리를 상징(예표, type)합니다. 우리에 대한 저주는 갈보리 십자가에서 예수가 죽으심으로 제해졌습니다.(갈 3:13)

18. 그 당시 놋 뱀과 사람들과의 관계는 오늘날 갈보리와 우리와의 관계와 같습니다. 예표를 통해서는 고침받지 못합니다. 예표는 예표일 뿐입니다. 갈보리는 어떤 언덕의 이름일 뿐입니다. 그리고 놋 뱀은 갈보리를 예표할 뿐입니다.

19. 하나님께서는 우리가 그분 안에 거하면 우리의 영혼뿐 아니라 우리의 몸도 보호받게 된다고 약속하셨습니다.(시 91) 신약 성경에서 요한은 *사랑하는 자여 네 영혼이 잘됨 같이 네가 범사에 잘되고 강건하기를 내가 간구하노라* (요삼 1:2) 라고 하였습니다. 이 두 성경 구절은 하나님께서는 우리의 영혼 뿐 아니라 우리의 육체도 잘 보존되기를 원하신다는 사실을 확실하게 말해주고 있습니다. 하나님은 우리의 영혼이 병드는 것을 원하지 않으십니다. 이와 마찬가지로 그분은 우리의 육체가 병들게 되는 것도 원하지 않으십니다.

20. 아사 왕이 병에 걸려 죽은 이유는 그가 하나님께 기도하지 않고 의원들을 찾아갔기 때문이라고 성경은 말하고 있습니다: *아사가 왕이 된 지 삼십구 년에 그의 발이 병들어 매우 위독했으나 병이 있을 때에 그가 여호와께 구하지 아니하고 의원들에게 구하였더라.*(대하 16:12)

그러나 병들어 죽게 된 히스기야 왕은 하나님께 기도하였기 때문에 병에서 고침받고 다시 살아났습니다: *히스기야가 얼굴을 벽으로 향하고 여호와께 기도하여 이르니... 이에 여호와의 말씀이 이사야에게 임하여 이르시되 내가 네 기도를 들었고 네 눈물을 보았노라 내가 네 수한에 십오 년을 더하고*(사 28:1-5)

21. 그리스도의 대속의 죽음은 우리의 죄를 없애줄 뿐 아니라, 우리의 질병도 없애줍니다.(사 53:4-5) 예수가 우리의 죄를 담당하였다(bore)는 말은 우리가 치러야할 죄값을 그분이 치르셨다는 말입니다. 이것은 그분이 우리를 불쌍히 여기는 마음만 갖고 계신 것 이상이고, 우리와 함께 고통을 당하는 것 이상입니다. 만일 그리스도께서 우리의 질병을 갖고 가셨다면, 우리가 왜 병을 갖고 있어야한단 말입니까?

22. 그리스도께서는 우리의 연약한 것을 친히 담당하시고 병을 짊어지셨습니다.(마 8:16-17)

23. 질병은 사탄으로부터 온 것입니다: *사탄이 이에 여호와 앞에서 물러가서 욥을 쳐서 그의 발바닥에서 정수리까지 종기가 나게 한지라.*(욥 2:7) 욥은 심한 병에 걸렸을 때 하나님께 자신이 받고 있는 어려움을 제해달라고 울부짖었고, 하나님께서는 그의 기도에 응답하여서 그를 치료해주셨습니다.(욥 42:10, 12)

24. 그리스도께서는 병든 여자를 보시고 그 여자가 사탄에 묶여

있으니 사탄에게 놓임을 받아야한다고 말씀하셨습니다. 그러고 나서 그분은 그 여자에게서 허약함(질병)의 영(spirit of the infirmity)을 쫓아내심으로 그 여자를 낫게 하셨습니다.(눅 13:11-13, 16)

25. 귀신이 어떤 한 사람을 장악하고 있음으로 그 사람이 장님과 벙어리가 되었습니다. 그러나 그 사람 속에 있던 귀신이 쫓겨나가자 그 사람은 보고 또한 말도 할 수 있게 되었습니다. (마 12:22)

26. 귀신으로 인해 어떤 소년이 듣지도 못하고 말하지도 못하였습니다. 또한 그 소년은 귀신으로 인해 가끔 경련을 일으켰습니다. 그러나 예수님께서 그 소년에게 있던 귀신을 쫓아내시자, 그 소년은 경련을 그쳤고, 듣고 말할 수 있게 되었습니다.(마 9:17-26)

27. 성경은 *예수가 두루 다니시며 선한 일을 행하시고 마귀에게 눌린 모든 사람을 고치셨다*(행 10:38) 라고 기록하고 있습니다. 이 성경 구절은 병은 사탄이 주는 것이라는 것을 나타내는 너무도 확실한 구절입니다.

28. 성경은 *하나님의 아들이 나타나신 것은 마귀의 일을 멸하려 하심이다*(요일 3:8) 라고 말하고 있습니다. 사탄이 하는 일 중에 하나가 사람들에게 병을 가져다주는 것입니다. 그리스도께서는 이 땅에서 사역하실 때 죄와 질병과 귀신들을 항상 동일하게 취급하셨습니다. 그분 보시기에 죄와 질병과 귀신 이 세 가지는 모

두 증오스러운 것입니다. 그래서 그분은 이것들을 꾸짖으셨습니다. 그분께서는 이 세 가지를 멸하시기 위해 이 땅에 나타나신 것입니다.

29. 예수님은 오늘날의 사람들은 마귀가 가져다 준 병들을 지니고 살아도 괜찮다고 생각하시는 분이 아니십니다. 그분이 이 세상에 오신 것은 마귀의 일들을 완전히 멸하시기 위함입니다. 그분께서는 그분의 지체인 성도들의 몸에 전염병, 저주, 마귀가 준 상처들이 머물러있기를 원하지 않으십니다. *너희 몸이 그리스도의 지체인 줄을 알지 못하느냐? 내가 그리스도의 지체를 가지고 창녀의 지체를 만들겠느냐? 결코 그럴 수 없느니라.* (고전 6:15)

30. 예수님께서는 *내가 세상에 온 것은 세상을 심판하려 함이 아니요 세상을 구원하려 함이로라* (요 12:47) 고 말씀하셨습니다. 병은 사람을 파멸시킵니다. 그러므로 병은 하나님으로부터 온 것이 아닙니다. 그리스도께서는 우리를 파멸하려오신 것이 아니라 우리를 구원하시려 오셨습니다. 헬라어에서 쏘조(sozo)라는 말은 구출하다, 구원하다, 보존하다, 치료하다, 생명을 주다, 온전하게 하다 등의 뜻을 지니고 있습니다. 이 쏘조라는 헬라어에는 파기하다 라는 뜻이 전혀 없습니다.

31. 예수님께서는 *도둑(사탄)이 오는 것은 도둑질하고 죽이고 멸망시키려는 것뿐이요 내가 온 것은 양으로 생명을 얻게 하고 더 풍성히 얻게 하려는 것이라* (요 10:10) 고 말씀하셨습니다.

32. 사탄은 살인자입니다. 그가 주는 병으로 인해 사람들이 죽습니다. 그가 주는 병으로 인해 사람들이 건강, 행복, 돈, 시간을 빼앗깁니다. 그러나 그리스도께서는 우리의 영혼과 육체에게 풍성한 삶을 주시려고 오셨습니다.

33. 우리는 우리의 죽을 육체에 예수의 생명이 나타나도록 만들어진 존재입니다.(고후 4:10-11)

34. 성령 하나님이 하시는 일은 우리의 죽을 몸을 살리시는 것입니다.(롬 8:11)

35. 사탄이 하는 일은 우리를 죽이는 것입니다. 반면에, 그리스도의 일은 우리에게 생명을 주는 것입니다.

36. 사탄은 나쁜 존재입니다. 하나님은 좋으신 분이십니다. 나쁜 일들은 사탄으로부터 옵니다. 좋은 일들은 하나님으로부터 옵니다.

37. 병은 사탄이 주는 것입니다. 반면에, 건강은 하나님으로 온 것입니다.

38. 주님께서는 자신의 제자들에게 모든 귀신과 질병들을 제어할 권세를 준다고 말씀하셨고(마 10:1, 막 16:17, 눅 10:19), *내 말에 거하면 참으로 내 제자가 된다*(요 8:31) 고도 말씀하셨습니다. 예수님의 이 말씀들은 오늘날을 살아가고 있는 당신에게도 적용되는 말

씀입니다. 그분께서 하신 말씀들을 믿고 그분의 말씀대로 따르고 싶은 사람들만이 예수님의 제자가 될 수 있습니다.

39. 믿는 모든 자들은 기도할 권리와 기도한 것에 대해 하나님으로부터 응답받을 권리를 갖고 있습니다. *내 이름으로 무엇이든지 내게 구하면 내가 행하리라*(요 14:13-14) 라고 주님께서 약속하셨습니다. 예수의 이름으로 구할 수 있는 모든 것에는 우리의 질병이 낫는 것도 포함됩니다.

40. 예수님께서는 *구하는 이마다 받을 것이요*(마 7:8) 라고 약속하셨습니다. 이 약속은 예수님께서 당신에게 하는 약속입니다. 우리가 주님께 구하는 기도에는 병을 낫게 해달라는 기도가 포함되어야 합니다.

41. 예수님을 따르는 70명의 사람들에게 병든 자들을 치료하는 사역이 맡겨졌습니다. 이것은 교회가 앞으로 해야 할 사역이 바로 치유사역임을 상징합니다.(눅 10:1, 9, 19)

42. 복음을 믿는 모든 사람들은 그 누구나 아픈 사람들을 치료할 수 있습니다. 주님의 약속의 말씀에 근거하여 아픈 사람들을 치료하십시오.(막 16:17, 눅 6:47-48, 롬 2:13, 약 1:22-24)

43. 교회의 장로들은 아픈 자에게 손을 얹고 치유를 비는 기도를 해야 한다고 성경은 말하고 있습니다.(약 5:14)

44. 치유는 주님께서 교회에게 주신 것입니다. 그렇기 때문에, 예수님께서 이 세상에 다시 오실 때까지 교회의 지체들이 사용하여야 할 은사와 사역들 중에는 치유가 포함되어야 합니다.(고전 12:9-10)

45. 예수님께서 복음을 전하라고 명령하셨을 때마다 치유를 행하는 것도 함께 명령하셨습니다. 가령, 그분께서는 어느 동네에 들어가든지 너희를 영접하거든… 거기 있는 병자들을 고치고 또 말하기를 하나님의 나라가 너희에게 가까이 왔다 하라(눅 10:8-9)라고 말씀하셨습니다. 예수님의 이 명령은 오늘날의 교회의 사역에도 반드시 적용되어야 합니다.

46. 예수님께서는 지금 그분의 아버지와 함께 계시지만, 믿는 자들을 통해 그분이 과거에 이 땅에서 행하셨던 사역은 지금도 계속되어야 합니다. 예수님께서는, "내가 진실로 진실로 너희에게 이르노니 나를 믿는 자는 내가 하는 일을 그도 할 것이요, 또한 그보다 큰 일도 하리니 이는 내가 아버지께로 감이라."(요 14:12) 라고 말씀하셨습니다. 예수님께서 하셨던 일을 우리도 하여야 하는데 그 일에는 아픈 사람들을 치료하는 것이 포함되어야 합니다.

47. 예수님께서 제자들과 가진 최후의 만찬 자리에서 예수님께서 손에 드신 포도주 잔은 우리의 죄를 속하시기 위해 흘리신 그분의 피를 나타냅니다.(고전 11:25) 그리고 그분이 제자들에게 떼어주신 빵은 우리의 몸을 치유하시기 위해 채찍에 맞아 찢겨지신 그분의 육체를 나타냅니다.(고전 11:23-24, 사 53:5)

48. 예수님께서는 *너희가 전한 전통으로 하나님의 말씀을 폐하고 있구나* (막 7:13) 라고 말씀하셨습니다. 예수님의 말씀처럼 전통에 집착하여 하나님의 역사를 가로막고 있는 사람들이 있습니다. 인간의 생각과 이론으로 치유사역을 가로막고 있는 것은 옳지 않습니다. 우리는 주님의 말씀에 의거하여 복음에는 치유의 복음이 포함되어 있음을 믿어야합니다. 초대교회 사람들은 그렇게 믿었습니다.

49. 기독교의 어떤 전통은 하나님의 자녀가 아픈 것이 하나님의 뜻일 경우가 있다고 주장합니다. 그리고 기독교 전통에 집착하는 사람들은 아픈 것이 하나님의 뜻일 경우는 낫기를 위해 기도해봐야 소용이 없다고 가르칩니다. 마가복음 9장에는 예수님의 제자들이 고칠 수가 없었던 귀신들린 사람을 예수께서 고치시는 장면이 나옵니다.(막 9:18) 이것은 예수님을 믿는 자들이 고칠 수 없는 것은 하나님이 그 사람을 고치기 원하지 않기 때문이라는 이론이 틀렸음을 확실하게 말해주고 있습니다. 예수님께서는 제자들이 병자를 고치지 못하는 것은 병자가 낫지 않는 것이 하나님의 뜻이기 때문이라고 말씀하신 적이 한 번도 없으셨습니다. 예수님께서는 오히려 제자들이 믿음이 없기 때문에 병자를 못 고친 것이라며 제자들을 꾸짖으셨습니다.(마 17:19-20)

50. 오늘날 기도했는데도 병이 낫지 않는 수많은 경우들을 하나님의 뜻으로 돌려서는 안 됩니다.

51. 만일 질병에 걸리는 것이 하나님이 원하시는 것이라면 모든 의사들은 하나님의 뜻을 위반하여 질병을 고치는 사람들이고, 모든 간호사들은 전능하신 하나님에게 도전장을 내는 사람들이며, 모든 병원들은 의술을 베푸는 곳이 아니라 하나님께 저항하는 곳들이 되고 맙니다.

52. 예수님께서는 하나님 아버지의 뜻을 행하시려고 이 땅에 오셨습니다.(요 6:38, 히 10:7, 9) 그렇게 때문에 예수님께서는 이 땅에서 수많은 병자들을 치료하신 것입니다. 사람들을 치료하여 낫게 하는 것이 하나님의 뜻입니다.

53. 성경은 예수님께서 자기에게 온 모든 병자들을 고치셨다고 기록하고 있습니다.(마 8:16, 마 9:35, 마 12:15, 마 6:55-56, 눅 4:40, 행 10:38) 만일 아픈 모든 사람들이 다 낫는 것이 하나님의 뜻이 아니라면, 예수님께서 아픈 모든 사람을 고친 것은 예수님께서 하나님의 뜻에 저항하신 것이라고 해석해야 됩니다. 그러나 그러한 해석은 말도 안 되는 해석입니다.

54. 만일 모든 사람이 다 낫는 것이 하나님의 뜻이 아니라면 성경에 *그가 채찍에 맞으므로 우리는 나음을 받았도다* (사 53:50), *그가 채찍에 맞음으로 너희는 나음을 얻었나니*(벧전 2:24) 라고 기록되어 있을 이유가 무엇이란 말입니까? 어떤 사람이 아픈 것이 하나님의 뜻이라면, 그 사람의 치유를 비는 기도를 해서는 안 된다는 주장이 있는데, 그런 주장은 정말로 말도 안 되는 주장입니다.

55. 그리스도께서는 자기를 찾아와서 병을 고쳐달라고 요청하는 사람들의 요청을 거절하신 적이 한 번도 없으셨습니다. 반면, 성경에는 그분께서 병든 모든 사람들을 고쳐주셨다는 기록은 많이 있습니다.(마 8:16, 마 9:35, 마 12:15, 마 6:55-56, 눅 4:40, 행 10:38)

56. 성경 전체를 통하여 병을 고침받은 수많은 사람들 가운데 단지 한 사람만이 예수가 아픈 사람을 고치는 것을 원할 수도 있고 안 원할 수도 있다고 생각하였습니다: 한 나병환자가 예수께 와서 꿇어 엎드려 간구하여 이르되 원하시면 저를 깨끗하게 하실 수 있나이다. 예수께서 불쌍히 여기사 손을 내밀어 그에게 대시며 이르시되 내가 원하노니 깨끗함을 받으라.(막 1:40-41)

57. 기독교의 어떤 전통에 집착하는 사람들은 병에 걸렸을 때 그 병을 참는 것이 병에서 고침 받는 것보다 하나님께 더 많은 영광을 돌리는 것이라고 믿고 있습니다. 만일 질병이 낫는 것보다 병을 갖고 지내는 것이 하나님께 더 영광을 돌리는 것이라면, 자연적 치유든 하나님의 능력에 의한 치유든 상관없이, 모든 치유는 하나님의 영광을 도둑질 해가는 것이라는 해괴한 이론이 탄생하게 됩니다.

58. 만일 질병에 걸림으로 통해 하나님께 영광을 돌릴 수 있다면 우리 모두는 건강하기 보다는 병에 걸려야 옳을 것입니다.

59. 만일 질병에 걸리는 것이 하나님께 영광을 올리는 것이라면, 예수님께서는 아픈 모든 사람들을 치료하셨기 때문에(눅 4:40), 하나님 아버지의 영광을 강탈하신 것이 됩니다. 이뿐 아니라, 성령님도 사도행전에 등장하는 사도들을 통해서 치유의 능력을 나타내셨으므로(행 5:12-16), 성령님도 하나님의 영광을 도둑질하신 것이 됩니다.

60. 바울은 (너희 몸은) *값으로 산 것이 되었으니 그런즉 너희 몸으로 하나님께 영광을 돌리라*(고전 6:20) 라고 말하였습니다.

61. 우리의 육체와 우리의 영(spirit)은 주님께서 값을 주고 사신 것입니다. 그러므로 우리는 우리의 육체와 영을 하나님께 영광 돌리는 데 써야 합니다.

62. 우리가 죄를 지으면 영이 더러워지고, 우리의 더러워진 영은 하나님께 영광을 돌릴 수가 없게 됩니다. 이와 마찬가지로 우리의 몸이 병든 상태에 있다면, 우리의 병든 몸으로는 하나님께 영광을 돌리지 못합니다.

63. 어떤 사람들은 나사로가 병들어 죽게 됨으로 하나님께서 영광을 받으셨다고 주장합니다. 그러나 나사로가 병들어 죽게 됨으로 하나님이 영광을 받으신 것이 아니라, 병들어 죽은 나사로가 다시 살아났기 때문에 하나님께서 영광을 받으신 것입니다. 죽은 나사로가 다시 살아난 것을 본 많은 유대인들이 예수님을 믿게 되었기 때문에 하나님께서 영광을 받게 되신 것입니다.(요 11:4, 45)

64. 기독교의 전통에 집착하는 또 한 부류의 사람들은 하나님께서 병자들을 치유하시긴 하시지만, 모든 병든 사람들을 치료하는 것은 하나님의 뜻이 아니라고 믿고 있습니다. 그러나 하나님의 뜻을 행하시려고 이 세상에 오신 예수님께서는 아픈 모든 사람들을 고치셨습니다.(요 6:38, 마 8:16, 마 12:15, 눅 4:40, 눅 6:19)

65. 만일 병든 모든 사람들을 치료하는 것이 하나님의 뜻이 아니라면 예수께서 우리의 몸과 고통을 지고 고통당하셨을 이유가 없어지게 되지 않겠습니까?(사 53:4, 마 8:17) 만일 하나님께서 자신의 자녀들이 병들어 고통 받는 것을 원하신다면, 예수께서는 굳이 우리의 질병을 지고 고통당하지 않아도 되셨을 것입니다. 예수님께서는 아버지의 뜻을 행하시려고 이 세상에 오셔서 우리의 질병을 짊어지셨습니다. 그러므로 모든 사람들이 건강한 몸으로 지내는 것이 하나님의 뜻입니다.

66. 만일 아픈 모든 사람들이 낫는 것이 하나님의 뜻이 아니라면, 아픈 사람들을 고쳐주겠다는 하나님의 약속은 모든 사람들을 향한 약속이 아니게 됩니다. 하나님이 특정 사람들만 낫기를 원하신다면, 하나님이 낫게 해주시기를 원하시는 사람이 어떤 사람인지 알기 위해 하나님의 특별 계시를 받아야한다는 괴이한 이론이 탄생하게 됩니다. 그러나 그렇지 않습니다. 치유에 대한 성경의 약속의 말씀을 믿기만 하면 누구나 치유됩니다. 성경은 믿음은 오직 들음에서 난다고 성경은 말하고 있습니다.

67. 하나님께서 하신, 아픈 자들을 치료해주시겠다는 약속의 말씀이 모든 사람들에게 해당되는 약속의 말씀이 아니라면, 우리는 성경 말씀만 읽고 있어서는 특정 병자에 대한 하나님의 뜻을 알 수가 없게 됩니다. 그러므로 우리가 특정 병자를 고치시기 원하시는 것이 하나님의 뜻인지 아닌지를 알기 위해서, 우리는 그 사람에 대한 특별 계시를 받을 때까지 하나님께 기도해야만 될 것입니다. 그 이론이 맞는다면 우리는 성경은 옆으로 제쳐놓고, 하나님의 특별계시를 받기위해 기도만 하면 다 된다는 말이 됩니다. 그 이론이 맞는다면 우리는 성경의 약속의 말씀들이 각 개인에게 주시는 말씀이라는 진리를 부인해야만 합니다. 고로 그런 이론은 틀린 이론임이 확실합니다. 그 이유는 하나님의 진리의 성경 말씀은 모든 사람들에게 다 해당되는 말씀이기 때문입니다.

68. 하나님의 말씀은 하나님의 뜻입니다. 이 말은 하나님의 약속의 말씀에는 그분의 뜻이 담겨있다는 말입니다. 우리가 성경을 읽음으로 하나님께서 그 무엇을 하시겠다고 약속하셨는지를 알게 되고, 이를 통해 우리는 하나님께서는 자신이 하시겠다고 약속하신 것을 반드시 하시게 될 것이라고 믿게 됩니다.

69. 성경에는 *믿음은 들음에서 나며 들음은 그리스도의 말씀으로 말미암았느니라*(롬 10:17) 라는 말씀이 기록되어 있습니다. 치유 받는 가장 좋은 방법은 이 말씀에 근거하여 치유에 관해 그리스도께서 약속하신 성경의 기록들을 읽어서, 치유에 관한 믿음이 우리에게 생기는 것입니다.

70. *예수께서 친히 나무에 달려 그 몸으로 우리 죄를 담당하셨다* (벧전 2:24)는 성경에 기록된 복음의 말씀을 들을 때 영이 고침 받는 일이 일어납니다. 이와 마찬가지로, *예수께서 우리의 연약한 것을 친히 담당하시고 병을 짊어지셨도다* (마 8:17) 는 성경에 기록된 복음의 말씀을 들을 때에는 육체가 고침 받는 일이 일어납니다.

71. 우리는 *만민에게 (죄 사함의) 복음을 전파하라* (막 16:15)는 주님의 명령을 준수하여야합니다. 이와 마찬 가지로, 우리는 *만민에게 (질병 치유의) 복음을 전파하라* (막 16:15) 는 주님의 명령을 준수하여야합니다.

72. 예수님께서는 요 14:13-14에서 *너희가 내 이름으로 무엇을 구하든지 내가 행하리라* 라는 약속의 말씀을 하셨는데, 그것도 두 번이나 하셨습니다. 이 약속에는 치유해주겠다는 약속이 포함되어있습니다. 왜냐하면 *무엇을 구하든지* 에는 아픈 자가 낫게 되는 것을 구하는 것도 포함되어야 하기 때문입니다. 예수님의 이 약속의 말씀은 모든 사람들에게 적용되는 말씀임이 분명합니다.

73. 만일 질병의 치유가 모든 사람을 위한 것이 아니라면, *내가 너희에게 말하노니 무엇이든지 기도하고 구하는 것은 받은 줄로 믿으라 그리하면 너희에게 그대로 되리라*(막 11:24) 는 말씀은 상황에 따라 적용될 수도 있고 안 될 수도 있는 가변적인 말

씀이어야 합니다. 그러나 그렇지는 않습니다. 그러므로 "무엇이든지"에는 치유도 반드시 포함되어있어야 마땅합니다. 그리고 예수님의 이 약속의 말씀은 누구에게나 해당되는 말씀이어야 마땅합니다.

74. 아픈 모든 사람들이 낫는 것이 하나님의 뜻이 아니라면, 그리스도께서 하신 다음과 같은 말씀은 하나님의 뜻을 모르고 하신 실수의 말이 되어야 옳습니다: 너희가 내 안에 거하고 내 말이 너희 안에 거하면 무엇이든지 원하는 대로 구하라. 그리하면 이루리라.(요 15:7)

75. 성경은 다음과 같이 말하고 있습니다: 너희 중에 병든 자가 있느냐 그는 교회의 장로들을 청할 것이요. 그들은 주의 이름으로 기름을 바르며 그를 위하여 기도할지니라. 믿음의 기도는 병든 자를 구원하리니, 주께서 그를 일으키시리라. 혹시 죄를 범하였을지라도 사하심을 받으리라.(약 5:14-15) 이 약속의 말씀은 당신을 포함하여 아픈 모든 사람들에게 적용되어야할 말씀입니다.

76. 만일 하나님께서 오늘날에는 병자들의 치유를 오직 의사들의 손에만 맡기셨다면, 하나님께서 현대의 병자들이 기도를 통해 치유될 확률을 과거보다 확 낮추셨다는 말이 됩니다. 그러나 성경은 우리가 더 나은 희망을 안고 살아가고 있고(히 7:19), 더 나은 약속을 갖고 살아가고 있고(히 7:22), 더 나은 약속에 근거한 더 나은 계약을 통

해 살아가고 있다고(히 8:6) 명시하고 있습니다. 그렇다면 예수님께서 그 옛날에만 병든 사람을 다 고치셨지만, 옛날 보다 더 나은 약속과 희망을 갖고 살아가는 오늘날에는 (예수께서) 고치지 못하는 질병의 종류가 그 옛날보다 오히려 더 많다는 사실을 어떻게 설명해야 옳은가요?

77. 바울은 하나님께서 모든 선한 일에 너희를 온전하게 해주신다(히 13:21) 라고 하였고 또한 하나님께서 너희로 모든 일에 항상 모든 것이 넉넉하게 해주신다(고후 9:8) 라고 말하였습니다. 성경에 기록된 이 말씀들이 사실이라면, 병든 상태를 계속 유지하며 살아가고 있는 사람들은 이 성경 구절의 말씀이 이루어지고 있는 삶을 살고 있는 것이 아니게 됩니다. 만일 병든 모든 사람들이 낫는 것은 하나님의 뜻이 아니라고 주장하는 사람들의 주장이 맞는다면, 성경의 이 말씀들은 설 곳이 없게 됩니다. 병든 사람들이 다 낫는 것은 하나님의 뜻이 아니라고 주장하는 사람들의 말이 맞든지 아니면 성경의 이 말씀들이 맞든지 둘 중의 하나이어야 합니다.

78. 신약 성경은 병자가 낫게 되는 것은 하나님의 자비라고 말하고 있습니다. 그분께서 병자들을 치유하시는 이유는 그분이 자비(mercy)하신 분이시기 때문입니다. 성경은 이에 대해 *주께 부르짖는 자에게 인자(자비)함이 후하심이니이다*(시 86:5) 라고 기록하고 있습니다. 이 성경 말씀은 오늘날 우리에게도 해당되는 말씀입니다.

79. 이사야서 53장 4절 말씀을 쉽게 풀어서 쓰면, "그분께서는 우리의 질병을 확실하게 다 담당하셨고 우리의 고통을 확실하게 다 갖고 가셨다."가 됩니다. 이 절에서 "담당하셨다.(bore)"와 "갖고 가셨다.(carried)"에 해당하는 히브리어 원어 성경의 단어는 동일합니다.(11-12절을 보십시오.)

80. 하나님께서는 그리스도를 우리를 대신하여 죄로 삼으셨습니다.(고후 5:21) 그리스도께서는 우리를 대신하여, 우리 죄를 담당하셨습니다.(벧전 2:24) 그분은 우리 연약한 것을 친히 담당하시고 병을 짊어지셨습니다.(마 8:17)

81. 그리스도께서 우리의 죄를 담당하신 이후부터는, 죄지은 모든 사람들을 용서해주는 것이 하나님의 뜻이 되었습니다. 이와 마찬가지 이치로, 그리스도께서 우리의 질병을 담당하신 이후부터는 병든 모든 사람들을 고쳐주는 것이 하나님의 뜻이 되었습니다.

82. 기독교의 어떤 전통에 집착하는 사람들은 만일 우리가 정말로 의로운 사람들이라면 병을 우리 존재의 한 부분으로 여겨야한다고 주장합니다. 그러한 주장을 하는 사람들은 성경의 수많은 말씀들 중에서 의인은 고난이 많다(시 34:19)는 부분에 특별하게 집착합니다. 의인은 고난이 많다는 성경 구절에서 고난을 질병으로 해석하는 것은 무리입니다. 이 성경 구절에서 말하는 의인들이 당하는 고난이란 몸의 질병이 아니라 그리스도인이 때문에 당해야하는 환란과 핍박을 지칭합니다.

83. 성경은 분명히 그리스도께서 우리의 질병을 짊어지셨고 그분께서 채찍에 맞음으로 우리가 병에서 나음을 받았다라고 말하고 있습니다. 이 성경의 말씀은 병을 앓음으로 의인됨을 유지할 수 있다는 일부 사람들의 주장과 완전히 배치되는 말씀입니다. 일부 사람들의 주장이 맞는다면, 의인이 되도록 해주는 질병까지 예수께서 갖고 가실 이유가 없게 됩니다.

84. 치유에 대해 잘못된 주장을 하는 사람들은 성경의 다음의 구절들을 들고 나옵니다: 모든 은혜의 하나님 곧 그리스도 안에서 너희를 부르사 자기의 영원한 영광에 들어가게 하신 이가 잠깐 고난을 받은 너희를 친히 온전하게 하시며 굳건하게 하시며 강하게 하시며 터를 견고하게 하시리라.(벧전 5:10) 그 사람들은 이 성경 구절에서 "잠깐 고난을 당한"이라는 표현에 주목하여, 병을 갖게 됨으로 고난을 당하는 것이 하나님의 뜻이라고 주장합니다. 그러나 여기서 말하고 있는 고난을 질병으로 해석해서는 안 됩니다. 여기서 말하는 고난은 복음을 증거하다가 당하는 고난으로 해석해야 옳습니다.(행 5:41, 행 7:57-60, 행 8:1, 고후 11:23-27)

85. 기독교의 또 다른 어떤 전통에 묶여있는 일부의 사람들은 완전한 치유를 바래서는 안 되는 경우들이 있다고 주장하면서 다음의 성경 구절을 들고 나옵니다: 너희 중에 고난을 당하는 자가 있느냐? 그는 기도할 것이요.(약 5:13) 그러나 이 성경 구절에서 고난당하는 자를 병든 자로 해석해서는 안 됩니다.

86. 또 기독교의 전통에 묶인 어떤 부류의 사람들은 하나님께서는 질병을 이용해서 자신의 자녀들에게 벌을 준다고 주장합니다. 그들이 들고 나오는 성경 구절은 히브리서 12장 6절에서 8절에 있는 말씀으로, 특히 6절의 *주께서 그 사랑하시는 자를 징계하신다* 는 표현에 주목합니다. 하나님께서는 자신이 사랑하는 사람을 징계하시는 분인 것은 맞습니다. 그러나 이 말씀을 하나님께서 병을 나게 함으로 사랑하는 사람을 징계한다고 해석해서는 안 됩니다. 여기서 *징계한다*는 것은 지침을 준다, 훈련시킨다, 가르친다고 해석해야 옳습니다. 교사가 학생들을 가르치고, 부모가 자녀를 가르치고 훈련시키듯이 하나님께서 그 사랑하는 자녀들을 그렇게 한다고 보아야 옳습니다.

87. 교사가 학생들을 가르치고 훈련시킬 때 여러 가지 방법이 동원되지만 절대로 학생이 병들게 하는 방법은 쓰지 않습니다. 부모가 자녀에게 벌을 줄때 여러 가지 방법이 동원되지만 절대로 자녀가 병에 걸리도록 하는 방법은 쓰지 않습니다. 우리의 하나님 아버지께서 자신의 사랑하는 자녀들을 훈육하고 고치시고 벌을 줄때도 이와 마찬가지여서, 병에 걸리게 하는 방법은 절대로 쓰지 않으십니다. 더군다나 예수님께서는 우리의 질병을 다 갖고 가셨습니다. 하나님께서는 우리에게 벌을 주시기 위해, 이미 예수께서 우리에게서 다 갖고 가신 질병을 예수에게서 뺏어서 다시 우리에게 주시지 않습니다. 예수 그리스도의 희생으로 인해 죄의 저주와 질병의 저주가 우리에게서 완전히 제거되었습니다.

88. 기독교의 전통적인 주장들 중에서 가장 힘을 얻고 있는 주장은 기적이 일어나는 시대는 이미 지났기 때문에 오늘날에는 기적이 일어나지 않는다고 하는 주장입니다.(오늘날 일어나고 있는 치유의 기적들에 관해서는 제 18장을 보십시오.) 그들의 그런 주장이 사실이라면 오늘날에는 치유의 기적들이 전무해야 합니다. 만약 오늘날 단 한건의 치유의 기적이라도 일어난다면 그들의 주장은 잘못된 주장입니다.

89. 만일 그들의 주장대로 기적은 오늘날 더 이상 일어나지 않는다면, 오늘날 아무도 예수를 믿어서는 안 됩니다. 왜냐하면 예수를 믿음으로 새로 태어나는 것은 세상에서 일어나는 기적들 중에서 가장 큰 기적이기 때문입니다.

90. 어떤 사람들의 주장대로 기적의 시대가 이미 지나간 것이 사실이라면, 그동안 의사들에 의해 증명되고 보고된 수없이 많은 치유의 기적들은 거짓된 보고이고 거짓된 증명들이어야 합니다.

91. 기적이 일어나는 시대는 이미 지나갔다고 주장하는 것은 기도해도 소용없다고 주장하는 것과 다름없고, 나아가 기도의 효과를 부정하는 것과 다름없습니다. 그러나 하나님은 우리의 기도에 응답해주시는 하나님이십니다. 그분은 우리의 기도에 응답해 주셔서 병에 걸린 수많은 사람들을 고쳐주셨습니다. 기도는 응답을 갖고 옵니다. 그 응답에는 치유도 포함되어있습니다.

오늘날에는 하나님이 주시는 기적이 없다면, 우리가 믿음을 갖고 있어야 할 필요가 없어지게 됩니다. 오늘날 기적이 없다면, 우리는 기도를 통해 스스로를 속이고 있는 것입니다. 왜냐하면 우리는 기도를 통해 우리가 할 수 없는 일을 하나님께 해달라고 요청하기 때문입니다. 또한 기도할 때 하나님께서 우리에게 기적을 베풀어 주실 것을 믿고 기도하기 때문입니다.

기도하는 모든 사람들은 자신들의 기도가 응답될 것으로 믿고 기도합니다. 그리고 기도에 응답을 받은 사람들은 자신의 힘으로 할 수 없는 것을 하나님께서 능력으로 응답하신 것이라고 생각합니다. 기도를 통해 기적이 일어나는 것이 사실입니다. 오늘날에는 기적이 더 이상 일어나지 않는다고 주장하는 것은 오늘날에는 기도가 필요없다고 주장하는 것과 같습니다.

92. 기적이 일어나는 시대는 지나가지 않았습니다. *예수 그리스도는 어제나 오늘이나 영원토록 동일하십니다.*(히 13:8) 그러므로 기적은 과거나 오늘날이나 동일하게 일어납니다.

93. 예수님께서 자신의 제자들을 세상으로 보내시면서 그들에게 복음을 전하라라고 명령하셨을 때, "*믿는 자들에게는… 표적이 따를 것이다.*"(막 16:15-17) 라고 말씀하셨습니다. 예수님의 이 말씀은 어느 시대, 어느 나라에서 살 건 상관없이 모든 사람들에게 되어야합니다. 세상 종말은 아직 도래하지 않았습니다. 그러므로 기적의 시대가 종료된 것이 아닙니다. 예수님께서는 자신이 하신 명령과 약속을 폐기시키시거나 무효화 선언하신 적이 한 번도 없으십니다.

94. 믿는 자는 누구든지 구원받는다는 그리스도의 약속의 말씀은 모든 사람들에게 해당되는 말씀입니다. 병에 걸린 모든 사람들이 건강하게 된다는 것도 그리스도의 약속의 말씀입니다. 구원과 질병 치료에 관한 복음을 세상 끝 날이 올 때까지 전하라고 주님께서 명령하셨습니다. 우리는 이것을 지상 최대의 명령(Great Commission)이라고 부릅니다. 이 지상 최대의 명령은 구원 쪽만 해당되고 치유 쪽은 해당되지 않는다고 주장하는 주님의 위대한 명령 전부를 거부하는 것과 같은 것이고, 치유가 오늘날도 일어난다는 주님의 생각을 뒤집어엎는 것입니다.

이 주님의 지상 최대의 명령이 유효하는 한, 육과 영의 치유는 시대를 초월해서 계속적으로 일어나야만 합니다. 실상, 오늘날에도 병든 육체가 치유받는 일들이 도처에서 수없이 많이 일어나고 있습니다.

95. 그리스도께서 당신의 죄를 갖고 가심으로 인해 당신이 용서를 받는 존재가 되었고 영원한 생명이 당신의 것이 되었습니다. 당신이 영원한 생명을 얻게 된 것을 믿음으로 받아들였기 때문에 좋은 인생을 살 수 있게 된 것입니다.

96. 그리스도께서 당신의 질병을 갖고 가심으로 인해 당신이 치유를 받는 존재가 되었고 하나님의 건강이 당신 것이 되었습니다. 당신이 건강한 육체를 얻게 된 것을 믿음으로 받아들였기 때문에 당신은 질병 없는 인생을 살 수 있게 된 것입니다.

97. 그리스도의 구속을 통해 인간들에게 주시는 모든 선물들이 그렇듯이, 하나님의 치유라는 선물도, 단지 믿음으로 받습니다. 그리고 모든 선물들이 그렇듯이, 치유의 선물을 받으면 그리스도께서 영광을 받게 되는 것이고 그분의 죽음이 효과를 발휘하게 되는 것입니다.

98. 하나님께서 자기를 대적하며 산 사람들을 용서해주기 원하시는 것처럼, 자기의 친구들의 병을 치료해 주기를 원하십니다. 당신이 죄인으로 살아가고 있기 훨씬 전에, 하나님께서는 당신을 용서해 주시기로 결정하셨습니다. 그 결과 당신은 그분의 자녀가 된 것입니다. 당신이 그분의 자녀가 된 것이 맞다면, 그분은 당신을 치료해주시기 원하시는 것도 맞습니다. 그분은 당신이 그분의 대적으로서 살아가고 있었을 때, 이미 당신을 용서해주시기로 결정하신 것이 사실이듯이, 현재 그분의 친구가 된 당신이 병들었을 때 병든 당신을 고쳐주는 것 또한 사실입니다. 왜냐하면 그분은 자비로우신 분이시기 때문입니다.(롬 8:32)

99. 구원받으려면 당신을 용서해주신다는 그분의 약속의 말씀이 참이라고 믿고 받아들여야합니다. 그리고 구원받으면, 당신의 영이 기뻐하는 것을 당신이 경험할 수 있게 됩니다. 이와 마찬가지로, 치유받으려면 당신을 치유해주신다는 그분의 약속을 말씀이 참이라고 믿고 받아들여야합니다. 그리고 치유받으면, 당신의 육체가 기뻐하는 것을 당신이 경험할 수 있게 됩니다.

100. 영접하는 자 곧 그 이름을 믿는 자들에게는 하나님의 자녀가 되는 권세를 주셨습니다.(요 1:12-13) 예수께 그의 옷 가에라도 손을 대게 하시기를 간구하니 손을 대는 자는 다 성하게 되었습니라.(막 6:56)

아픈 사람이 치유되는 것이 하나님이 뜻이 확실하다면, 왜 그리스도인들이 죽어야 합니까?

이에 대해 성경은 이렇게 말하고 있습니다.

주께서 낯을 숨기신 즉 그들이 떨고, 주께서 그들의 호흡을 거두신 즉 그들은 죽어 먼지로 돌아가나이다.(시 104:29)

네가 장수하다가 무덤에 이르리니 마치 곡식 단을 제 때에 들어 올림 같으니라.(욥 5:26)

하나님은 우리의 목숨이 다했을 때라도, 우리가 장수하며 살만큼 살았을 때라도, 우리를 데려가시기 위해 우리가 병들게 하는 방법은 쓰지 않으십니다. 하나님의 자녀인 우리가 이 땅에서의 삶을 끝마치려고 하는 순간에, 우리는 단지 숨 쉬는 것을 멈춥니다. 그래서 이 세상에서 그리스도 안에서 잠이 듭니다. 그러나 하늘나라에서 깨어나 그분과 함께 영원히 삽니다. *그리하여 우리가 항상 주와 함께 있게 됩니다.*(살전 4:17) 이러한 천국에서 영원히 살게 될 것에 대한 소망은 그리스도의 피로 의롭게 된 그리스도인들만이 가질 수 있는 소망입니다.(살전 4:13, 딛 2:13, 벧전 1:3)

하나님이 이르시되 그가 나를 사랑한즉 내가 그를 건지리라. 그가 내 이름을 안즉 내가 그를 높이리라. 그가 내게 간구하리니 내가 그에게 응답하리라. 그들이 환난 당할 때에 내가 그와 함께 하여 그를 건지고 영화롭게 하리라. 내가 그를 장수하게 함으로 그를 만족하게 하며 나의 구원을 그에게 보이리라.(시 91:14-16)

제 6 부

하나님께 영광 돌리는 번영의 삶

내가 재물을 하나님의 관점에서 보기시작하자, 하나님께서는 자신의 사역에 동참하는 사람들에게 재물 축복을 내려주신다는 사실을 발견할 수 있게 되었습니다.

하나님께서 이 세상을 창조 할 때 이 세상에 보물들로 가득차게 창조하셨습니다. 하나님께서 그렇게 하신 것은 당신에게 번영의 삶을 주시기 위해서입니다.

하나님은 당신의 수입, 소유물, 봉급, 사업과 증권을 통한 소득의 증가 및 당신이 받는 연금이나 이자로 인한 소득의 증가로 인해 당신에게 재물의 부요가 들어가는 것에 대해 제한하시고 싶어 하시는 분이 아니십니다. 모든 부요는 그분이 창조하신 것입니다. 그분은 자기의 영광을 위하여 세상의 부요함을 당신에게 주시는 것에 대해 자신을 제한하지 아니하십니다.

나는 젊은 시절에 달라 화폐에 관한 기적을 개인적으로 몸소 체험한 바 있습니다. 이러한 기적 체험을 통해서, 하나님께서는 우리의 영과 몸에 기적을 베풀어주시는 것처럼, 우리의 물질에도 기적을 베풀어주신다는 사실을 알게 되었습니다.

제 20 장

풍요로움의 열쇠

좋은 인생을 살기 위해 가장 필요한 것들 중의 하나가 바로 심고 거두는 법칙을 따르는 것입니다.

사도 바울은 너희가 심은 대로 거두게 될 것이라고 말했습니다.(갈 6:7)

하나님께서 세상을 처음으로 창조하실 때에 이 세상이 존재하는 한 그 아무도 바꿀 수 없는 법칙들을 정하셨습니다.

이 세상이 존재하는 한, 씨를 심고 심은 씨가 열매 맺어 추수하는 법칙은 계속될 것입니다.(창 8:22)

심고 거두는 법칙, 다른 말로 하자면 주고받는 법칙은 좋은 인생을 살기 위한 기본 법칙입니다.

하나님이 세상을 너무도 사랑하시기에 자신의 아들을 주셨습니다.(요 3:16)

주지 않는 것은 사랑이 아닙니다.

받지 않으면 줄 수 없습니다.

심지 않으면 거둘 수 없습니다.

혀로만 사랑하는 것은 사랑이 아닙니다. 사랑은 행함과 진실함에 있습니다.(요일 3:18)

사랑을 행동으로 보여주는 것은 땅에 씨를 심는 것과 같기에, 언젠가는 행동으로 보여준 대로 추수하게 됩니다.

우리가 남에게 무엇을 베풀어줌으로 씨를 심으면 그것은 몇 배로 증가되어 우리에게 돌아오게 됩니다.

우리가 심은 씨는 싹이 나서 자라고 우리가 측정할 수 없을 정도로 증가되어 우리에게 다시 돌아오는 것이 바로 기적입니다.

사랑해야 사랑받고, 남에게 베풀어야 베풀음을 받게 되고, 심어야 거두게 됩니다.

심고 거두는 법칙에는 변하지 않는 원칙 2가지가 있습니다.

1. 우리가 심은 것과 동일한 종류의 열매를 추수합니다.
2. 우리가 심은 것보다 많이 추수합니다.

이 원칙은 우리의 삶의 모든 면에 동일하게 적용됩니다. 이 2가지 원칙은 심고 거두는 법칙이 변하지 않는 한 변하지 않습니다. 이 원칙과 법칙은 과거에도 그대로 적용되었고 현재에도 적용되고 있고 앞으로도 그대로 적용될 것입니다.

사랑하면 사랑받습니다.

도와주면 도움받습니다.

친절을 베풀면 친절로 보상받습니다.

자비를 베풀면 자비를 받습니다.

남에게 주면 준 것 보다 항상 더 받습니다.

심으면 심은 것 보다 항상 더 거두게 됩니다.

어느 가난한 농부의 이야기를 들어보십시오. 누추한 옷을 입은

한 농부가 초라한 얼굴을 하고 다 허물어져가는 집 앞에 힘없이 앉아 있었습니다.

길을 가고 있던 사람이 이 농부에게 마실 물을 달라며 말을 걸었습니다. 목을 축이고 나서 이 사람이 농부에게 "이번 면화 농사가 잘 되었나요?"라고 물어보았습니다.

"아무것도 못 거두었습니다."

"면화씨를 심긴 심으셨나요?"

"바구미 벌레가 꾈까봐 심지 않았습니다."

"그렇다면 옥수수 농사는 잘 되었나요?"

"비가 오지 않을 것 같아 옥수수 씨 심는 것을 포기 했지요."

"그렇다면 감자는 좀 심으셨어요?"

"웬걸요, 작년에 감자 해충이 하도 극성을 부려, 올해는 감자를 하나도 안 심었죠."

"그렇습니까? 그렇다면 도대체 올 봄에 무엇을 심으셨나요?"

"안전주의로 나가기 위해, 아무것도 심지 않았답니다."

번영을 경험하고 행복한 삶을 살기 위해, 성공하는 삶을 살기 위해, 당신이 먼저 해야 할 것이 있는데, 그것은 심는 것입니다.

사랑을 심으시고, 자비를 심으시고, 친절을 심으시고, 힘을 심으시고, 믿음을 심으시고, 재정을 심으시고, 그 외에 하나님이 주신 좋은 것들을 다 심으십시오. 그러면 당신은 심은 것보다 반드시 더 많이 거두게 될 것입니다.

제 21 장

당신의 인생을 바꿔주는 두 단어

'예수에 대한 믿음'이 풍요로운 삶을 살게 합니다. 믿음의 삶이란 하나님을 신뢰하는 삶입니다. *하나님께 나아가는 자는 반드시 그가 계신 것과 또한 그가 자기를 찾는 자들에게 상주시는 이심을 믿어야 합니다.*(히 11:16)

하나님이 분명히 존재하신 분이시고 현재 살아계신 분이신지를 시험해보십시오. 성경에 기록된 하나님께서 약속하신 말씀들이 신뢰할 만한지를 시험해보십시오. 그리스도인이라면 누구나 다 그리스도인의 삶이 정말로 의미있고 가치있는 삶인지에 대해 적어도 한번쯤은 알아보려고 하였을 것입니다.

하나님께서는 모든 사람들이 하나님이 어떤 분이지에 대해 테스트해 볼 것을 허락하시고 또한 원하십니다.

나는 내가 하나님을 테스트해보기로 결심하였던 날을 결코 잊어버릴 수가 없습니다. 그날 이후 우리는 하나님이 정말로 행복, 건강, 성공, 번영을 주시는 분이신지 아닌지에 대해 테스트해보라고 만나는 사람마다 권유합니다. 그리고 테스트한 모든 사람들은 하나님이 주시는 축복들을 받기 시작하였습니다. 당신도 예외가 아닙니다. 하나님을 테스트한 사람들에게 일어났던 축복의 일들이 당신에게도 반드시 일어나게 될 것입니다.

우리가 재정적으로 극심한 위기를 겪고 있었을 때 우리는 하나님에 대한 특별 경험을 하게 되었습니다.

그 당시 우리는 복음전파에 우리 자신을 바치며 살고 있었습니다. 구체적으로 말한다면, 우리는 그 당시 대규모 전도 집회를 열기 위해 집회가 개최되기 훨씬 전부터 집회에 대한 구체적인 계획들을 짜고 있었습니다. 우리는 인쇄소와 대규모로 계약을 맺고, 필요한 엄청난 분량의 종이와 테이프들을 인쇄소가 있는 나라로 수송하고, 이것들이 통관되도록 하는 일에 많은 시간을 쓰곤 하였습니다. 또한 이와 관련하여 집회에 관한 광고를 내어 많은 사람들이 집회에 참석할 수 있도록 하기 위해 애를 쓰고 있었습니다.

우리는 이런 일들이 비교적 짧은 시간 안에 세계의 여러 나라에 일어나기를 원했습니다. 그 이유는 복음이 불길처럼 세계 곳곳으로 퍼져나가는 것을 간절히 원했기 때문입니다. 그래서 우리는 집회가 열리기 수개월 전부터 작업을 시작했습니다. 우리는 이런 대규모의 일들을 진행시킬 때 믿음으로 하였습니다. 우리는 때가 급하다고 판단했습니다. 우리는 그 당시 기회의 문이 열린 것을 보았고, 그 기회의 문이 오랫동안 열려있지는 않을 것으로 판단했습니다. 그래 절호의 기회를 놓치지 않으려고 많은 애를 썼습니다.

그러다가 한계에 부닥치는 일들이 생겼습니다. 긴급하고 긴요한 일들을 수행하는데 필요한 재정이 부족해서 일을 진척시키기가 어려워지게 되었습니다.

더군다나, 급히 해결해야 할 일을 처리하지 못하고 다른 나라에서 개최되는 대규모 전도 집회를 인도하기 위해 일하고 있던 것을 놓고 떠나야만 하였습니다. 비행기 표를 지불할 돈도 필요했습니다. 장비들을 운반할 비용도 필요했습니다. 그 외에 집회를 열기위해 여러 가지 것들에 필요한 경비들이 채워져야만 했습니다.

그때 사탄이 우리에게 다음과 같은 말을 하며 총 공격을 가해왔습니다: "네가 믿음이 있다고? 네가 하나님이 가장 하고 싶어 하였던 일을 하고 있다고? 네가 복음이 전해지지 않은 곳에 복음을 전하겠다고? 너는 마치 하나님이 너 없으면 아무 일을 못할 존재처럼 하나님을 평가절하하고 있구나. 하나님이 있다면 왜 너에게 이런 일들이 일어나고 있니? 너를 돕겠다던 사람들은 다 어디에 갔니? 너는 자주 *너희는 먼저 하나님의 나라와 그(하나님)의 의를 구하라 그리하면 이 모든 것을 너희에게 주겠다*는 성경의 구절을 인용하며 사람들을 다그쳤지? 그러나 그 말은 진리가 아니야. 너는 지금 복음을 모르는 사람을 최우선으로 삼고 있지 않잖아? 하나님은 너를 버렸어. 이번에 하나님은 너의 재정 부족을 결코 해결해주지 않을 거야."

그래서 나와 데이지는 어느 한적한 곳으로 가서 일주일간 금식기도하며 하나님께서 이 상황에서 우리에게 하시는 말씀을 듣기로 하였습니다.

우리가 기도를 하며 하나님께서 우리가 처한 문제에 해답을 듣기 위해 하나님께서 말씀해주시기를 기다리고 있는데, "나를 시험해봐라 (Prove me), 나를 지금 시험해봐라." 라는 소리가 들렸습니다.

나는 이 소리가 성경에 기록되어있는 말씀이라는 사실을 이미 알고 있었습니다. 이 말씀은 하나님께서 일십조를 바칠 것을 이스라엘 백성들에게 명령하시면서 하신 말씀입니다.(말 3:10) 그 당시 나는 이 성경 구절의 말씀을 내가 처한 상황에 맞추어 생각해보진 않고 있었습니다.

성경에는 이 구절 말고도 다른 여러 구절들을 통해 하나님을 시험해 볼 것을 권고하고 있을 것이라는 생각이 났습니다. 그래서 나는 성경에서 하나님을 시험해보라는 성경 구절들을 모조리 찾아보기 위해 성경을 샅샅이 뒤졌습니다. 나는 그 구절들을 다 찾은 다음, 그 구절들 속에서 하나님께서 나에게 말씀하시려고 하는 바가 무엇인지를 알아보려고 하였던 것입니다.

그 결과 나는 다음과 같은 놀라운 사실을 발견하게 되었습니다.

성경에서 하나님을 시험해보라는 구절은 단 한 군데 밖에 없었습니다. 그리고 그것은 돈과 관련된 말씀이었습니다.

그 때 우리가 당면한 최대의 문제는 돈과 관련된 문제였습니다.

우리는 복음을 전하기 위해 돈이 필요했었습니다.

우리가 하려고 계획하였던 복음 전도가 우리의 계획대로 달성되기 위해 가장 필요하였던 것은 돈이었습니다.

우리가 갖고 있던 부담감은 돈에 관한 것이었습니다.

그 당시 마귀가 돈 문제로 우리를 공격하고 있었습니다. 마귀는 하나님께서는 우리가 하고 있는 영혼 구원 사업에 관심이 없기 때문에 우리가 돈이 없는 것이라며 우리를 미혹하였습니다.

돈이 부족한 것이 문제였습니다.

그런데 하나님께서, "나를 시험해봐라. 나를 지금 시험해봐라."라고 나에게 말씀하신 것입니다.

이 말씀을 듣고 성경을 조사해본 결과, 나는 하나님의 이 말씀은 돈에 관한 말씀이라는 사실을 알게 되었습니다.

그래서 우리의 재정적인 필요와 이에 대한 하나님의 공급이 우리가 신경을 써서 기도해야 할 첫 번째 제목이 되게 되었습니다.

우리가 깨달은 바는 다음과 같습니다. 그리스도께서 우리에게 땅 끝까지 가서라도 복음을 전하라는 지상 최대의 대임 명령(Great Commission)을 내리셨습니다. 그분이 내리신 대임 명령은 우리를 포함한 모든 크리스천들에게 내린 명령입니다. 어떤 사람은 파송을 받아 가고(막 16:15), 어떤 사람은 다른 사람들을 파송합니다.(롬 10:15) 그리스도인들은 누구라도 그리스도의 지상 최대의 명령을 수행하는 사람이 될 수 있습니다. 당신과 나 같은 평범한 사람들도 그 일을 할 수 있습니다. 하나님은 모든 사람들을 택하셔서 지상 최대의 명령을 수행할 수 있도록 하십니다.

하나님은 이 땅에 우리를 태어나게 하셨을 때 빈손으로 태어나게 하셨습니다. 그리고 우리에게 그분의 소유물, 집, 땅과 돈을 우리가 사는 동안 잘 관리하라고 우리 손에 잠시 맡겨주셨습니다. 그러므로 우리는 그 분의 청지기로 그분으로부터 받은 것을 잘 관리하고 사용하여야합니다.

하나님께서는 이렇게 말씀하셨습니다: *만군의 여호와가 이르노*

라. 너희의 온전한 십일조를 창고에 들여 나의 집에 양식이 있게 하고 그것으로 나를 시험하여 내가 하늘 문을 열고 너희에게 복을 쌓을 곳이 없도록 붓지 아니하나 보라.(말 3:10) 이 말씀은 하나님께 십일조를 드림으로 하나님이 우리를 축복하나 안하나 시험해 보라는 말입니다.

그리고 그분께서는 연이어 농부들에게 이렇게 말씀하셨습니다.

만군의 여호와가 이르노라 내가 너희를 위하여 메뚜기를 금하여 너희 토지 소산을 먹어 없애지 못하게 하며 너희 밭의 포도나무 열매가 기한 전에 떨어지지 않게 하리니(말 3:11)

농부들도 하나님께 십일조를 드리면 하나님이 축복해주신다는 것입니다.

하나님을 시험해보라는 위에 적혀있는 하나님의 약속의 말씀들은 농부에게도 해당되고 농부가 아닌 사람에게도 동일하게 해당되는 말씀입니다.

하나님이 하시는 말씀의 요지는 하나님만이 우리의 유일한 공급자이신 것을 우리가 인정한다면, 우리의 첫 추수와 수입의 십일조를 하나님께 드려야 한다는 것입니다. **하나님께 드려서 하나님이 우리를 축복하시나 안 하시나를 시험해보면, 그분께서는 자신의 약속대로 하늘의 문을 여시고 우리에게 더 많은 것을 주십니다.** 그 결과 우리는 하나님께 전보다 더 많이 드릴 수 있게 됩니다. 그러면 하나님은 더욱 많이 우리에게 주십니다. 그 결과 우리는 하나님께서 이 땅에서 이루시고자하는 복음 전도를 비롯한 하나님의 목적들을 쉽게 이룰 수 있게 됩니다.

하나님께서 우리에게 단 한차례만 하나님을 시험해 보라고 하셨는데, 그것은 우리가 가진 돈(재물)으로 그렇게 하라는 것입니다. **나는 오랜 동안을 그리스도인으로 살면서 영적인 것과 돈이 관계있다고 생각해본 적은 한 번도 없었습니다.** 그렇기 때문에 이러한 사실을 알게 된 나는 무척 놀랐습니다.

나는 그 동안 하나님은 영적이신 분이시고 돈은 육적인 것이기 때문에 하나님과 돈은 전혀 상관이 없다고 생각해왔었기 때문에 항상 가난하게만 살아 왔던 것입니다. 내가 그런 생각을 갖고 살아왔던 이유는 주위의 종교적인 사람들에게서 영향을 받았기 때문입니다. 나는 그 동안 돈에 대해 관심을 갖고 있고 그것을 소유하고 싶어 하는 것은 육적이고 나쁜 것이라는 가르침을 받고 살아 왔었습니다. 그래서 내가 하나님께 순복하며 겸손한 삶을 사는 유일한 방법은 평생 가난하게 사는 것으로 생각해 왔던 것입니다.

그러나 경제적인 문제를 해결받기 위해 시작한 금식 기도 기간 동안, "나를 시험해봐라. 나를 지금 시험해봐라."라는 하나님의 음성을 듣게 되었고, 이일로 인해 나는 **하나님께서는 하나님을 시험해보라는 말을 돈 문제에 관해 단 한차례만 성경을 통해 말씀하셨다**는 사실을 알게 되었습니다.

이러한 경험을 통해 **나는 비로소 하나님이 보는 시각으로 돈을 볼 수 있게 되었습니다.**

만일 모든 설교가, 목사, 교사와 평신도들이 돈에 관한 기존의 전통적 시각을 버리고 하나님의 시각을 갖게 된다면, 그 일로 인해 모든 피조물들에게 복음이 전해지는 일이 일어나게 될 것인데 (막 16:15), 이 일이 어떻게 어느 정도까지 일어나게 될지에 대해서는 오직 하나님만이 아십니다.

돈은 생명(삶)과 견줄 수 있습니다(money represents life).

이렇게 생각해봅시다. 당신이 봉급을 받으면 그 봉급으로 얼마 동안 살 수가 있습니다. 그러므로 여러분이 봉급으로 받게 된 바로 그 돈이 여러분의 삶의 큰 부분을 형성하는 것이라고 생각할 수 있습니다.

여러분의 귀한 인생 옆에 당신의 삶을 형성할 돈을 두는 것은 잘못된 것이 결코 아닙니다. 돈은 여러분의 귀한 소유물임이 분명합니다. 그러기에 사람들이 돈을 자신의 생명 다음으로 귀하게 여기는 것입니다.

예수님도 *너희 보물 있는 곳에는 너희 마음도 있으리라* (눅 12:34)고 말씀하셨습니다.

이제, 여러분은 하나님께서 돈으로 하나님을 시험해보라고 말씀하신 이유를 알게 되셨을 것입니다.

당신이 백만장자이든 이백 원밖에 없는 과부이든 (막 12:42-44), 하나님께서는 당신이 귀히 여기는 돈을 달라고 요청하십니다.

하나님께서 말씀하시는 바는 이와 같습니다: **만일 네가 나에게 돈을 바침으로 나를 신뢰하고 사랑한다는 것을 표현할 수 있다면, 너는 너의 생명을 바쳐서라도 나를 사랑하고 신뢰한다는 것을 나에게 나타내는 것이다. 네가 너의 돈을 나의 손에 맡긴다면, 그것은 너의 생명도 나의 손에 맡길 수 있다는 것을 나타내는 것이다.**

창세 때부터 계속해서 믿음의 사람들은 자신이 가진 최고의 것을 하나님께 드림으로 하나님에 대한 신뢰와 사랑을 표현해왔습니다.

(창 4:3-4, 창 8:20, 창 22:9-14, 출 12:5, 레 22:21, 민 18:12) 성경은 그들이 바친 것을 첫 열매라고 하였습니다.(대하 31:5, 느 10:35-37) 그들은 하나님의 일이 성취되도록 하기 위해 하나님께 수확의 첫 열매와 가장 좋은 것을 바쳤습니다.(출 22:29-30, 출 23:19)

하나님은 우리의 돈 문제를 분명하게 집고 넘어가십니다. 그 이유는 돈이 우리의 생명을 형성할 만큼 귀한 것이라는 사실을 하나님 자신이 너무도 잘 알고 있기 때문입니다. 돈을 어디다 쓰는지를 보면 그 사람이 어떤 사람인줄 알 수 있습니다. **어떤 사람이 무엇을 신뢰하고 귀하게 생각하며 살아가는 사람인지는 그 사람이 돈을 어디에다 쓰는 지를 보면 금방 알 수 있습니다.**(마 6:21)

그렇기 때문에 하나님께서, "**네가 가진 돈으로 네가 나를 믿고 있다는 것을 증명해보아라.** 돈으로 네가 나를 귀하게 여긴다는 것을 증명해보아라. 돈으로 나를 귀하게 여기면 내가 너를 축복해줄 것이다." 라고 말씀하신 것입니다.

돈으로 하나님을 향한 헌신과 사랑을 표현하면, 다음과 같이 축복을 해주시겠다고 하나님께서 약속하셨습니다: 내가 하늘 문을 열고 너희에게 복을 쌓을 곳이 없도록 붓지 아니하나 보라.(말 3:10)

여러분이 하나님을 전적으로 신뢰하고 사랑한다는 것이 증명되면, 하나님께서는 자신의 일을 당신을 통해 이루시기 위해 당신에게 돈을 맡기십니다. 그렇기 때문에 하나님께서 너의 돈을 나에게 바침으로 나를 시험해봐라 라고 말씀하신 이유가 바로 거기에 있는 것입니다. 여러분이 정말로 그분에게 여러분의 귀한 돈을 바쳐서 그분에 대한 믿음과 사랑을 그분께 증명해보이면, 그분은 그 행위에 대한 보답을 당신에게 반드시 주십니다.

하나님의 사역을 위해 당신의 돈을 내어놓는다는 것은 당신의 마음이 하나님께 있다는 것을 증명해드리는 것입니다. 그것이 그런 이유는 사람이란 자신이 신뢰하고 귀하다고 생각하는 것에 돈을 쓰는 존재이기 때문입니다. **당신의 돈이 당신의 믿음이 어떠한지를 증명해주는 잣대입니다.**

하나님께서는 당신이 이 세상에서 살 동안만 갖고 있을 수 있는 돈, 당신이 귀하게 여기는 돈으로, 하나님이 당신이 믿는 것만큼 신실한 분이신지 아닌지를 시험해 볼 것을 요청하십니다. 그리고 여러분은 하나님께 돈을 바침으로 하나님이 당신의 영과 혼을 소유하고 계신 분이시라는 사실을 당신이 굳게 믿고 있다는 것을 하나님께 증명해 드릴 수 있습니다.(막 8:36-37)

그렇게 하면 그분은 우리가 그분에 대해 신뢰한 것 이상으로 우리를 신뢰하셔서 우리에게 자신이 참으로 존재하시는 신실한 하나님이시라는 것을 우리에게 물질을 풍요하게 주심으로 증명해 보여주십니다.

네 재물과 네 소산물의 처음 익은 열매로 여호와를 공경하라. 그리하면 네 창고가 가득히 차고 네 즙틀에 새 포도즙이 넘치리라.(잠 3:9-10)

하나님의 원칙은 당신이 그분께 최고의 것을 드림으로 그분에 대한 사랑과 믿음을 그분께 증명해 보임으로 그분이 당신에게 하신 약속의 말씀을 이루시는지에 대해 그분을 시험하면, 그분께서는 당신에게 반드시 풍요로움으로 응답하신다는 원칙입니다.

"**나를 시험해봐라. 나를 지금 시험해봐라.**" 라고 하나님께서 당신에게 지금 말씀하고 계십니다.

우리가 재정적으로 제일 힘들었을 때 하나님께서 나에게 그런 말씀을 하셨다는 사실에는 매우 중요한 의미가 담겨있습니다.

우리는 돈 문제로 제일 곤경을 겪고 있을 때 돈 문제에 대한 하나님의 원칙과 하나님의 계획 및 약속에 대한 것을 올바르게 이해할 수 있게 되었습니다.

하나님께서 우리에게 하신 말씀의 요지는 "내가 너를 풍요롭게 만들어주는지 아닌지를 네가 가진 돈으로 시험해보라." 는 것이었습니다.

하나님의 그 음성을 들은 이후로, **나는 하나님의 시각으로 돈을 바라 볼 수 있게 되었습니다.** 그리고 그 이후부터 나는 나의 이러한 돈에 대한 깨달음을 기회가 있을 때마다 사람들에게 이야기해주고 있습니다.

어떤 사람들은 우리가 돈에 대해 말하고 돈에 대해 글을 쓴다고 우리에 대해 비판의 말을 합니다. 그러나 **그렇게 말하는 사람들은 돈을 너무도 사랑하기 때문에**(딤전 6:10), **돈을 하나님께 바치기를 몹시 꺼려하는 사람들이 거의 대부분입니다.** 그리고 그런 사람들 중 일부는 돈에 대해 교회의 전통적인 견해를 고수하고 있는 사람들입니다. 또한 그들 중 대부분은 복음을 사람들에게 전하고자하는 열정이 없는 사람들입니다. 복음을 전 세계에 있는 사람들에게 다 전하려면 엄청나게 많은 돈이 필요합니다.

하나님께서는 돈으로 자신의 하나님에 대한 신뢰와 사랑을 표현하고, 돈으로 하나님을 시험한 사람들에게만 재정적인 풍요를 내려주는 기적을 허락해주심으로 자신이 하신 약속을 실현하십니다. 성경 말씀대로, 믿음은 들음에서 나며 들음은 그리스도의 말씀으로 말미암습니다.(롬 10:17)

이런 깨달음이 있은 이후로 **나는 사람들에게 돈과 재물과 풍요와 번영에 관한 하나님의 약속에 관해 사람들에게 시리즈 형식으로 가르치기 시작하였습니다.** 내가 그렇게 한 것은 그리스도인들이 돈에 대한 전통적 시각을 버리고 하나님의 시각을 갖게 되기를 원했기 때문입니다.

사람들은 돈에 대한 하나님의 마음과 하나님이 주시는 물질 축복에 대해 바른 가르침을 받아야합니다. 그래야 그들이 믿음을 바르게 사용할 수 있습니다.

하나의 재물에 대한 가르침은 다음과 같습니다.

돈을 사랑함이 일만 악의 뿌리가 되나니, 이것을 탐내는 자들은 미혹을 받아 믿음에서 떠나 많은 근심으로써 자기를 찔렀도다.(딤전 6:10)

네 하나님 여호와를 기억하라 그가 네게 재물 얻을 능력을 주셨음이라. 이같이 하심은 네 조상들에게 맹세하신 언약을 오늘과 같이 이루려 하심이니라.(신 8:18)

어떤 사람에게든지 하나님이 재물과 부요를 그에게 주사 능히 누리게 하시며 제 몫을 받아 수고함으로 즐거워하게 하신 것은 하나님의 선물이라.(전 5:19)

나의 의를 즐거워하는 자들이 기꺼이 노래 부르고 즐거워하게 하시며 그의 종의 평안함을 기뻐하시는 여호와는 위대하시다 하는 말을 그들이 항상 말하게 하소서.(시 35:27)

사랑하는 자여 네 영혼이 잘됨 같이 네가 범사에 잘되고 강건하기를 내가 간구하노라.(요삼 1:2)

하나님께서 말씀하시는 바는 이것입니다: "너의 돈을 나에게 갖고 와서 나를 시험해보아라. 그렇게 하면 내가 하늘 문을 열어 네가 추수한 것보다 더 많은 것을 주고, 너의 창고가 넘치게 해주겠다."

하나님께서 나에게 돈으로 그분을 시험해보라는 말씀을 하심으로 인해, 나는 그분의 풍요로움에 대한 약속을 바로 바라 볼 수 있게 되었습니다.
그리고 나는 하나님의 약속 이행으로 인해 우리가 받게 된 재물의 풍요로움의 축복을 복음 전도에 씀으로 복음 전도에 대한 그리스도의 대임 명령을 수행 할 수 있게 된다는 사실을 깨달을 수 있게 되었습니다.
하나님께서 우리에게 하신 세 가지 약속을 적어보겠습니다. 이 세 가지의 약속들은 복음 전도를 그리스도인의 최우선 사명으로 삼고 있는 그리스도인이라면 누구에게나 적용되는 약속입니다.

1) 너의 영적, 육적, 재정적인 필요가 모두 채워지도록 해주겠다.

2) 네가 나에게 바친 돈이 복음 전도를 위한 돈으로 쓰일 때마다 잃어버린 영혼들이 구원을 얻게 된다.
3) 너에게 재물 축복을 주겠다. 그 재물 축복을 영혼 구원을 하는 데 다시 써라.

당신이 당신의 첫 열매(수확, 소득)를 하나님께 드림으로 하나님에 대한 당신의 사랑을 보여드리면, 하나님은 당신의 창고가 넘치게 해주시겠다고 약속하셨습니다.(시 3:9-10) 매 주일 하나님께 드릴 첫 열매를 따로 떼어 놓으십시오. 당신이 얻은 소득으로 집세 전기세를 내기 전에 먼저 하나님께 드릴 부분을 먼저 떼어놓으십시오. 이것을 통해 당신은 하나님이 당신의 삶에 가장 중요한 부분임을 증명하는 것이고 하나님의 축복을 시험하는 것입니다.

당신의 첫 열매를 하나님께 드림으로 하나님을 제일로 여겨야, 당신은 하나님께서 약속하신 재물 축복을 당당하게 받아낼 수 있습니다.

그분께서 하신 돈에 관한 약속을 지키시는 지를 시험해보십시오. *그가 말씀하신 대로 그의 백성 이스라엘에게 태평을 주셨으니 그 종 모세를 통하여 무릇 말씀하신 그 모든 좋은 약속이 하나도 이루어지지 아니함이 없도다.*(왕상 8:56)

제 22 장

번영에 대한 약속

하나님께서는 여자와 남자를 창조하여서 그들로 하여금 좋은 인생을 살 수 있도록 하셨습니다.

그분께서는 인간들이 죄를 짓고 죄책감에 눌려서 살고, 병에 걸려서 고통받으며 살고, 실패와 가난 속에 허덕이며 살도록 하기 위해 인간을 창조하신 것이 아닙니다. 그렇게 사는 것은 하나님의 뜻이 아닙니다.

성경 전체에 걸쳐 나타나고 있는 하나님의 인간을 향한 계획은 인간의 영과 혼과 육이 모두 온전하고도 완전한 구원을 받는 것입니다.

좋은 인생은 하나님만이 주실 수 있는 풍요로운 인생입니다. 그러한 인생은 예수 그리스도를 통해서 하나님께서 우리에게 은혜와 자비를 베푸실 때 우리에게 주어지는 인생으로서, 우리가 소망하고 바라는 모든 축복과 공급이 흘러넘치도록 채워지는 인생입니다. 우리가 그리스도를 우리 삶의 주인으로 받아드리고 생각과 말과 행동을 통해 그분을 공경하고 섬기는 한, 우리는 그분이 주시는 좋은 인생을 살 수 있습니다. 그리고 이를 통해 우리는 하나님으로부터 받는 영적, 육적, 물질적 축복에 대한 바른 견해를 가질 수 있게 됩니다.

날마다 우리 짐을 지시는 주 곧 우리의 구원이신 하나님을 찬송할지로다.(시 68:19)

그리스도를 믿는 사람들을 향한 하나님의 뜻이 무엇인지에 대한 이해를 그 어느 누구보다 잘 하고 있었던 예수의 사랑받는 사도 요한은 이런 말을 하였습니다.

사랑하는 자여 네 영혼이 잘됨 같이 네가 범사에 잘되고 강건하기를 내가 간구하노라.(요삼 1:2)

여기서 범사가 잘된다 는 말에서 잘된다 (prosper)는 그리이스 원어로 재정적으로 풍요로워진다는 뜻이 포함되어 있습니다.
하나님으로부터 재물의 축복을 받기위해서 당신은 다음과 같은 두 가지 조건을 만족 시킬 수 있어야 합니다.

1) 하나님의 나를 위한 뜻은 내가 재정적으로 풍요로워지는 것이라는 사실에 대한 믿음.
2) 하나님의 선한 청지기로서의 책임을 잘 감당함.(고전 4:2, 눅 16:1-2, 눅 16:8-11, 벧전 4:10, 딤전 6:17-18)

사도 요한의 말에 따르면 하나님은 당신이 1) 재정적인 면에서 2) 육체적 면에서 3) 영적인 면에서 모두 번영을 누리는 사람이 되기를 원하시는 분이심이 확실합니다.

이 세상에 존재하는 모든 부는 하나님에 의해 창조된 것입니다. 금, 은, 유전, 광물, 보석, 들판, 가축, 이 모든 것들이 우리의 아버지 되시는 하나님께서 이 세상에 두신 것들입니다.(출19:5, 레 25:23, 시 50:10-11, 학 2:8)

우리는 단지 하나님이 이 세상에 두신 부를 잘 관리해야하는 청지기일 뿐입니다. 재물의 소유자는 우리의 아버지이신 하나님이십니다. 그분이 자신의 소유를 그분 계획대로 쓰실 수 있도록 허락해야합니다. 하나님께서 잠시 동안 그 부의 일부를 우리의 손에 맡긴 것뿐입니다. 그러므로 우리 손에 재물이 들어왔을 때, 우리는 그 재물을 하나님의 영광을 위해 써야 옳습니다.

그리스도인으로서 당신이 알아야할 돈에 대한 2가지 기본적인 사실은 다음과 같습니다.

1) 당신의 아버지가 이 지구에 있는 모든 부들을 창조하셨습니다. 그 부들은 그분의 것입니다. 만일 당신이 이러한 사실을 인정하고 믿음으로 부에 대한 약속을 받아들이면, 그분은 그 부를 자신의 사역을 위해 쓰기 위하여 당신의 손에 맡길 수 있으시고 또한 맡기실 것입니다.

2) 당신의 아버지는 자신의 사역과 영광을 위하여 당신에게 재정적인 부요를 허락하시길 원하십니다. 병이 마귀로부터 왔듯이 가난도 마귀로부터 왔습니다. 왜냐하면 가난과 질병 모두가 하나

님이 당신에게 주시길 원하시는 전도의 삶과 번영의 삶을 빼앗아 가기 때문입니다.

돈에 대한 위의 2가지 기본적인 사실을 믿고 받아들이느냐 마느냐에 따라 당신의 삶이 결정 납니다.

하나님은 당신의 키 높이를 정확하게 알고 계십니다.(눅 12:25) 그분은 당신의 머리카락의 숫자가 몇 개인지를 정확하게 알고 계십니다.(마 10:30) 그분은 이 세상에 있는 참새의 숫자도 정확하게 알고 계십니다.(눅 12:6) 하나님은 당신이 무엇이 필요한지에 대해서 알고 계시고, 당신이 필요한 것을 채워주기를 원하십니다. (시 31:19, 사 64:4, 빌 4:19) 하나님은 들에 핀 백합화와 공중에 나는 새들도 먹이시고 입혀주십니다.(눅 12:27-28) 그분은 당신이 풍요로운 인생을 살기를 원하십니다.(요 10:10)

하나님은 당신이 구원받고 축복받아 건강하고 행복한 삶, 성공하고 번영하는 삶, 지혜로운 삶을 살기를 원하십니다. 만일 하나님께서 여러분이 물질 축복의 삶을 살게 되는 것이 좋지 않다고 생각하셨다면, 이 세상에 부를 창조하지 않으셨을 것이고 부에 대한 약속도 하지 않으셨을 것입니다.

이 세상에 부가 가득하다는 것은 우리의 하늘 아버지께서 우리가 그것을 누리고 살기를 원하신다는 사실을 단적으로 말해주고 있습니다. 우리가 필요하고 소원할 때 넉넉히 갖다 쓰라고 이 세상에 온갖 보화들을 가득 창조해 놓으신 것입니다.

여러분, 자신의 자녀가 번영하는 삶, 복된 삶을 사는 것을 원하지 않는 부모를 보신 적이 있습니까? 하늘에 계신 우리의 하늘 아버지가 세상의 부모들 보다 못한 부모일 수가 있단 말입니까?

> 너희가 악한 자라도 좋은 것으로 자식에게 줄 줄 알거든 하물며 하늘에 계신 너희 아버지께서 구하는 자에게 좋은 것으로 주시지 않겠느냐?(마 7:11)

기독교의 어떤 잘못된 전통들은 하나님께서는 자신의 자녀들이 겸손해지고 거룩해지도록 하기위해서, 가난하고, 무능하고, 실패하고, 짓눌리고, 슬퍼하며 사는 것이 하나님의 뜻이라고 가르칩니다. 여러분, 겸손에 머물고, 거룩함이 지속되기 위해, 가난해져야 합니까? 죄를 안 짓고 살기 위해 무능해져야 합니까? 거만하지 않고 하나님께 반항하지 않는 삶을 살기 위해 우리가 병에 걸려야만 하고 실패하며 살아야만 합니까? 우리를 겸손하게 하고, 순종하게 하고, 인내하도록 하기 위해, 우리에게 육체적 고통과 가난의 고통을 가하는 하나님이 정말로 우리가 믿는 좋은 아버지 하나님이란 말입니까?

많은 그리스도인들이 하나님에 대해 잘못알고 있습니다. 우리는 그분이 이 세상에 두신 부의 극히 일부 밖에는 소유하지 않고 있습니다. 나는 이 장을 통해, 여러분들이 하나님의 공급과 부요함을 넉넉하게 받게 되는 발판이 마련되었으면 합니다.

성경은 하나님께서 인간을 죄와 죄의 속성으로부터 구원하신 후에 영의 자유와 육의 풍요를 주신다고 약속하고 있습니다. 그분이 우리에게 공급해주시겠다고 약속하신 것에는 육체의 건강 뿐 아니라 재물의 부요함과 세상에서의 성공도 포함되어 있습니다. 그리스도인이 하나님이 이 세상에 두신 엄청난 량의 부를 갖다 쓰는 것에는 제한이 있을 수 없습니다.

지구에 있는 모든 부요함들은 하늘 아버지가 창조하신 것들입니다. 그러므로 그것들은 좋은 것입니다. 그분이 그것들을 이 세상에 만드신 이유는 불신자들이 그것들을 독점하도록 하기 위해서가 아니라, 그분의 자녀들이 그것들로 인해 물질적 풍요로움을 누리도록 하기 위해서입니다.

돈과 물질의 풍요는 하나님이 자기의 자녀들을 위해 내리시는 하나님 아버지의 축복입니다. 그러므로 하나님의 자녀들은 복음을 세상 사람들에게 전파하는 것에 하나님이 주신 재물의 축복을 쓰는 것을 삶의 우선순위에서 첫 번째로 놓아야합니다.

성경은 인간의 행복과 풍요로움과 기쁨은 선하고 좋은 것이라고 말하고 있습니다.

하나님이 좋으신 분인 것은 그분께서 여러분이 이 세상에서 살 때에 행복하고 풍요로운 삶을 살기를 원하시는 하나님이기 때문입니다.

하나님이 주시는 풍요의 축복을 받아 누리려면 그분의 말씀을 청종해야합니다. 그래야 그분으로 인해 우리의 소산이 많아지게 되고, 그 많은 소산들을 충분히 누리며 살 수 있게 됩니다.

네가 네 하나님 여호와의 말씀을 삼가 듣고 내가 오늘 네게 명령하는 그의 모든 명령을 지켜 행하면 네 하나님 여호와께서 너를 세계 모든 민족 위에 뛰어나게 하실 것이라. 여호와께서 네게 주리라고 네 조상들에게 맹세하신 땅에서 네게 복을 주사 네 몸의 소생과 가축의 새끼와 토지의 소산을 많게 하시며 (신 28:1, 11)

예수님께서는 천국과 지옥에 대해 말씀하신 적보다, 돈에 대해 말씀하신 적이 더 많다는 사실은 참 놀랍습니다.

하나님께서는 우리에게 좋은 인생, 풍요로움 인생을 살 수 있도록 해주시겠다고 약속하셨습니다.

예수님은 우리에게 풍요로운 삶을 주시기 위해 이 세상에 오셨습니다.

도둑이 오는 것은 도둑질하고 죽이고 멸망시키려는 것뿐이요 내가 온 것은 양으로 생명을 얻게 하고 더 풍성히 얻게 하려는 것이라.(요 10:10)

종교적인 것에 집착하는 기독교인들은 그 동안 하나님께서 인간들에게 하신 물질 번영에 대한 약속들을 많이 놓치고 있었습니다. 그 결과 하나님의 뜻을 세상 끝까지 펼쳐나가는 데 많은 제약을 받았습니다. 우리의 삶의 최우선 순위는 예수 그리스도의 복음을 세상에 있는 모든 사람들에게 다 전하는 것이어야 합니다. 그렇게 하기 위해서는 돈이 있어야합니다. 하나님은 그러한 일이 성취되도록 하기 위해, 이 세상에 있는 재물들을 우리 그리스도인들이 차지하기를 원하십니다.

어떤 사람에게든지 하나님이 재물과 부요를 주사 능히 누리게 하시며 분복을 받아 수고함으로 즐거워하게 하신 것은 하나님의 선물이라.(전 5:19)

여호와를 경외하며 그의 계명을 크게 즐거워하는 자는 복이 있도다. 여호와를 찬송하라. 부와 재물이 그의 집에 있음이여, 그의 공의가 영구히 서 있으리로다.(시 112:1, 3)

그의 종의 평안함을 기뻐하시는 여호와는 위대하시다 하는 말을 그들이 항상 말하게 하소서.(시 35:27)

위의 성경 구절에서 하나님이 그의 종의 평안함을 기뻐한다는 말은 하나님은 우리가 물질적인 번영을 누리시기를 기뻐하신다는 말입니다.

여호와 하나님은 해요 방패이시라. 여호와께서 은혜와 영화를 주시며 정직하게 행하는 자에게 좋은 것을 아끼지 아니하실 것임이니이다.(시 84:11)

이는 나를 사랑하는 자가 재물을 얻어서 그 곳간에 채우게 하려 함이니라.(잠 8:21)

오직 강하고 극히 담대하여 나의 종 모세가 네게 명령한 그 율법을 다 지켜 행하고 우로나 좌로나 치우치지 말라. 그리하면 어디로 가든지 형통하리니 (수 1:7)

그런즉 너희는 이 언약의 말씀을 지켜 행하라. 그리하면 너희가 하는 모든 일이 형통하리라.(신 29:9)

네 하나님 여호와의 명령을 지켜 그 길로 행하여 그 법률과 계명과 율례와 증거를 모세의 율법에 기록된 대로 지키라. 그리하면 네가 무엇을 하든지 어디로 가든지 형통할지라.(왕상 2:3)

여호와께서 네게 주리라고 네 조상들에게 맹세하신 땅에서 네게 복을 주사 네 몸의 소생과 가축의 새끼와 토지의 소산을 많게 하시며(신 28:11)

여호와께서 주시는 복은 사람을 부하게 하고 근심을 겸하여 주지 아니하시느니라.(잠 10:22)

여호와는 나의 목자시니 내게 부족함이 없으리로다.(시 23:1)

젊은 사자는 궁핍하여 주릴지라도 여호와를 찾는 자는 모든 좋은 것에 부족함이 없으리로다.(시 34:10)

날마다 우리 짐을 지시는 주 곧 우리의 구원이신 하나님을 찬송할지로다.(시 68:19)

그런즉 너희는 먼저 그의 나라와 그의 의를 구하라. 그리하면 이 모든 것을 너희에게 더하시리라.(마 6:33)

이 율법 책을 네 입에서 떠나지 말게 하며 주야로 그것을 묵상하여 그 안에 기록된 대로 다 지켜 행하라. 그리하면 네 길이 평탄하게 될 것이며 네가 형통하리라.(수 1:5-9)

여호와께서 네게 주리라고 네 조상들에게 맹세하신 땅에서 네게 복을 주사 네 몸의 소생과 가축의 새끼와 토지의 소산을 많게 하시며, 여호와께서 너를 위하여 하늘의 아름다운 보고를 여시사 네 땅에 때를 따라 비를 내리시고 네 손으로 하는 모든 일에 복을 주시리니(신 28:11-12)

너희는 먹되 풍족히 먹고 너희에게 놀라운 일을 행하신 너희 하나님 여호와의 이름을 찬송할 것이라. 내 백성이 영원히 수치를 당하지 아니하리로다.(욜 2:26)

또한 어떤 사람에게든지 하나님이 재물과 부요를 그에게 주사 능히 누리게 하시며 제 몫을 받아 수고함으로 즐거워하게 하신 것은 하나님의 선물이라.(전 5:19)

나의 의를 즐거워하는 자들이 기꺼이 노래 부르고 즐거워하게 하시며 그의 종의 평안함을 기뻐하시는 여호와는 위대하시다 하는 말을 그들이 항상 말하게 하소서.(시 35:27)

여호와를 찬송하라, 부와 재물이 그의 집에 있음이여 그의 공의가 영구히 서 있으리로다.(시 112:1, 3)

진실로 생명의 원천이 주께 있사오니 주의 빛 안에서 우리가 빛을 보리이다.(시 36:9)

여호와는 가난하게도 하시고 부하게도 하시며 낮추기도 하시고 높이기도 하시는도다.(삼상 2:7)

부와 귀가 주께로 말미암고 (대상 29:12)

주께서 지혜로 그들을 다 지으셨으니 주께서 지으신 것들이 땅에 가득하니이다.(시 104:24)

너희는 너희 하나님 여호와를 신뢰하라. 그리하면 견고히 서리라. 그의 선지자들을 신뢰하라. 그리하면 형통하리라.(대하 20:20)

나를 사랑하는 자들이 나의 사랑을 입으며 나를 간절히 찾는 자가 나를 만날 것이니라. 부귀가 내게 있고 장구한 재물과 공의도 그러하니라.(잠 8:17-18)

다음에 있는 말씀들처럼, 이 세상에 있는 금과 은이 다 하나님의 것입니다.

은도 내 것이요 금도 내 것이니라. 만군의 여호와의 말이니라. (학 2:8)

세계가 다 내게 속하였나니, 너희가 내 말을 잘 듣고 내 언약을 지키면 너희는 모든 민족 중에서 내 소유가 되겠고(출 19:5)

토지를 영구히 팔지 말 것은 토지는 다 내 것임이니라.(레 25:23)

이는 삼림의 짐승들과 뭇 산의 가축이 다 내 것이며(시 50:10)

성경 말씀을 볼 때, 그분의 자녀들에 대한 그분의 뜻은 번영임이 분명합니다.

네 하나님 여호와께서 너를 아름다운 땅에 이르게 하시나니 그곳은 골짜기든지 산지든지 시내와 분천과 샘이 흐르고 밀과 보리의 소산지요 포도와 무화과와 석류와 감람나무와 꿀의 소산지라. 네가 먹을 것에 모자람이 없고 네게 아무 부족함이 없는 땅이며 그 땅의 돌은 철이요 산에서는 동을 캘 것이라. 네가 먹어서 배부르고 네 하나님 여호와께서 옥토를 네게 주셨음으로 말미암아 그를 찬송하리라.(신 8:7-13)

하나님께서는 우리가 우리의 기술과 재주로 또는 사업을 잘해서 부하게 되었다고 생각하는 것에 대해 경고하는 말씀을 하셨습니다.

내가 오늘 네게 명하는 여호와의 명령과 법도와 규례를 지키지 아니하고 네 하나님 여호와를 잊어버리지 않도록 삼갈지어다. 그러나 네가 마음에 이르기를 내 능력과 내 손의 힘으로 내가 이 재물을 얻었다 말할 것이라.(신 8:11, 17)

재물 얻는 것에 대한 하나님의 다음과 같은 명령을 꼭 기억하십시오.

네 하나님 여호와를 기억하라 그가 네게 재물 얻을 능력을 주셨음이라. 이같이 하심은 네 조상들에게 맹세하신 언약을 오늘과 같이 이루려 하심이니라.(신 8:18)

네 재물과 네 소산물의 처음 익은 열매로 여호와를 공경하라 그리하면 네 창고가 가득히 차고 네 포도즙 틀에 새 포도즙이 넘치리라.(잠 3:9-10)

하나님께서는 소득의 십분의 일을 바치라고 명령하셨습니다.

만군의 여호와가 이르노라 너희의 온전한 십일조를 창고에 들여 나의 집에 양식이 있게 하고 그것으로 나를 시험하여 내가 하늘 문을 열고 너희에게 복을 쌓을 곳이 없도록 붓지 아니하나 보라. (말 3:10)

예수님께서는 다음과 같은 말씀들을 하셨습니다.

예수께서 이르시되 내가 진실로 너희에게 이르노니 나와 복음을 위하여 집이나 형제나 자매나 어머니나 아버지나 자식이나 전토를 버린 자는 현세에 있어 집과 형제와 자매와 어머니와 자식과 전토를 백 배나 받되 박해를 겸하여 받고 내세에 영생을 받지 못할 자가 없느니라.(막 10:29-30)

주라 그리하면 너희에게 줄 것이니 곧 후히 되어 누르고 흔들어

넘치도록 하여 너희에게 안겨 주리라. 너희가 헤아리는 그 헤아림으로 너희도 헤아림을 도로 받을 것이니라.(눅 6:38)

지금까지는 너희가 내 이름으로 아무 것도 구하지 아니하였으나 구하라 그리하면 받으리니 너희 기쁨이 충만하리라.(요 16:24)

하나님의 약속은 얼마든지 그리스도 안에서 예가 되나니(고후 1:20)

하나님께서는 모든 것을 넘치게 만드셨습니다. 그리고 그것들 가운데 우리들을 두셨습니다. 그분은 부자이십니다. 우리가 그리스도를 받아드리면 그분이 만드신 부요한 것들도 받아들이는 것입니다. 그분은 우리가 그분의 풍요-영적 풍요, 물질적 풍요 그리고 건강의 풍요-를 누리기를 원하십니다.

성경에는 하나님께서는 그분의 자녀들이 번영하기를 원하신다는 구절들과 마음의 동기가 올바른 한, 재물의 축복을 받게 된다는 구절들이 많이 있습니다.

심는 자에게 씨와 먹을 양식을 주시는 이가 너희 심을 것을 주사 풍성하게 하시고 너희 의의 열매를 더하게 하시리니, 너희가 모든 일에 넉넉하여 너그럽게 연보를 함은 그들이 우리로 말미암아 하나님께 감사하게 하는 것이라.(고후 9:10-11)

나의 하나님이 그리스도 예수 안에서 영광 가운데 그 풍성한 대로 너희 모든 쓸 것을 채우시리라.(빌 4:19)

하나님께서 우리의 쓸 모든 것을 공급해주시는 분이시라면, 그분은 분명히 우리에게 돈도 공급해 주실 것입니다. 여러분이 하나님의 뜻을 펼쳐나가기 위해서 그리고 여러분의 삶을 영위해나가기 위해서 여러분은 반드시 돈이 필요합니다. 나는 여러분들 모두가 하나님의 영의 축복과 건강의 축복만이 아니라 그분이 주시는 재정의 축복까지 받아 누렸으면 정말로 좋겠습니다.

하나님은 좋으신 분이십니다. 그리고 그분은 자신의 좋으심을 우리에게 나타내 보이시고 싶어 하시는 분이십니다. *내가 기쁨으로 그들에게 복을 주되 분명히 나의 마음과 정성을 다하여 그들을 이 땅에 심으리라.*(렘 32:41)

우리가 믿는 하나님은 마음이 매우 넓으신 분이십니다.

제 23 장

돈에 대한 하나님의 태도

하나님께서 이 세상에서 이루시고자 하시는 여러 가지 계획들 중에 가장 중요한 계획은 모든 피조물(every creature)들이 복음을 받아들이는 것입니다. 하나님의 이러한 계획이 달성할 수 있도록 하기위해서는 돈은 악이라고 생각하고 가난은 거룩한 것이라고 믿는 종교적인 전통에 기인한 잘못된 생각들을 버려야합니다.

돈은 악이 아닙니다. 성경은 돈을 사랑하는 것은 모든 악의 뿌리가 된다고 말하고 있지 돈이 악이라고 말하고 있지는 않습니다. (딤전 6:10)

부와 재물은 하나님의 선물입니다.(전 5:19)

예수님께서는 우리가 만일 하나님 나라를 구하는 삶을 최우선으로 놓고 살면 여러 가지 필요한 것들을 우리에게 주시겠다고 말씀하셨습니다.(마 6:33)

여러분들도 잘 아시듯이, 만일 우리가 그분을 섬기고 그분의 뜻을 펼쳐나가는 삶을 살면 그분은 우리의 필요가 채워지도록 해주십니다.

바울은 그리스도인들에게 그리스도 영광 안에서 그리스도에 의해 그리스도의 부가 충분하게 공급되게 되어 부족한 것을 모르고 살아가게 되기를 원한다고 하였습니다.(빌 4:19)

하나님 안에서 의롭게 살아가는 사람들은 이미 얻은 좋을 것들을 빼앗기는 일이 없습니다.(시 84:11)

예수님께서는 우리가 얻기를 바라고 기도한 것은 받은 줄로 믿으면 받게 된다고 하셨습니다.(마 11:24)

여러분의 필요가 충족되기 위해서는 돈이 필요합니다. 하나님께서는 여러분의 필요가 다 충족되도록 해주겠다고 말씀하셨습니다. 그 말은 하나님께서 여러분이 돈을 갖게 되는데 도움을 주시겠다는 말입니다. 그분이 과거에 어떻게 그렇게 하셨는지에 대해서는 성경에 기록되어 있습니다. 과거에 그렇게 하셨던 그분은 오늘날도 그렇게 하십니다.

성경은 하나님은 변하지 않으시는 분이시라고 가르치고 있습니다. (말 3:6) 그분은 위대하신 분이십니다.(출 3:14-15) 예수님은 어제나 오늘이나 영원토록 한결같으신 분이십니다.(히 13:8)

만일 당신이 우리의 기도 요청서를 우편으로 받고 계시는 분이시라면 우리 사역에 들어가야 필요들이 얼마나 되는지에 대해 잘 알고 계실 것입니다. 그러한 필요들을 채우기 위해서는 돈이 필요합니다.

세계 여러 곳으로부터 사람들이 우리에게 편지를 써서 하나님께서 그들에게 돈을 주셔서 각종 세금을 낼 수 있게 되고, 차를 살 수 있게 되고, 집을 살 수 있게 되고, 방값을 낼 수 있게 되도록 기도해 달라는 기도요청들을 하고 있습니다. 그들이 원하는 것은 직업을 갖는 것이고, 더 좋은 옷을 입는 것이고, 더 좋은 사업을 하게 되는 것입니다.

어떤 곳으로 가기 위해서는 차비와 숙박비가 필요합니다. 사업을 시작하고 사업체를 세우려면 자금이 필요합니다. 집이나 차가 고장 나면 수리비가 듭니다.

그래서 여러 사람들이 우리에게 기도를 요청하는 편지를 씁니다. 그 편지에는 하나님께서 그들이 필요로 하는 것이 채워지도록 재정적인 면에서 하나님으로부터 공급이 올 수 있도록 기도해달라는 내용이 담겨져 있습니다. 그들은 약값이 필요합니다. 소, 양, 돼지와 같은 것들을 살 돈이 필요합니다. 농사를 짓기 위해 씨를 살 돈이 필요합니다. 씨가 잘 자라도록 하기위해 농기구와 비료를 살 돈이 필요합니다. 고장 난 장비들을 고치고 새로운 사업을 시작하기 위해, 다른 곳으로 이사하기 위해 돈이 필요합니다. 기차를 타려고 해도, 차에 기름을 넣기 위해서도 돈이 필요합니다. 이 외에도 돈이 있어야 해결되는 것들이 수없이 많이 있습니다.

그래서 사람들이 우리에게 기도 요청을 하는 것입니다. 우리는 기도 요청하는 편지들을 하루에도 매우 여러 통을 많이 받는데, 이것은 하나님이 필요를 채워달라는 우리의 기도에 응답하신다는 증거입니다. 성경에는 기도의 응답이 기적이라고 할 수 밖에 없는 경우가 매우 많이 기록되어 있습니다.(렘 32:17, 27, 눅 18:27)

영적인 필요가 채워지는 것에는 돈이 들지 않아도, 그 외의 필요가 채워지는 데에는 돈이 듭니다. 물건을 사려면 돈이 필요합니다. 하나님께서 이 세상에 각종의 것들을 창조하신 이유는 불신자들이 그것들을 독점하도록 하기 위해서가 아니라, 그분의 뜻을 행하는 그분의 자녀들이 번영된 삶을 누리도록 하기 위해서입니다. 하나님은 당신의 필요에 관심이 많으신 분이십니다.

성경에는 재정과 재물의 번영에 관한 긍정적인 기록들이 매우 많습니다. 그러나 교회는 그동안 성경에서 재정과 재물에 대해 부정적인 측면만을 강조하여왔습니다. 가령 다음과 같은 말들이 그렇습니다.

돈을 사랑하는 것이 모든 악의 뿌리다.(딤전 6:10)
은을 사랑하는 사람은 은으로 만족함을 얻지 못한다.(전 5:10)
재물을 의지하는 사람이 천국에 들어가기 힘들다.(막 10:24)
부자 청년이 예수가 하는 말을 듣고 근심하며 돌아갔는데, 그 이유는 그가 매우 부자였기 때문이었다.(눅 18:23)
재물을 의지하는 사람은 패망할 것이다.(잠 11:28)
부자가 되려고 하는 자들은 유혹에 쉽게 빠지고, 결국은 상처를 준다.(딤전 6:9)
부자들은 재물의 유혹에 약하다.(마 13:22)

이러한 성경 구절들은 재물에 대한 부정적 측면을 강조하고 있습니다. 우리는 성경의 재물에 대한 부정적인 가르침을 받아들여 재물에 대해 매우 조심스러운 태도를 지녀온 것이 사실입니다.

그러나 우리는 궁극적으로 돈에 대한 하나님의 시각을 갖고 살아가야합니다. 그렇게 되도록 하기 위해서는 돈 자체는 악이 아니라는 사실을 잘 알고 있어야합니다. 돈을 사랑하는 마음이 모든 악들의 뿌리이지, 돈 자체는 악이 아닙니다.

하나님은 자기의 백성들이 가난하게 사는 것도 원하지 않으시지만, 이 세상의 것들에 마음을 두고 사는 것도 원하지 않으십니다.(골 3:1-2, 요일 2:15)

성경은 우리에게 재물을 신뢰하지 말라고 합니다.(딤전 6:6-7, 17) 재물이 증가해도 거기에 마음을 두지 말라고 합니다.(시 62:10) 예수님께서는 부자가 하나님 나라에 들어가기가 얼마나 어려운지에 대해 말씀하셨습니다.(막 10:24) 우리는 돈을 의지하지 말고 하나님을 의지해야합니다.(시 37:3, 시 73:28, 시 91:2, 시 115:11-12, 잠 3:5)

우리가 재물을 의지하면 (시 20:7), 하나님을 의지하지 않게 됩니다. 재물은 쉽게 없어져 버리는 것이기 때문에, 재물을 의지하는 사람의 생각은 왜곡된 생각일 수밖에 없습니다.

이러한 점을 크게 생각한 아씨씨의 성 프란시스(Saint Francis of Assisi)는 평생 가난하게 살기로 마음먹고, 자신이 가난하게 살아가는 모습을 사람들에게 보여주었습니다. 그가 살았던 시대는 거들먹거리며 돈으로 가난한 사람들을 짓누르는 부자들이 많이 있었던 시대였습니다. 그래서 성 프란시스는 평생을 가난하게 삶으로 세상에 대해 재물보다 더 귀한 것이 있다는 것을 알려주며 살겠다고 하나님께 맹세하였던 것입니다. 그리고 그는 그의 그러한 삶으로 세상에 큰 영향을 끼쳤습니다.

하나님께서는 성 프란시스에게 그렇게 살라고 말씀하신 적이 없으셨습니다. 프란시스 자신이 하나님을 지극히 사랑한 나머지 그렇게 살겠다고 스스로 결정을 내린 것입니다.

야고보가 말했듯이, 만일 여러분이 돈을 추구하는 목적이 탐욕, 육욕과 시기심으로 인해 재물을 많이 얻고 싶어 한다면, 여러분은 그러한 잘못된 동기로 인해 결국은 눈물을 흘리며 울부짖게 되는 일이 당신에게 일어나게 될 것입니다. 당신의 재물은 썩게 될 것이고, 당신이 입은 좋은 옷은 좀먹게 될 것입니다. 당신이 가진 금과 은이 녹슬게 되고, 해충이 그것들을 먹어치우게 될 것입니다. 그리고 그 해충이 여러분의 살까지도 먹게 될 것입니다.(약 5:1-3)

그리스도께서는 어느 부자에 대해 말하면서, 그 사람은 하나님을 위해 재물을 하늘에 쌓아두지 않은 어리석은 자라고 말씀하셨고, 만일 오늘 하나님이 그 사람의 목숨을 취해가신다면, 그 사람이 쌓아둔 재물이 그 사람에게 무슨 소용이 있겠느냐고 말씀하셨습니다.(눅 12:20-21)

어떤 사람들은 재물이 많아졌다고 하나님을 떠납니다. 이런 사람들은 돈과 하나님에 대한 생각이 잘못된 사람들입니다. 그런 식으로 하나님을 믿는 사람들은 상황이 바뀌게 되면 하나님을 떠나게 될 사람들입니다. 그러나 일부의 그리스도인들이 돈이 많아지자 하나님을 버렸다고, 그리스도인 모두가 하나님이 우리에게 주신 사랑과 재물을 버려야 합니까?

재물이 많았기 때문에 하나님을 멀리한 사람들이 성경에 자주 등장합니다.(신 21:20, 잠 23:1-2, 21, 빌 3:18-19, 눅 12:19-20) 사치한 옷을 입고 하나님을 대적하는 사람들도 등장합니다.(눅 16:19, 삼상 16:7, 벧전 3:3-4, 요 7:24) 좋은 차를 가졌다고 좋은 옷을 입었다고 자랑해서는 안 됩니다. 또한 좋은 음식, 좋은 옷, 좋은 차, 좋은 집을 가진 사람은 하나님을 의지하지 않는 사람이라고 봐서도 안 됩니다.

재산을 많이 갖고 있는 것이 어떤 사람들에게 악영향을 주기 때문에 재물은 악한 것이라고 주장하는 것이 과연 옳은 주장일까요? 이와 마찬가지로, 재물 축복을 받은 어떤 사람들이 하나님을 섬기고 있지 않다는 이유로 하나님이 주시는 재정적인 풍요와 건강을 나쁜 것이라고 보는 것이 옳은가요?

이제까지 마귀는 하나님의 풍요로운 공급이 그분의 자녀들에게 미치지 못하도록 하기 위해 번영은 악한 것이고 가난과 고통은 하나님이 주신 거룩한 것이라는 잘못된 생각을 그리스도인들의 생각 속에 집어넣었습니다. 그 결과 많은 사람들이 하나님 대신 재물을 선택했습니다.

그리스도인이라면 영적인 교만과 재물로 인한 교만을 경계해야 한다는 사실 정도는 누구나 다 알고 있습니다.

자신이 영적인 사람이라며 교만을 떠는 사람들이 있습니다. 그런 사람들은 자신이 다른 사람들보다 더 거룩한 것으로 생각하여 다른 사람들을 비판합니다.(골 2:18, 벧후 2:18) 그러나 그들은 그렇게 함으로 죄를 짓고 있는 것입니다.

또 어떤 사람들은 자신들이 몸이 매혹적이거나 근육질이라고 하여 뽐냅니다. 그래서 자신보다 몸매가 못한 사람을 무시하는 눈빛으로 바라봅니다.(갈 5:26, 골 2:8, 빌 2:3-8)

어떤 사람들은 자신들이 많은 재산을 갖고 있다고 자랑합니다. 그런 사람들은 눈이 높고 마음이 교만하여 가난한 사람들과 불행이 닥친 사람들을 멸시합니다.(잠 21:24, 잠 26:12, 롬 12:16, 약 4:6)

그렇게 하는 것은 악입니다.

그러나 구원의 축복을 받고, 건강의 축복을 받고, 재물 번영의 축복을 받는 것은 악이 아닙니다.

성경에 기록된 하나님의 많은 축복들 중에서 기독교의 전통적인 입장에 서 있는 사람들이 인정하지 않는 축복은 다음의 2가지 뿐입니다. 1) 그들은 하나님의 기적으로 인해 몸이 아픈 사람이 치유되는 것을 인정하지 않습니다. 2) 그들은 하나님이 주시는 재정적 물질적 풍요를 인정하지 않습니다.

그러나 이 두 가지는 하나님이 주시는 좋은 인생을 살기 위해 필요한 것들입니다. 하나님은 이 두 가지를 여러분들에게 풍성하게 부어주시고 싶어 하시는 분이십니다.

신학자들은 그동안 하나님의 기적을 영적인 부분에만 일어나는 것으로 생각함으로, 하나님의 기적을 제한하는 잘못을 범하였습니다. 그들은 영적으로 다시 태어난 것 자체가 바로 하나님의 기적이라며 목청을 높였습니다. 그러나 그들은 아픈 사람이 하나님의 능력으로 낫게 되는 것에 대해서는 입을 다물었습니다. 그리고 하나님께서 기적을 베푸셔서 어떤 사람을 부자 만들어 주신다는 것은 말도 안 되는 이야기라고 하였습니다.

하나님의 능력은 영적인 분야에만 제한되어 나타나지 않습니다. 그분은 자신의 능력을 사용하셔서 우리의 모든 육적 물질적 필요를 채워주시기를 원하십니다. 그분은 자기의 기적 능력이 우리의 영적인 영역 뿐 아니라 물질의 영적과 육체의 영역에도 나타나는 것을 원하십니다.

하나님의 자녀들이 평생 가난의 저주 속에서 살고 실패와 궁핍으로 점철된 삶을 사는 것은 하나님의 뜻이 아닙니다.

종교적 전통은 그동안 이상한 철학을 고집해왔습니다. 이상한 철학은 태초에 하나님이 이 세상을 창조하실 때 금과 은도 창조하셨다는 것에는 동의하지만, 그 금과 은은 오직 불신자들을 위한 것이고, 믿는 자들은 평생 하나님께 겸손하고 순종하며 살아야 하기 때문에 금과 은에는 손도 대지 말고, 평생을 가난하게 살아야 된다고 말합니다.

그런 이상한 철학을 펼치는 사람은 전통과 성경이 부딪히면 전통 쪽을 택합니다. 이 책의 제 20장에는 가난 이론을 무너뜨리는 성경구절들이 많이 소개되어 있으니 꼭 보시기 바랍니다.

돈, 부, 번영이 사람으로 하여금 육적인 존재로 만드는 악이라고 주장하는 것은 생명, 건강, 행복이 사람으로 하여금 육적인 생각을 갖게 하는 악이라고 주장하는 것과 다를 바 없습니다.

왜 하나님을 믿지 않는 사람들만 하나님이 만들어 놓으신 그 좋은 것들을 소유해야한단 말입니까?

불신자들만이 물질적으로 풍요로워야 된다고 주장하는 것은 불신자들만이 생명과 건강과 행복을 소유해야 한다고 주장하는 것과 같습니다.

그동안 가난이 너무 칭송을 받아왔습니다. 그 결과 정말로 좋은 그리스도인이라면 부자만은 결단코 되지 말아야만 했습니다. 부자가 된 그리스도인들은 사람들로부터 저러다가 결국은 교만하게 되고, 재물들을 다 빼앗기게 될 것이라는 말을 들어가며 살아가야 했습니다. 그래서 많은 좋은 그리스도인들이 그동안 가난의 노예가 되어 살아왔고, 부자 하나님이 그들의 아버지라는 사실은 망각하고 살아왔습니다.

부에 대한 이러한 잘못된 가르침이 전통으로 굳어지자, 재물 축복에 대한 하나님의 말씀이 힘을 잃고 말았습니다.(막 7:13) 하나님의 계획을 이루고 이를 통해 하나님이 영광받기 위해서, 당신이 번영하는 것이 하나님의 뜻이라고 믿으십시오. 그리고 하나님이 주신 성공 원칙을 받아들여 하나님께서 당신에게 번영을 주신 것을 믿고 행동하십시오. 그리고 절대로 포기하지 마십시오.(막 7:13)

전통적인 종교에서는 전 세계 어디에서나 동일한 이론을 전개하고 있는데 그 이론은 배고프고 가난하고 힘든 삶은 영적이고 거룩한 삶이고, 부자가 되어 물질적으로 풍요롭게 사는 삶은 교만하고, 무자비한 육적인 삶이요 하나님과 멀어지는 삶이라는 이론입니다.

부자들 중에서 나쁜 사람들이 있어온 것이 사실입니다. 그러나 한편, 하나님을 믿지 않는 가난한 사람들이 배고픔을 채우고 돈을 만지기 위해 살인하고 도적질 하는 일들도 그동안 수없이 많이 있어온 것 또한 사실입니다. 부자라고 전부다 관대하고 친절한 것이 아닌 것이 사실입니다. 그러나 이 세상에서 가난한 사람들에게 자비와 사랑을 베푸는 사람들 중에는 부자가 많다는 것 또한 사실입니다.

아굴은 이렇게 기도하였습니다: *나로 가난하게도 마옵시고 부하게도 마옵시고 오직 필요한 양식으로 내게 먹이시옵소서. 혹 내가 배불러서 하나님을 모른다 여호와가 누구냐 할까 하오며, 혹 내가 가난하여 도적질하고 내 하나님의 이름을 욕되게 할까 두려워함이니이다.* (잠 30:8-9)

우리의 태도에 따라서 재물의 풍요와 가난함 둘 다 악이 될 수도 있고 악이 안 될 수도 있습니다. 하나님의 최우선 과제인 복음이 온 세상 사람들에게 전파되는 일이 성취되도록 하기 위해서는, 그 일을 수행하기 위해 필요한 재물들이 청지기의 일을 잘 해낼 수 있는 그리스도인들의 수중에 들어가야 합니다. 그래야 재물이 하나님의 영광을 위해 제대로 사용될 수 있습니다.

우리 그리스도인들은 하나님의 축복을 받았을 때 그 축복을 다른 사람들을 위해 은혜롭게 쓰는 것을 배워야 합니다. 또한 부자가 되었을 때 교만해지려는 유혹과 재물을 거룩하지 못한 곳에 쓰려고 하는 유혹을 이기는 법들을 배워야만 합니다. 하나님이 주신 축복을 올바로 사용하는 것은 너무도 중요합니다.

적지 않은 수의 그리스도인들이, "부자가 되어 세상적인 사람이 되고 교만해지느니, 차라리 가난하고 겸손하게 사는 것이 낫지."라고 말합니다. 당신도 그렇게 생각하십니까?

그렇게 생각하는 것은 전통에 의해 속고 있는 것입니다.

그리스도인들은 너무 오랫동안 가난하고 궁핍하게 사는 것이 바른 삶이라고 잘못 생각하고 살아왔습니다. 그들은 가난이 하나님이 주신 축복이라고 믿고 살아온 사람들입니다. 그런 생각을 참이라고 믿고 살아온 사람들은 재정이 풍부해지는 것은 죄라고 생각합니다. 그런 사람들은 절대로 자신들이 믿은 하나님은 사람들에게 재정적인 축복을 주길 원하시는 분이라는 사실은 꿈에도 생각하지 못합니다.

돈과 관련되어 사람들을 속이기 위한 사탄의 전략들은 다양합니다.(고후 2:11) 사탄은 가난은 영광스러운 것이라고 말하고 가난하게 사는 사람들은 존경을 받아 마땅한 사람들이라고 말합니다. 그리고 사탄은 부자는 교만한 사람들이고 가난한 사람들은 겸손한 사람들이라고 말합니다. 그리스도인들이 가난을 견디며 살아가는 것은 아름다운 것이라고 말합니다. 사탄은 이렇게 너무도 성경을 왜곡되게 해석해 놓았습니다. 사탄은 번영하는 그리스도인들을 저주하였고, 가난하게 사는 그리스도인들을 높여왔습니다.

이런 것들이 다 복음 전파를 가로막고자 하는 사탄의 전략들입니다.

어떤 사람이 재물에 대한 태도가 바른지 아닌지에 대한 바른 잣대는 그 사람의 돈에 대한 태도와 돈의 사용처입니다.

돈을 사랑하고 그것이 증가하는 것에만 마음을 두는 사람들은 재물을 의지합니다.(막 10:24) 하루 종일 돈 생각만 하는 사람도 동일한 사람들입니다.(시 62:10) 그렇게 하는 것은 악이고 잘못된 것입니다. 그렇게 사는 사람들은 자신이 의지한 돈이 올무가 되어 결국은 돈을 다 잃고 비탄에 빠지게 됩니다. 이런 사람들에게 그들이 갖고 있는 금과 은은 썩어지게 되고 벌레가 먹어버리게 됩니다.(약 5:1-3)

그러난 만일 당신이 재물의 증가는 하나님이 주신 축복이요 재물은 복음을 세상 끝까지 전하라는 주님의 마지막 명령을 수행하기 수단으로 믿는다면, 하나님께서 이 땅에 마련해 놓으신 풍요를 당신이 갖게 되는 것이 하나님의 뜻이라고 믿는다면 (요 10:10), 당신에게 주어진 재물을 세상에 복음을 전하는 데 쓰기를 원한다면, 좋으신 하나님께서는 그분의 재물로 당신을 반드시 흘러넘치게 축복해주실 것입니다.

제 24 장

당신의 동역자이신 하나님

그리스도와 함께 하는 좋은 인생을 살기 위해 적용해야 하는 가장 위대한 발견은 돈을 어디다 어떻게 써야하는가에 대한 발견입니다. 하나님의 영광을 위해 돈을 써야합니다. 무슨 일을 하던 하나님을 파트너로 삼아야합니다. 하나님의 첫 번째 관심은 세상 모든 사람들에게 복음이 전해지는 것입니다. 그러므로 여러분들이 벌은 돈은 복음을 한 번도 듣지 못한 사람들에게 전해주는 데 써야합니다.

바울이 다음과 같은 말들을 하였습니다: 그리스도인이 된다는 것은 속이 새롭게 되는 것이고 새 인생을 사는 것이다. 그리스도인 된다는 것은 사람들이 하나님과 화해하였다는 놀라운 메시지를 믿지 않는 사람들에게 전할 수 있는 특권을 갖게 된다는 것이다. 우리는 그 놀라운 메시지를 사람들에게 말해 주어야한다. 그렇게 할 때 우리는 그리스도의 대사가 되는 것이다.(고후 5:17-20)

예수님께서는, "나를 따라 오너라. 그러면 내가 너희를 사람 낚는 어부가 되게 해주겠다."(마 4:19) 고 하셨습니다.

그분은 다음과 같은 말씀들을 하셨습니다: 좋은 소식(복음, the good news)은 전 세계로 전해져야한다. 그래야 세상 각 나라의 모든 사람들이 그 좋은 소식을 듣게 된다.(마 24:14) 복음을 전할 수 있는 기회는 내가 너에게 주는 좋은 기회이다. 복음은 이 세상 모든 나라들에 다 전해져야한다.(막 13:9-10)

예수님께서 세상으로 나가서 복음을 모든 사람들에게 전하라(막 16:15)는 명령을 마지막으로 하신 후에 하늘로 올라가셨습니다.

그리스도께서 믿는 모든 자들에게 성령의 능력을 받도록 하신 이유는 복음이 세상 모든 사람들에게 전해지도록 하기 위해서입니다.

예수님께서는 이런 말씀을 하셨습니다: 성령이 너희들 위에 임하면 너희가 능력을 받게 될 것이다. 그러면 너희는 세상 끝까지라도 가서 나를 증거할 것이다.(행 1:8)

우리 사역의 모토는 항상 동일한데 그것은 **"오직 하나의 길. 오직 하나의 사역"** 입니다. 오직 하나의 길은 예수라는 길입니다. 오직 하나의 사역은 복음 전파 사역입니다. 그리스도인으로서 누릴 수 있는 최고의 기쁨은 복음을 전했을 때 찾아오는 기쁨입니다.

하나님이 세상의 사람들을 너무도 사랑하셨습니다.

그래서 예수님이 오셔서 세상 모든 사람들을 위하여 죽으셨습니다.

가장 성공한 사람은 좋은 소식을 세상 끝까지 전하는 삶을 사는 사람들입니다.

예수님께서 당신에게 세상 끝까지 가라고 명령하셨습니다.

그러므로 모든 그리스도인들은 직접 가거나 복음 전도자를 파송하거나 하여, 또는 둘 다 하여 복음을 전해야 합니다.

바울은 다음과 같은 말을 하였습니다: 주의 이름을 부르는 사람은 누구든지 구원을 받습니다. 주님을 믿지 않는 사람이 어떻게 구원을 얻을 수 있단 말입니까? 어떤 사람이 주님에 대해 말해주지 않으면 어떻게 구원의 복음에 대해 알 수 있단 말입니까? 보냄을 받지 않으면 어떻게 가서 복음을 전할 수 있단 말입니까? (롬 10:13-15)

우리가 구원받은 것은 다른 사람들을 구원하기 위함입니다. 많은 그리스도인들이 복음을 전하는 데 전 생애와 생명을 바쳤습니다. 복음을 다른 사람에게 말해주는 것은 그리스도인의 특권입니다. 우리가 직접 복음을 전하든, 복음 전하는 자를 파송하든, 이 둘 중에 적어도 하나는 하여야합니다.

나는 하나님께서 나에게 복음을 다른 사람들에게 전하는 것에 대해 말씀해 주셨던 날을 결코 잊을 수가 없습니다. 나는 그때 가난한 시골 소년에 불과하였고, 그 당시 나는 장차 내가 이 세상에서 하나님을 대표할 수 있는 사람이 되리라고는 전혀 생각하지 못하고 있었습니다.

만일 그 당시 어떤 사람이 나에게 와서 내가 장차 도쿄, 파리, 부에노스아이레스에 복음을 전하는 것에 대해 말했다면, 그 도시들은 그 당시 나에게는 목성, 금성, 토성과 같은 곳으로 밖에는 여겨지지 않았을 것입니다. 그 당시 그런 도시들은 나에게는 지구 밖의 위성처럼 여겨졌었습니다.

그러나 나는 성경을 믿었습니다. 기도의 힘을 믿었습니다. 기적을 믿었습니다. 나는 기적을 믿기만 하고, 나머지는 하나님께서 하셨습니다. 지난 수십 년 동안 우리는 세상에 있는 자유국가들을 거의 대부분 방문하여 영혼들을 구원하는 일을 하였습니다.

그리고 여러 해 동안 우리는 전 세계의 2000명의 설교자와 전 시간 선교사들을 매달 재정적으로 후원함으로, 그들이 복음을 들어보지 못한 사람들에게 복음을 전할 수 있도록 협조해주었습니다.

그리고 우리는 매일 일 톤이 넘는 분량의 문서들을 132개 나라의 말로 번역하여 출판하는 일을 수년째 해오고 있습니다.

우리는 60여 개국에서 있었던 우리가 주최한 대규모 집회를 16미리와 초-8급(Super-8) 필름으로 찍어 전 세계에 복음을 전하는데 사용하고 있고, 대규모 방송 광고에도 그 필름들을 사용하고 있습니다.

우리는 우리의 설교 테이프와 카세트를 70여 개국의 말로 제작하여 수많은 테이프와 카세트 플레이어를 여러 선교지에 무료로 나누어주었습니다.

그리고 차가 필요한 선교지에 100여대의 밴을 사도록 해주었고, 그 무엇보다 우리는 전 세계의 여러 곳에서 대규모 복음 전도 집회를 열어왔습니다.

이러한 광범위한 대규모 사역을 나와 데이지가 가게 되리라고는 꿈에도 생각하지 못했습니다. 우리가 이 일을 하게 된 것은 하나님의 최우선 과제는 복음 전파라는 사실과 그런 일에 헌신하면 하나님께서 우리를 재정적으로 축복해주신다는 사실을 굳게 믿었기 때문입니다. 그러므로 그리스인들이 하나님의 재정 축복의 비밀에 대해 배우는 것은 하나님의 일을 해나가는데 매우 중요합니다.

사탄은 재정에 관한 하나님의 축복의 약속에 관한 모든 진리들을 세세한 부분까지 반대해왔는데, 그 이유는 그렇게 하면 하나님 나라가 확장되는데 큰 타격이 가해지는 것을 사탄 자신들이 이미 잘 알고 있었기 때문입니다. 그리스도인들이 가난하게만 살고 그것이 하나님께 순종하고 영광돌리는 겸손한 삶인 것으로 잘못 알고 있는 한, 복음이 모든 사람들에게 전해지는 일은 결코 일어나지 않습니다. 복음이 세상 끝까지 전파되기 전에는 그리스도께서 이 세상에 다시 오시지 않으십니다.(마 24:14) 예수님께서 이 세상에 재림하시기 전까지 사탄은 이 세상의 임금 노릇을 계속합니다.(요 12:31, 요 14:30, 엡 6:12)

당신이 하나님의 제일 과업이라는 옥토에 돈을 심는 것에 대해 배우고, 하나님께서는 당신이 심은 것에 대해 여러 배로 증가시켜 당신에게 다시 돌려 주시는 분이시라는 사실을 깨달아 알게 되면, 하나님께서 그 얼마나 빠르게 당신을 재정적으로 축복하심을 경험하게 됨으로 놀라게 될 것입니다. 당신은 하나님의 뜻 안에서 생산적인 삶을 살게 될 것이고, 그분께서 그리스도 안에서 당신에게 주신 풍요로운 좋은 인생을 만끽하며 살게 될 것입니다.

하나님은 당신이 하나님의 동역자(동업자, 파트너, partner)라는 사실을 깨닫게 되기를 원하십니다. 당신은 재정적인 분야에서 하나님의 파트너입니다. 그렇기 때문에 하나님은 재정을 당신에게 맡겨 그 재정들이 하나님의 뜻에 따라 바른 곳에 잘 쓰이게 되기를 원하십니다.

또한 당신이 당신의 돈을 하나님의 사역에 투자하면, 당신은 그 돈을 그분의 기름진 옥토에 심는 격이 됩니다. 당신이 믿음으로 그 씨를 심으면, 그 씨는 반드시 여러 배로 증가되고, 당신은 당신이 심은 것을 추수하게 됩니다. 벼를 심으면 심은 것보다 훨씬 더 많은 양의 벼를 추수하게 되듯이, 당신이 하나님께 심으신 돈은 훨씬 더 많은 돈들을 생산하게 될 것입니다.

주면 더 많이 받게 됩니다. 예수님께서는 주면 흔들어 넘칠 만큼 받게 된다고 약속하셨습니다.(눅 6:38) 심은 장본인이 당신이 풍성히 도루 받는 것입니다. 하나님의 이 약속은 실패할 수 없는 약속입니다.

농부는 추수하기 전에 심습니다. 심지 않으면 절대로 여러 배로 되돌려 받지 못합니다. 이것이 바로 심고 거두는 법칙입니다. 심고 거두는 법칙은 하나님이 만드신 하나님의 법칙입니다. 하나님의 나라 확장을 위해 당신이 심은 종자 돈(seed-money)만이 하나님의 재정 번영이라는 추수를 불러와, 당신에게 여러 배로 도로 안겨줄 것입니다. 이를 통해 당신은 재정적인 풍요를 경험하게 될 것입니다.

어떤 농부가 가족들을 불러놓고 다음과 같은 불평어린 말을 하였다고 가정해 봅시다: "왜 하나님이 이 귀한 씨를 땅한테 주라고 하는지 모르겠어. 이 씨를 우리 가족이 먹으면 배가 고프지 않을 텐데. 먼저 우리 식구가 살아야지. 심을 씨가 전혀 없어도, 하나님은 기적을 베푸시는 분이시니까, 씨를 심지 않아도, 하나님의 기적 추수를 단지 믿음으로 믿기만 하면 되는 거야. 하나님은 우리가 심을 씨가 없는 것을 다 알고 계시는 분이시니까, 심을 씨가 없더라도 우리에게 흘러넘치는 추수를 주실 거야."

그러나 하나님은 그들의 생각대로 움직이지 않으십니다. 왜냐하면 하나님의 법칙은 심지 않는 것을 추수하게 하시는 분이 아니시기 때문입니다.

훌륭한 농부는 가장 좋은 알곡은 먹거나 팔지 않고 따로 떼어놓습니다. 그리고 이듬해에 그 좋은 씨를 그 씨가 나온 땅에 다시 심습니다. 그러면 땅은 돌려받은 씨와 동일한 씨를 생산해냅니다. 그래서 곡식 창고가 흘러넘치게 되는 것입니다.(잠 3:9-10)

예수님께서 가르쳐주신 심는 법칙(눅 6:38)은 구약 성경의 십일조에 대한 가르침(레 27:30)보다 훨씬 뛰어난 가르침입니다. 주는 것은 신약적인 생명 유지의 방법입니다.(막 10:29-30) 주는 것은 그리스도인이 숨 쉬는 것과 같은 것이란 말입니다. 당신은 당신의 시간, 달란트, 에너지, 몸, 마음, 돈을 포함하여 당신의 전 생명을 남을 위해 주고, 하나님께 드립니다. 드리면 드릴수록 당신은 더 많이 받습니다. 그러나 먼저 주어야합니다. 그래야 그 다음에 받습니다.

구약에서 명령하는 십일조는 당신이 먼저 하나님으로부터 받으면, 받은 것의 십분의 일을 하나님께 도로 드리는 것입니다. 이것은 어찌 보면 당신이 하나님께 진 빚을 일부 갚은 것과 같습니다. 그래서 십일조는 당신이 하나님께 마땅히 바쳐야할 것을 의무감에서 바칩니다. 그러나 또한 하나님께서 당신에게 주신 것에 대해 감사하는 마음으로도 십일조를 바칩니다.

그러나 씨를 심은 것은 십일조를 드리는 것과 다릅니다. 하나님께 씨를 드리는 것은 씨를 옥토에 심는 것입니다. 이것은 이 세상에서 가장 안전한 투자입니다. 씨를 심는 것은 하나님과 재정적인 동업자가 되어, 실패가 있을 수 없는 하나님의 수배 증가 약속의 펀드에 투자하는 것입니다. 그러나 먼저 일정액을 심어야합니다. 심을 때에 믿음으로 심어야합니다. 이것이 바로 행동이 수반된 믿음입니다.

제 25 장

하나님의 풍년을 기대하라

좋은 인생을 살기 위한 기초 법칙에 해당하는 심고 거두는 법칙에는 몇 가지 중요한 사실들이 감추어져 있습니다.

예수님께서 우리에게 중요한 말씀을 하실 때, 씨와 관련된 말씀을 하신 경우가 많이 있습니다. 예수님은 *씨는 하나님의 말씀* (눅 8:11)이라고 하셨습니다. 그분의 약속의 말씀의 씨는 썩어지지 않습니다.(벧전 1:23) 썩어지지 않는다는 말은 죽지 않고, 부패하지 않고, 멸망하지 않는다는 말입니다. 하나님의 약속의 말씀이라는 씨 속에 있는 생명은 결코 죽거나 부패하거나 멸망하지 않습니다. 하나님의 씨에 관한 약속은 결코 실패하지 않습니다.

볍씨가 많은 벼를 만들어 내듯이, 당신이 하나님의 약속의 말씀의 씨를 심음으로 당신의 믿음과 동일한 믿음을 가진 수많은 다른 사람들을 만들어냅니다.

씨를 한 개 심은 사람이 씨 한 개만을 생산해내는 것은 불가능합니다. 심은 사람은 항상 심은 것보다 더 많이 추수합니다.

이러한 원칙은 삶의 모든 분야에 적용됩니다. 예수님은 주는 것이 받는 것보다 복이 있다 (행 20:35) 고 말씀하셨습니다. 이 말씀의 요지는 받는 것보다 주는 것이 더 생산적이라는 말입니다.

예수님께서 주는 것이 받는 것보다 복이 있다고 하신 말씀은 심고 거두는 하나님의 법칙을 염두에 두고 하신 말씀입니다.

볍씨를 먹어치우는 것보다 땅에 심는 것이 훨씬 더 생산적입니다. 땅에 심어야할 씨를 먹은 사람은 잠시 동안은 배가 부를지 몰라도 시간이 지나면 더 이상 먹을 것이 없어 굶어죽습니다.

그러나 배고픈 것을 꾹 참고 땅에 심으면, 심은 씨에 대해 하나님의 법칙이 적용되어, 풍성하게 돌려받습니다.

하나님의 일을 수행하는데 가장 큰 장애가 되는 가르침은 돌려받을 것은 절대로 기대하지 말고 오직 바치기만 하라는 전통적 가르침입니다. 그러나 이런 가르침은 주님의 심고 거두는 법칙과는 정반대가 되는 잘못된 가르침입니다.

나는 그 동안 너무도 많은 그리스도인들이, "오, 나는 하나님께 바치고 싶어서 바칠 뿐입니다. 나는 돌려받을 생각이 전혀 없습니다." 라고 말하는 것을 들어왔습니다.

농부가 다음과 같은 말을 하였다고 가정해 보십시오: "나는 매년 봄이 되면 땅에 씨를 심습니다. 그저 심는 것이 좋아서 심을 뿐입니다. 그러나 추수는 전혀 기대하지 않고 심습니다." 이런 말을 하는 농부는 사는 것을 포기한 농부입니다.

지혜로운 농부는 풍년을 기대합니다. 좋은 씨는 항상 여러 배의 수확을 가져다줍니다. 심은 것보다 더 많이 수확하는 것은 하나님의 법칙입니다.

매번 삶의 어떤 분야에서든지 첫 수확이 있게 되면, 당신의 씨를 하나님의 밭에 심는 것과 관련된 다음의 세 가지 점을 반드시 기억하십시오.

첫째: 주님만을 의지하십시오. 그분만이 당신의 공급원이십니다. 하나님께서 당신이 필요한 모든 것을 공급해주십니다.(빌 4:19) 그분만 바라보십시오. 그분만이 모든 좋은 씨의 생명이 되십니다. 그분만이 모든 보화의 창조자이십니다. 그분은 당신에게 풍요를 주시는 유일한 분이십니다.

여러분이 땀 흘려 얻은 첫 수확을 종자 씨로 삼아 하나님께 심으십시오. 그리고 심을 때에 풍년을 기대하고 심으십시오. 당신이 몸담고 있는 직장의 사장이 당신의 봉급을 증가시켜줄 것에 대한 기대를 버리지 마십시오. 당신이 받는 이자와 당신의 저금하고 투자한 돈의 배당금의 증가될 것을 기대하십시오. 당신의 그 어떤 수입원에도 풍년을 기대하십시오.

하나님은 당신이 받을 공급의 원천이십니다. 그분이 그분의 방법으로 당신에게 엄청난 수확을 가져다주실 것을 믿으십시오. 하나님께서는 내가 지금까지 이 책을 통해 여러분들에게 언급한 방법들을 사용하실 것입니다. 그러나 하나님께서 여러분에게 재물의 축복을 주시기 위해서 사용하시는 방법들은 무궁무진합니다. 그분은 당신에게 하신 약속을 지키시기 위해 당신이 생각하지도 못했던 방법으로 당신에게 많은 재물을 주실 수도 있습니다. 핵심은 당신이 그분이 사용하시는 방법에 초점을 맞추는 것이 아니라, 그분에게 초점을 맞추는 것입니다. 그분만이 당신의 유일한 공급처가 되심을 인정하십시오.

둘째: 당신이 첫 열매로 얻은 종자돈을 하나님의 일을 위해 심으실 때, 풍성하게 추수할 것을 기대하고 심으십시오. 마음에 풍부히 되돌아올 것이라고 확신하고 심으십시오. 다른 말로 하면, 그런 목적을 마음에 확실히 그려 넣고 심으십시오.

예수 그리스도의 복음이 세상에 전파되도록 하기위해 하나님께 종자돈을 드리십시오. 복음전도의 한 축을 담당한다는 마음으로 드리십시오. 그러나 또한 여러 배로 되돌려 받게 될 것을 믿고 드리십시오. 심는 그 자체만이 즐거워서 심는 농부는 아무도 없습니다. 농부는 가을에 추수할 것을 마음에 그리고 심습니다.

주는 자체가 즐겁기 때문에 주기보다는 주는 것으로 인해 축복을 받을 것이기 때문에 주는 것이 더 옳은 태도입니다. 당신이 심고 바친 것은 반드시 큰 수확이 되어 돌아올 것입니다. 만일 여러분이 복음전파를 위해 바친 돈이 여러분에게 여러 배 증가되어 돌아오지 않는다면, 어떻게 복음전파에 희망이 있을 수 있단 말입니까?

수백만의 사람들이 아직도 예수를 모르고 살아가고 있습니다. 그 수백만의 사람이 예수에게로 돌아오게 하여야합니다. 그러므로 하나님께 드릴 때 그리스도의 약속이 이루어질 것을 믿고 드리십시오. 더 많이 심은 자가 더 많이 받게 될 것입니다.

하나님의 약속이 확증될 것이라는 믿음을 갖고 드리십시오. 하나님이 하늘 창고를 여시고 쌓을 곳이 더 이상 없을 정도로 부어주시겠다는 약속이 당신에게 반드시 실현될 것을 믿고 드리십시오.

당신이 당신의 첫 열매를 하나님께 드릴 때마다 당신은 돈이라는 씨를 옥토에 심고 있는 것입니다. 장차 더 많은 추수를 하게 되면 더 많이 드리겠다는 생각으로 심으십시오. 왜냐고요? 왜냐하면, 더 많은 수확으로 인해 당신이 더 많이 심게 되면, 이로 인해 당신은 그전 보다 훨씬 더 많은 양을 거두게 되기 때문입니다.

당신은 하나님의 청지기로서 하나님의 재산을 불려나가야 사명과 책임을 갖고 있습니다.

이러한 책임을 잘 감당하기 위해서는 비전과 믿음이 있어야 합니다. 실천력과 믿음이 있어야합니다. 그러나 전통적인 가르침은 받은 사람들은 번 것을 지키지 못하고, 하나님께 드리지도 못하고, 잃기만 하고 있습니다. 그렇기 때문에 수백만의 사람들이 복음을 듣지 못한 채 죽어가고 있는 것입니다.

하나님께서는 여러분들이 하나님 나라의 법칙인 심고 거두는 법칙을 잘 알게 되고, 또한 안 바를 잘 실천하게 되기를 간절히 원하십니다. 그 이유는 여러분이 이 원칙을 알고 삶에 적용했을 때 하나님 나라가 확장되는 일이 급속하게 증가되기 때문입니다.

셋째: 당신의 첫 열매를 종자 씨로 하나님의 사역이라는 옥토에 심으실 때, 재적정인 풍년이 올 것을 기대하고 심으십시오. 기적이 일어날 것을 기대하고 심으십시오.

다른 말로 하자면, 당신의 종자돈을 믿음을 갖고 심으십시오.

하나님께서 심은 것보다 더 많이 돌려주실 것이라는 믿음을 실천한다는 마음으로 심으십시오.

하나님께서 자기의 입으로 하신 약속을 반드시 지킬 것으로 믿고 심으십시오. 하나님이 당신의 삶에 개입함으로 인해 당신이 드린 것보다 더 많이 받게 되는 반드시 일어날 것을 기대하십시오. 하나님께서는 자신이 하신 약속을 반드시 지키시는 하나님이라는 사실을 의심없이 믿고 기대하며 심으십시오.

믿음이 없이는 하나님을 기쁘시게 하지 못하나니 하나님께 나아가는 자는 반드시 그가 계신 것과 또한 그가 자기를 찾는 자들에게 상 주시는 이심을 믿어야 할지니라.(히 11:6)

기대하지 않으면 기적은 이루어지지 않습니다. 농부가 씨를 심은 후에 싹이 자라날 것을 기대합니다. 농부들은 이것에 대한 확실한 믿음이 있고, 그 믿음을 행사하는 것입니다. 씨를 심은 농부는 싹이 나올 것으로 기대한 날짜에 싹이 나오지 않으면 밭으로 나가 땅을 파보고 왜 싹이 안 나오는 지를 조사합니다.

당신이 당신의 첫 수확의 열매를 하나님께 심었으면, 곧 싹이 나와 자라나게 될 것을 믿으십시오. 당신의 모든 필요의 유일한 공급자이신 하나님에 대한 신뢰를 저버리지 마십시오. 바울은 *하나님이 자라나게 하셨다*(고전 3:6) 고 고백하였습니다.

만일 당신이 하나님이 하신 약속은 반드시 이루어질 것이라는 믿음을 갖고 행동했다면, 당신은 많은 수확을 받는 특권을 소유한 자가 되는 것입니다. 믿음으로 심으셨다면 풍년이 올 것을 기대하십시오. 기대함이 없는 믿음은 죽은 믿음입니다.

나는 매일 아침 기도하는데, 내가 그렇게 하는 이유도 여기에 있습니다. 나는 하나님의 복음 전파 사역이 반드시 성취될 것을 믿고 나의 동역자들과 함께 아침마다 기도합니다. 이때 우리는 기대를 갖고 기도합니다. 또한 우리의 각각의 동역자들에 대한 하나님의 뜻과 계획이 반드시 이루질 것을 믿고 기도합니다. 우리의 필요가 채워질 것을 믿고 기도합니다. 각자가 하나님의 옥토에 심은 씨들이 많은 수확이 되어 되돌아 올 것을 믿고 기도합니다.

그를 향하여 우리가 가진 바 담대함이 이것이니 그의 뜻대로 무엇을 구하면 들으심이라. 우리가 무엇이든지 구하는 바를 들으시는 줄을 안즉, 우리가 그에게 구한 그것을 얻은 줄을 또한 아느니라.
(요일 5:14-15)

우리 동역자들은 모두 자신의 첫 열매를 하나님의 사역을 위해 드릴 때, 이로 인해 재정적인 풍년이 올 것이라는 것을 믿고 드립니다. 왜냐하면 우리 동역자들은 하나님의 기름진 땅에 헌금이라는 씨들을 심기 때문입니다. 하나님의 옥토에 심겨진 씨는 반드시 수확됩니다. 하나님의 심고 거두는 법칙은 변하지 않는 법칙입니다. 그분의 약속은 실패하는 법이 없습니다.

하나님께서는 당신이 영적인 면에서 뿐 아니라 재정적인 면에서도 축복받게 되기를 원하신다는 사실을 의심없이 받아들이십시오.
(요삼 2)

하나님께서는 그분의 영을 당신에게 충분히 부어주시기를 원하시듯이 그분의 물질도 충분하게 부어주시기를 원하십니다. 하나님은 당신이 복된 삶과 풍요로운 삶을 살도록 하시기 위해 당신을 창조하셨습니다.

당신이 축복받지 않고서는 남을 축복할 수 없습니다. 당신에게 없는 것을 남에게 줄 수 없습니다. 당신이 높임을 받아야 남을 높여줄 수 있습니다.

당신의 삶이 재정적으로 부요해지고 풍부해지는 것은 하나님의 뜻입니다.(시 112:1, 3) 하나님은 왕이시고 당신은 왕이신 하나님의 아들입니다. 왕의 아들인 당신이 하나님의 왕자로서 좋은 집, 좋은 차, 좋은 옷을 입고 사는 것이 당연합니까, 아니면 가난하고 궁상맞게 사는 것이 당연합니까? 당신이 복을 받아야 남들에게 그 복을 나누어 줄 수 있습니다.

당신을 향한 그분의 변하지 않는 뜻과 계획은 당신이 좋은 인생, 풍요로운 삶, 축복받는 삶을 사는 것입니다.

제 26 장

내가 체험한 달라 화폐의 기적

그리스도인들이 된 후 발견하게 되는 중요한 사실은 하나님은 부자라는 사실과 그분께서 자신의 사역의 확장을 위해 그리스도인들을 부요하게 만들어 주신다는 사실입니다. 그리스도인들은 바로 이런 사실을 믿음으로 부자가 되어야지, 자기의 욕심과 노력으로 부자가 되려고 해서는 안 됩니다. 하나님께서 그리스도인들이 부자가 되게 해주시는 이유는 그리스도인들이 하나님의 뜻대로 복음을 세상에 편만하게 펼쳐지도록 하는 것을 마음에 담고 재물을 심기 때문입니다.

만일 당신도 그러한 사실을 발견하였다면, 믿음에 근거하여 행동을 취하십시오.

믿음을 행동으로 옮기는 것이 하나님의 약속을 받아내는 지름길입니다.(약 2:14-17, 26)

첫 번째: 하나님께서 약속의 말씀을 하셨습니다.

두 번째: 당신은 하나님의 약속의 말씀을 듣고, 믿고, 그 약속의 말씀이 하나님의 당신을 향한 그분의 뜻인 것으로 받아들이십시오.

세 번째: 하나님께서 당신에게 하신 축복을 약속을 지키시라고 기도하십시오.

네 번째: 하나님의 약속의 말씀에 근거하여 행동하십시오. 하나님께서 약속하신 것을 우리가 믿고 있다는 증거를 행동으로 보여 드리십시오.

다섯 번째: 그러면, 하나님께서 우리의 믿음에 근거한 행동을 보시고, 우리에게 하신 약속을 성취시키기 위해 행동을 취하기 시작하십니다.

여섯 번째: 하나님의 약속이 성취되지 못하도록 하기위해, 하나님의 약속의 성취로 인해 우리가 기뻐하는 것을 방해하기 위해, 하나님의 대적이요 우리의 원수인 사탄이 우리에게 의심과 두려움과 혼동을 가져다 줄 것을 미리 알고 계십시오.

일곱 번째: 마지막으로, 시련이 닥쳐와도 믿음을 잃지 않고 견디어 나감으로 결국 하나님의 실패할 수 없는 약속의 말씀이 우리의 삶에 실현되는 일이 일어나게 됩니다. 하나님의 약속은 반드시 실현됩니다. 그 이유는 성경이 그렇게 된다고 말하고 있기 때문입니다:

여호와께서 내게 이르시되 네가 잘 보았도다. 이는 내가 내 말을 지켜 그대로 이루려 함이라 하시니라.(렘 1:12)

대저 하나님의 모든 말씀은 능하지 못하심이 없느니라.(눅 1:37)

내 언약을 깨뜨리지 아니하고 내 입술에서 낸 것은 변하지 아니하리로다.(시 89:34)

성경은 폐하지 못하나니 하나님의 말씀을 받은 사람들을 신이라 하셨거든(요 10:35)

천지는 없어지겠으나 내 말은 없어지지 아니하리라.(막 13:31)

하나님의 약속은 하나님의 계획이 어떠한지를 우리가 알 수 있도록 해줍니다. 하나님의 약속의 바위 위에 굳건히 서서 하나님의 영혼 구원 사업에 파트너가 되십시오. 그분의 부요함이 당신의 가정에 임할 것이라고 믿고 복음 전도 사업에 믿음으로 동참하십시오.

하나님은 우리에게 믿음의 첫발을 먼저 내딛으라고 말씀하십니다. 이러한 믿음의 행위를 통해 우리는 하나님에게 우리가 믿음을 갖고 있는 사람임을 증명해드릴 수 있습니다. 우리가 먼저 첫발을 떼어야, 하나님이 그분의 약속을 실현시키기 위해 발을 떼십니다.

성경에 한 여자의 이야기가 나옵니다. 이 여자는 빚값을 돈이 없어서 자신의 아들들을 남의 집에 종으로 팔아할 지경에 이른 여자였습니다. 이때 한 선지자가 그 여자에게 나타나서 그 여자의 믿음을 행동으로 보여줄 것을 요청하였습니다. 그래서 그 여자는 가능한 한 많은 그릇을 빌렸습니다. 그리고 그 많은 그릇들에 자신이 갖고 있던 소량의 기름을 붓기 시작하였습니다. 이러한 행동은 그 여자의 믿음에 근거한 행동이었습니다. 그러자 그 많은 그릇에 기름이 가득 차는 기적이 일어났습니다. 그러자 선지자는 그 여자에게 *너는 가서 기름을 팔아 빚을 갚고 남은 것으*

로 *너와 네 두 아들이 생활하라* (왕하 4:1-7) 고 하였습니다.

하나님은 기름 저장 탱크에 기름이 바닥나도 당신이 기름 사업을 할 수 있도록 해주실 수 있는 분이시고, 당신의 곡식 창고에 쌀이 없어도 당신이 먹을 것을 충분하게 공급해 주실 수 있는 분이십니다.

하나님으로 인해 당신의 수입, 사업, 월급, 주식, 연금 및 이자는 얼마든지 증가할 수 있습니다.

모든 부는 하나님의 손 안에 있습니다. 그분이 하신 약속의 말씀에 따라 행동하십시오. 그분에게 약속하신 대로 행하시라고 당당하게 요구하십시오. 하나님께서는 당신의 손에 재물이 붙도록 할 수 있는 백만 개의 방법을 알고 계십니다.

하나님은 영적인 기적을 일으키셔서 죽은 영을 소생하게 하시고, 육적인 기적을 일으키셔서 아픈 사람을 순식간에 고쳐주실 수 있으신 분이십니다. 이와 마찬가지로 하나님은 물질적인 기적을 일으키셔서 여러분을 순식간에 부자로 만들어 주실 수 있으신 분이십니다.

하나님이 죄인을 구해주시고 눈 먼 자를 눈뜨게 해주시는 것을 누가 감히 막을 수 있단 말입니까? 그분이 할 줄 모르는 것이 어디 있습니까? 하나도 없습니다. 그분은 여러분을 재정적으로 풍요롭게 되도록도 해주실 수 있으십니다. 나는 하나님의 사역이 확장되도록 하는 데에 믿음으로 동참한 사람들에게 일어난 재물 축복의 실례들을 매우 많이 알고 있습니다.

재정이 충분하지 않음에도 하나님의 사업을 위해 아낌없이 내어놓는 사람에 대해 못마땅하게 생각하는 사람들이 있습니다. 그런 사람들은 하나님의 재정 축복의 법칙을 이해하지 못하기 때문에 그러는 것입니다. 그런 사람들은 예수님께서 자신의 마지막 남은 작은 재산을 모조리 하나님께 드리는 어떤 과부에 대해 주님께서 하신 축복의 말씀을 잊어버린 사람들입니다.(막 12:41-44)

나와 나의 아내 데이지는 심고 거두는 법칙을 우리의 삶에 항상 적용하며 살아왔습니다. 나는 젊을 시절에 비참할 정도로 가난했었습니다. 아내 데이지는 코트 한 벌도 없었습니다. 캘리포니아에 살고 있었던 어느 비오는 가을날, 나는 만삭의 몸인 아내와 함께 어느 기독교 집회에 참석하였습니다. 그런데 그 집회에서 어떤 분이 선교를 위해 대규모 인쇄기가 급히 필요하게 되었다고 광고하였습니다.

그래서 우리는 집회가 끝나기 전에 백 불을 빌린 후 그 백 불을 하나님의 사업 확장을 위해 하나님의 기름진 옥토에 심었습니다.

그런지 얼마가 되지 않아 우리는 우리가 심은 것보다 훨씬 더 많은 분량을 수확하기 시작하였습니다. 어떤 한 여자가 우리 아내에게 아름다운 새 코트를 선물하였습니다. 어떤 남자가 우리에게 자동차 번호판을 주었습니다. 예기치 않은 곳에서 돈이 들어왔습니다. 하나님의 법칙은 실패하는 법이 없습니다.

우리의 믿음이 때로는 시험받기도 하였습니다. 한번은 우리가 매달 갚아나가기로 하고 새 차를 한 대 샀습니다. 그러나 어떤 달은 우리가 갖고 있던 모든 돈을 하나님께 드렸습니다. 우리는 잃어버린 영혼들을 구할 수 있는 데 들어가는 돈이라면 아낌없이 하나님께 드렸습니다. 우리가 그렇게 할 수 있었던 이유는 하나님께서는 우리가 드린 것보다 항상 더 많이 주시는 분이라는 사실을 확실하게 믿고 있었기 때문입니다. 그렇기 때문에 우리는 없으면 없을수록 하나님께 더 많이 드릴 수 있었습니다.

이제 차 월부금을 내야할 날짜가 다가왔습니다. 차 월부금을 내려하고 하니 14불이 부족했습니다. 우리는 하나님께 믿음으로 심었기 때문에 하나님께서 기적적인 방법으로 차 월부금 문제를 해결해 주실 것을 믿고 있었습니다. 우리는 우리의 필요한 부분을 채워달라고 하나님께 솔직하게 기도했습니다. 또한 하나님께서 우리에게 약속하신 번영에 대한 약속을 하나님께 상기시켜 드렸습니다. 우리는 우리가 심은 돈들이 하나님께서 일으키시는 기적을 통해 증가되어 우리에게 반드시 다시 돌아올 것을 믿고 있었습니다. 하나님께서는 자기한 약속의 말이 맞는지 안 맞는지를 시험해 보라고 하셨습니다.(말 3:30) 그래서 우리는 하나님을 정말로 시험하였습니다.

그날 우리는 잠을 자기 위해, 방문을 잠그고는 작은 방으로 들어가 불을 끄고 누웠습니다. 우리의 이러한 형편은 우리 부부와 하나님 외에는 아무도 몰랐습니다. 그런데 놀라운 일이 우리가 자고 있는 사이에 벌어졌습니다. 하나님께서 자신이 하신 약속의 말씀을 그날 밤 우리가 자고 있는 동안에 실천하신 것입니다.

아침에 일어나 보니 우리가 잤던 방의 여기저기에 일 달러짜리 지폐들이 흩어져 있었습니다. 마치 하늘에서 그 돈들이 펄렁거리며 떨어진 것 같았습니다. 침대 위에도, 마루 위에도, 탁자 아래도, 소파 아래도 일 달러짜리 지폐들이 놓여 있었습니다. 예수님의 제자들이 예수님의 손에 있던 물고기와 빵을 증가시켜서 실컷 먹고 남았고, 남은 빵과 물고기를 바구니에 주어 담았듯이(요 6:12-13), 이스라엘 백성들이 하늘에서 내려온 만나를 주워 담았듯이(출 16:14-18, 요 6:31), 우리도 경이감으로 가득차서 방안 여기저기에 떨어져 있는 일 달러짜리 지폐들을 주워 담았습니다.

우리는 방구석과 벽 틈바구니에 떨어져 있는 화폐들도 주어 담았습니다. 우리는 돈을 다 모은 후 얼마가 되는지 세어보았습니다. 정확히 14달러였습니다. 그래서 우리는 차 월부금을 제 날짜에 다 갚을 수 있었습니다.

우리는 하나님의 사업에 우리가 가진 돈을 심는 것을 매우 기뻐하였습니다. 우리는 달러로 심었습니다. 그리고 우리는 달러를 수확하였습니다. 하나님께서 그렇게 되도록 해 주신 것입니다. 그런 기적을 경험한 달의 월말에 계산해 보니, 우리는 우리가 심은 액수보다 더 많이 수확하였음을 알게 되었습니다.

기근이 극심하였을 때 엘리야가 사렙다에 사는 어떤 과부의 집을 방문하였습니다. 그 과부는 너무도 궁핍하여, 마지막 남은 밀가루로 음식을 만들어 먹고는 아들과 함께 죽으려고 하였습니다.

이 때 엘리야가 나타나서 남아있는 밀가루로 음식을 만들어 자기를 달라고 요청하였습니다. 이 요청은 어찌 보면 너무 잔인한 듯 보이는 요청입니다. 그러나 그 과부는 엘리야의 요청에 응하였습니다. 그 여자가 자신이 먹으려고 했던 마지막 남은 밀가루 한 사발을 엘리야를 위해 사용한다는 것은 어찌 보면 농부가 마지막 남을 씨로 밥을 해먹는 것과 같은 무모한 짓일 것입니다. 그러나 그 여자는 순종하였고, 그 여자는 그러한 순종을 통해 엄청난 축복을 받게 되었습니다. 성경은 이 사건의 결말을 이렇게 기록하였습니다: 여호와께서 엘리야를 통하여 하신 말씀 같이 통의 가루가 떨어지지 아니하고 병의 기름이 없어지지 아니하니라.

(왕상 17:11-16)

제 7 부

교회와 믿음

하나님께 사랑을 표현하는 가장 좋은 방법은 다른 사람들을 사랑하는 것입니다. 하나님을 도와드리는 가장 좋은 방법은 도움이 필요한 사람들에게 도움을 손길을 뻗치는 것입니다.

복잡한 철학적 이론에 억매일 필요가 없습니다. 만일 기독교가 정말로 따르기 어렵고, 이해하기 어려운 이론적인 종교에 불과하다면 기독교의 이론을 이해하기 힘든 사람들은 구원받지 못하게 될 것입니다.

간단합니다. 예수님만 따라가면 절대로 길을 잃어버리지 않습니다.

예수님이 여러분을 통해 사람들을 사랑하도록 허락하면 다 되는 것입니다. 그분이 당신의 눈을 통해 다른 사람들의 필요를 볼 수 있도록 허락하면 됩니다. 그것은 쉽습니다. 그분이 당신의 마음을 이용하여 불쌍한 사람들을 돌보아주도록 하면 됩니다. 당신의 손과 발을 예수님이 사용하셔서 다른 사람들을 안아주도록 허락하면 되는 것입니다.

제 27 장

좋은 친구의 소중함

그리스도인으로 좋은 인생을 살려면 믿는 자들의 모임이나 교회의 일원으로 소속되어 다른 그리스도인들과 교제해야 하는 것은 필수입니다. 그들과 함께 기도하고, 하나님의 말씀을 같이 배우고, 그들과 협력하여 하나님을 섬겨야 좋은 인생을 살 수 있습니다.

물론 혼자 기도드릴 수 있고, 혼자서 하나님의 말씀을 공부 할 수도 있습니다. 하나님을 혼자서 섬길 수도 있습니다. 우리가 진정으로 예수 그리스도를 우리의 삶에 받아드렸다면 기도하고, 말씀 공부하고, 사람들을 섬겨야합니다. 그리고 그리스도인들은 혼자서도 이런 것을 할 수 있어야합니다.

그리스도인들은 다른 사람들을 사랑함을 통해 우리가 받은 하나님의 사랑을 가장 잘 표현할 수 있습니다.

누구든지 하나님을 사랑하노라 하고 그 형제를 미워하면 이는 거짓말하는 자니, 보는 바 그 형제를 사랑하지 아니하는 자는 보지 못하는 바 하나님을 사랑할 수 없느니라. 우리가 이 계명을 주께

받았나니 하나님을 사랑하는 자는 또한 그 형제를 사랑할지니라.
(요일 4:20-21)

하나님을 섬기는 가장 좋은 방법은 다른 사람을 섬기는 것입니다. 하나님은 사랑이십니다.(요일 4:8, 16) 사랑은 하나님으로부터 왔습니다.(요일 4:7) 사랑하는 사람은 하나님으로부터 생겨난 사람이고 하나님을 아는 사람입니다.(요일 4:7) 만일 하나님의 사랑을 받는다면, 우리가 다른 사람들을 위해 우리의 삶을 내어놓아야 합니다.(요일 4:11, 요일 3:16)

새 계명을 너희에게 주노니 서로 사랑하라 내가 너희를 사랑한 것 같이 너희도 서로 사랑하라. 너희가 서로 사랑하면 이로써 모든 사람이 너희가 내 제자인 줄 알리라.(요 13:34-35)

우리가 다른 그리스도인들과 함께 하나님을 경배하는 것은 성경적입니다. 우리는 그분의 성소에 모여 같이 기도해야 합니다. 그리스도인들은 서로 모여 하나님의 길과 그분의 말씀에 대해 목사님으로부터 배워야 합니다.

바울은 이렇게 말하였습니다.

몸이 하나요 성령도 한 분이시니 이와 같이 너희가 부르심의 한 소망 안에서 부르심을 받았느니라. 주도 한 분이시요 믿음도 하나요 세례도 하나요 하나님도 한 분이시니 곧 만유의 아버지시라. 만유 위에 계시고 만유를 통일하시고 만유 가운데 계시도다. 우리 각 사람에게 그리스도의 선물의 분량대로 은혜를 주셨나니(엡 4:4-7)

그러므로 이르기를 그가 위로 올라가실 때에 사로잡혔던 자들을 사로잡으시고 사람들에게 선물을 주셨다 하였도다. 그가 어떤 사람은 사도로, 어떤 사람은 선지자로, 어떤 사람은 복음 전하는 자로, 어떤 사람은 목사와 교사로 삼으셨으니 이는 성도를 온전하게 하여 봉사의 일을 하게하며, 그리스도의 몸을 세우려 하심이라. 우리가 다 하나님의 아들을 믿는 것과 아는 일에 하나가 되어 온전한 사람을 이루어, 그리스도의 장성한 분량이 충만한 데까지 이르리니(엡 4:8, 11-13)

교단마다 교리가 다르고 성경을 해석하는 것에 차이가 나는 것에 대해 새내기 그리스도인들이 혼돈스러워합니다.

이러한 혼동이 초래되는 것은 신학자들이 성경을 있는 문자 그대로 해석해서는 안 되고 기술적으로 조심스럽게 해석해야한다고 주장하였기 때문입니다. 신학교마다 자기들의 성경 해석방법이 최고라고 주장합니다. 예수님은 이와 관련하여 맹인 된 인도자여 하루살이는 걸러 내고 낙타는 삼키는도다(마 23:24) 라고 말씀하셨습니다.

우리의 믿는 바가 신학자들과 교단들이 만들어 놓은 복잡하고 수많은 교리들에 의존적일 필요가 없습니다. 우리는 자신들이 내세우는 교리들만이 옳다고 주장하고 다른 교단들의 교리들을 비판하는 사람들은 다 잘못되었다는 입장을 취하지는 않습니다. 이와 관련하여 바울은 로마서 12장을 통해 자신의 의견을 피력한 바 있습니다.(롬 12:6-10)

만일 기독교 신학자들이 주장하는 것처럼 복음이 그렇게 이해하기 어렵고 복잡한 것이라면, 신학자들이 주장하는 이론들을 다 이해하여야만 구원받을 수 있다면, 문맹국가의 사람들은 거의 구원 받을 수가 없게 될 것입니다.

당신의 눈을 예수 그리스도에게만 고정시키십시오. 그분이 말씀하신 것에만 집중하십시오.(히 12:2-3) 그분의 삶은 단순하셨습니다.(벧전 2:21-23) 그분이 하신 말씀은 보통 사람들도 다 이해할 수 있는 말이었습니다. 그분만 따라다니면 당신은 절대로 길을 잃어버리지 않습니다.(요 8:12, 10:27-29)

우리는 지금까지 거의 40년이란 세월동안 전 세계 여러 나라들을 돌아다니면서 수없이 많은 사람들에게 복음을 전하여 그들이 다시 태어나도록 하였습니다. 그리고 우리는 새로 그리스도인이 된 사람이 좋은 교회를 발견하여 성도들과 같이 예배하고 기도하고 성경을 공부하고 교제할 수 있도록 도와주었습니다. 우리는 사람들을 교회로 연결시켜주는 과정에서 그들이 발견한 교회가 혹시라도 분란이 있는 교회이어서 금방 시작한 신앙생활에 지장을 주면 어쩌나하는 염려를 자주 하곤 하였습니다.

이때 내가 의지한 상담자가 있는데 그 상담자의 이름은 예수입니다. 나는 그분만을 따랐습니다.(마 16:24-27, 요 1:43, 요 12:26, 요 21:19-22)

다른 믿는 자들을 친절히 대해주시고 그들을 이해하려고 하십시오.(고전 13:4, 엡 4:30-32)

당신이 만난 그리스도인들이 다른 교회의 그리스도인들을 비판하면 그들의 말에 귀를 기울이지 마십시오.(히 12:14-15, 빌 4:7-8) 당신 자신의 심령을 깨끗하게 유지하시고 어느 누구도 비판하지 마십시오.(마 7:1-5, 롬 14:12-13, 골 3:12-15) 모든 사람을 사랑하시고 남들을 이해하는 선한 사람이 되어 남들에게 좋은 영향을 미치십시오.(엡 5:12, 갈 6:1-3, 롬 12:9-10, 딤전 3:12-13)

다음의 원칙을 마음에 꼭 담아놓으십시오: 이 세상에 참된 교회는 단 하나밖에 없습니다. 그것은 예수님의 몸입니다.(고전 12:27, 고전 3:11, 엡 4:4-6) 예수님의 몸은 참된 그리스도인들로 이루어져 있습니다. 참된 그리스도인이란 그리스도와 그분의 복음을 믿는 사람들입니다.

진정으로 그리스도인이 된 사람들은 다음과 같이 믿습니다: 예수 그리스도가 하나님의 아들이시란 사실을 믿습니다.(마 16:16, 요 1:49, 요 3:35-36) 예수 그리스도께서 성령으로 잉태되었다는 사실을 믿습니다.(눅 1:34-35) 예수 그리스도께서 처녀의 몸에 잉태되었다는 사실을 믿습니다.(사 7:14, 마 1:23) 예수 그리스도께서 하나님이신데 육을 입고 이 세상에 오셨다는 사실을 믿습니다.(요 1:14, 요 14:6-11, 롬 8:3) 예수 그리스도께서 우리의 죄를 짊어지시고 우리를 대신해서 십자가에 달려 죽으셨다는 것을 믿습니다.(벧전 2:24) 그분이 피를 흘리심으로 우리의 죄가 없어졌음을 믿습니다.(마 26:28, 엡 1:7) 그분은 죽으시고 다시 살아나셔서 우리의 의로움이 되셨음을 믿습니다.(고전 15:4, 롬 4:25) 그분은 지금 하나님의 오른 편에 앉아계심을 믿습니다.(엡 1:20, 히 10:12, 히 12:2, 골 3:1) 그분은 지금 우리를 위하여 중보하고 계심을 믿습니다.(히 7:25, 딤전 2:5)

어떤 교단에 속한 교회에 나가야 하는지와 어떤 교단에 속한 그리스도인들과 교제하고 찬양하고 기도하고 성경을 공부하는지는 별로 중요하지 않습니다. 일단 복음을 믿어 하나님께 나아가서 죄인인 것을 고백하고, 회개하고, 예수의 이름을 부르고, 믿음으로 그분을 받아들이고, 다른 사람들 앞에서 그리스도가 당신의 구주가 되셨음을 고백하고, 그분이 자신의 구원자가 되셨음을 믿으십시오. 그렇게 하면 누구나 예수 그리스도의 참된 교회로 다시 태어난 존재 곧 하나님의 자녀가 됩니다.

그리스도를 따른 다는 것은 사람들을 사랑하고, 섬기고, 하나님을 예배하고, 말씀을 배우고, 서로 교제하는 것을 의미합니다. 이러한 것들을 쉽게 하고 잘 할 수 있으려면 교회에 다녀야합니다.

그렇기 때문에 성경은 모이기를 폐하는 어떤 사람들의 습관과 같이 하지 말고 오직 권하여 그 날이 가까움을 볼수록 더욱 그리 하라(히 10:25)는 권면의 말씀을 우리에게 하고 있는 것입니다.

복음의 기초에 관해 바로 위에서 언급한 사항들을 믿는 그러한 교회에 다니십시오. 그리고 그 교회의 교인이 되어 신실하게 신앙생활을 하십시오. 당신 교회의 목사님이 하시는 일에 협력하십시오. 하나님께서는 개 교회의 목사들을 양들을 돌볼 목자로 삼으셨습니다.(렘 3:15, 렘 23:4)

하나님이 목사들이 하여야할 것에 대해 말씀하신 것이 성경에 이렇게 기록되어 있습니다: *여러분은 자기를 위하여 또는 온 양 떼를 위하여 삼가라. 성령이 그들 가운데 여러분을 감독자로 삼고, 하나님이 자기 피로 사신 교회를 보살피게 하셨느니라.*(행 20:28)

목회자들을 존경하십시오.(벧전 5:2, 히 13:17) 그리스도의 복음이 당신이 살고 있는 지역과 나라와 해외의 나라들에 퍼져나갈 수 있도록 하기 위해 당신 교회의 목사님이 하시는 (하나님을 위한) 모든 일들에 협력하십시오.

만일 당신이 살고 계시는 곳 근처에 교회(또는 신자들의 예배 모임)가 없기 때문에 정기적으로 모여서 믿음을 키워나갈 수 없고, 교제하고 예배하고 다른 사람들을 섬길 수 없다면, 초기 기독교인들이 한 방법을 시도해보십시오. 교회가 처음 이 세상에 세워지기 시작하였을 때, 예수를 처음으로 믿게 된 사람들은 자신들이 살고 있는 집에 모여 성경을 공부하고 기도하였습니다. 그들은 자신의 집에 신자들을 초청하고 같이 기도하고 예배하고 하나님의 말씀을 공부하였습니다.(행 2:46-47, 행 5:42, 행 12:12, 행 20:20, 행 28:30-31)

신약 시대의 교회는 그런 방법으로 해서 형성되기 시작하였습니다.(롬 16:5, 고전 16:19, 골 4:15, 몬 1:2) 그러므로 당신이 사는 지역에 교회가 없다면 당신의 가정에서 교회의 모임을 시작하도록 하십시오. 그렇게 하는 것은 매우 성경적입니다.

예수님은 자신의 교회를 세우는 것에 대해 놀라운 말씀을 하셨습니다. 참 교회는 예수 그리스도가 하나님의 아들이라는 사실을 깨달아 알게 됨으로 시작됩니다. 다른 말로 하면, 만일 당신이 진정으로 예수가 성령으로 잉태되었고 처녀 몸에서 태어난 하나님이시며 또한 하나님으로서 피와 살을 입고 이 땅에 오셨다는 사실을 고백하였다면 당신이 바로 예수 그리스도의 참된 교회의 일부분이 되신 것입니다. 왜냐하면 교회는 그러한 고백의 기초위에 세워져야하기 때문입니다.

어느 날 예수님께서 자신을 따른 제자들에게, *"사람들이 나를 누구라고 하느냐?"*(마 16:13)라고 물으셨습니다.

이 질문에 대해 제자들 각자가 자신들의 의견을 이야기하였습니다. 이 때 베드로는, *"당신은 그리스도시요 살아 계신 하나님의 아들이시니이다."*(마 16:16) 라고 대답하였습니다.

베드로의 이 말에 대해 예수께서는, *"네가 복이 있도다 이를 네게 알게 한 이는 혈육이 아니요 하늘에 계신 내 아버지시니라. 또*

내가 네게 이르노니 너는 베드로라. 내가 이 반석 위에 내 교회를 세우리니 음부의 권세가 이기지 못하리라."(마 16:17-18) 라고 말씀하셨습니다.

만일 당신도 베드로와 같은 고백을 할 수 있다면, 당신 자신이 예수의 몸의 일부이고 교회의 일부분이 됩니다. 그러므로 악한 것이 당신의 교회의 지체로서의 지위를 파괴할 수 없고, 당신을 교회에서 내몰 수 없습니다.

당신이 개 교회에 교인으로 등록하는 것은 단지 당신이 예수님의 몸의 일부가 되었다는 사실에 대한 상징적인 의미만 갖고 있을 뿐입니다. 개 교회의 목사, 교사 및 당신이 교제하는 교회의 교인들은 단지 당신을 도와주고 가르칠 뿐입니다. 그리고 그들은 때론 당신을 판단하여 당신을 받아들이거나 받아들이지 않기도 합니다.

그러나 가장 중요한 것은 다음과 같은 질문들에서 나와야 옳습니다: 당신은 다시 태어나셨습니까? 당신은 예수 그리스도를 믿으십니까? 당신은 새로 태어남으로 예수님의 몸인 하나의 교회의 일부로 받아들여졌음을 믿습니까? 당신이 이러한 질문들에 대해 그렇다고 대답하실 수만 있다면, 당신은 어느 교회에 다녀도 상관없습니다. 당신이 영적으로 다시 태어나기만 하면 당신은 이미 예수 그리스도의 참된 교회의 일원이 된 것입니다.

세상에 여러 곳에서 흩어져 살고 있는 수많은 그리스도인의 연합이요 예수님의 몸인 하나 뿐인 참 교회에 관한 세 가지 사실은 다음과 같습니다:

1. 예수 그리스도 자신이 교회를 세우셨습니다.

내가 이 반석 위에 내 교회를 세우리라.(마 16:17-18) 이 말씀에서 "반석"은 예수가 하나님의 아들이라는 사실을 알게 되는 것을 지칭합니다.

2. 예수는 교회의 모퉁이 돌이십니다.

그러므로 이제부터 너희는 외인도 아니요 나그네도 아니요 오직 성도들과 동일한 시민이요 하나님의 권속이라. 너희는 사도들과 선지자들의 터 위에 세우심을 입은 자라. 그리스도 예수께서 친히 모퉁잇돌이 되셨느니라.(엡 2:19-20)

3. 예수님이 교회의 터(기초, foundation)이십니다.

이 닦아 둔 것 외에 능히 다른 터를 닦아 둘 자가 없으니 이 터는 곧 예수 그리스도라.(고전 3:11)

그리스도는 교회의 기초이시고, 교회를 세우시는 분이십니다. 교회는 오직 예수에게만 속해있습니다.

남편들아 아내 사랑하기를 그리스도께서 교회를 사랑하시고 그 교회를 위하여 자신을 주심 같이 하라. 이는 곧 물로 씻어 말씀으로 깨끗하게 하사 거룩하게 하시고, 자기 앞에 영광스러운 교회로 세우사, 티나 주름 잡힌 것이나 이런 것들이 없이 거룩하고 흠이 없게 하려 하심이라.(엡 5:25-27)

우리는 그 몸의 지체임이라, 이 비밀이 크도다. 나는 그리스도와 교회에 대하여 말하노라.(엡 5:30, 32)

사도 바울은 참된 교회의 핵심은 우리의 영광의 소망인 그리스도가 내 안에 있는 것이라고 하였습니다. (골 1:27)

하나님의 성전과 우상이 어찌 일치가 되리요? 우리는 살아 계신 하나님의 성전이라. 이와 같이 하나님께서 이르시되 내가 그들 가운데 거하며 두루 행하여, 나는 그들의 하나님이 되고 그들은 나의 백성이 되리라. (고후 6:16)

이 세상에 교회는 단 하나 밖에 없습니다. 사람들마다 자신이 속해서 예배드리고 교제하는 소속된 지역 교회는 비록 다를 지라도, 영적으로 새로 태어남으로 하나님의 가족이 된 모든 그리스도인들의 재 출생 증명 기록은 하늘에 있는 *어린 양의 생명책* (계 21:27) 한 권에 다 기록되어 있습니다.

전화국, 철도청, 체신청 모두가 그렇듯이 한명의 최고의 우두머리가 있고 그 우두머리 밑에 수많은 과장 계장 부장들이 있어서, 한명의 우두머리의 지시대로 그 단체들이 움직입니다. 교회의 우두머리는 그리스도입니다.

우리가 그리스도를 따르는 이유도 여기에 있습니다. 우리가 그 분의 삶을 공부합니다. 그분이 하신 말씀을 배웁니다. 그분이 사신 삶을 우리도 살고 싶어 합니다. 그분이 생각한 것을 우리도 생각하게 되기를 바랍니다. 그분이 말한 것을 우리도 말할 수 있게 되기를 원합니다. 그분이 행동하신대로 우리도 행동하게 되는 것이 우리의 소망입니다.

그분의 사랑, 그 분이 베푸시는 자비, 그 분이 하시는 생각이 나의 사랑, 나의 자비 및 나의 생각이 되어 살면, 당신 속에 기쁨과 평화의 마음이 생겨나게 되고, 하나님이 살라고 명하신 그리스도인으로서의 삶을 잘 살 수 있게 됩니다.

모든 기독교의 교회들과 교단들이 믿고 있는 기독교의 기본이 되는 신조와 교리들을 간단하게 요약하면 다음과 같습니다:

1. 예수 그리스도께서는 성령으로 잉태되셨습니다.(마 1:20, 눅 1:31, 35)
2. 그분은 처녀의 몸에서 나셨습니다.(마 1:23, 눅 1:26-28)
3. 그분은 육체를 입으신 우리와 항상 함께 계시는 임마누엘되시는 하나님이십니다.(사 7:14, 마 1:23)
4. 그분의 피는 거룩한 피입니다 (His blood was Divine).(마 26:28, 롬 5:9, 엡 1:7, 엡 2:13, 골 1:14, 20, 히 10:19, 히 13:20-21, 벧전 1:18-19, 요일 1:7, 계 1:5)
5. 그분의 삶은 우리에게 하나님의 마음이 어떠한지를 나타내어 줍니다.(요 6:38, 히 10:7)
6. 그분은 우리의 빚을 갚아주시기 위해 우리의 죄를 끌어안고 죽으셨습니다.(요 3:16-17, 롬 6:6-8, 고전 15:3, 고후 5:21, 딤전 5:9-10, 벧전 2:24)
7. 그분은 우리를 의롭게 하기 위해 다시 살아나셨습니다.(롬 3:24-25, 롬 4:25, 롬 5:1)
8. 그분은 현재 천국에서 하나님의 오른 편에 앉아 계셔서, 우리와 하나님 사이의 중보자로서 우리를 위해 계속해서 중보하고 계십니다.(롬 8:34, 엡 1:20, 골 3:1, 딤전 2:5, 히 1:3, 히 7:25, 히 8:1, 6, 히 9:15, 히 10:12, 히 12:2, 24, 벧전 3:22, 계 1:18)

9. 그분만이 유일한 구원자이십니다.(마 1:22, 눅 2:11, 눅 24:46-47, 요 4:42, 요 14:6, 행 4:12, 행 5:31, 빌 3:20, 딤후 1:10, 딛 3:6, 벧후 1:11, 요일 4:4)

모든 기독교의 교회들은 위에서 언급한 기독교의 기초가 되는 사항들에 대해서는 같은 견해들을 갖고 있습니다. 그러나 세세한 부분들 가령 비핵심적인 교리, 예배 의식과 기독교 전파 방법과 표현 방법에 있어서는 교단에 따라 차이가 있을 수 있습니다.

여러분이 예수를 믿은 지 얼마 되지 않았는데 이런 세세한 부분들에 있어서, 교단들과 교회들 간의 불일치로 인해 고민하고 있다면, 그러한 고민을 내려놓으시고, 오직 그분만을 따르고 그분의 말씀만을 따르는 것을 삶의 원칙으로 정하십시오.(요 5:4)

예수님께서는, 나는 세상의 빛이니 나를 따르는 자는 어둠에 다니지 아니하고 생명의 빛을 얻으리라(요 8:12) 고 말씀하셨습니다.

예수님께서 자신의 교회를 이 세상에 세우셨을 때, 그분은 자기를 믿는 모든 사람들이 사랑으로 하나가 되고 서로가 힘을 합쳐 그분을 섬기게 되기를 바라시고 교회를 세우셨습니다. 마치 예수의 몸이 예수의 빛과 사랑을 표현하였듯이 교회가 그렇게 하기를 원하셨던 것입니다.

우리가 다 하나님의 아들을 믿는 것과 아는 일에 하나가 되어 온전한 사람을 이루어 그리스도의 장성한 분량이 충만한 데까지 이르리니, 이는 우리가 이제부터 어린 아이가 되지 아니하여 사람의 속임수와 간사한 유혹에 빠져 온갖 교훈의 풍조에 밀려 요동하지 않게 하려 함이라. 오직 사랑 안에서 참된 것을 하여, 범사에 그에게까지 자랄지라. 그는 머리니 곧 그리스도라. 그에게서 온 몸이 각 마디를 통하여 도움을 입음으로 연락하고 상합하여 각 지체의 분량대로 역사하여 그 몸을 자라게 하며 사랑 안에서 스스로 세우느니라.(엡 4:13-16)

여러분이 그리스도인이 되어 개 교회에 출석하여 다른 성도들과 함께 모여 기도하고 예배하고 사람들을 섬김으로 당신이 하나님으로부터 받게 될 축복과 영향력은 실로 측량할 수 없을 정도로 큽니다.
가령, 이를 통해 당신의 자녀들이 그리스도의 삶을 배우게 될 것입니다.
신앙의 친구와 선배들이 부부사이를 잘 이끌어나가는 것을 보고 배움으로 당신의 가정과 부부 사이가 개선될 것입니다.
당신이 아프거나 어려운 일을 당하면 교인들이 서로 한 마음이 되어 당신을 위해 기도해 줄 것입니다.
당신이 상실의 아픔으로 고통스러워하고 있을 때 신앙으로 교제하는 사람들이 당신을 지지하고 지원해 줄 것입니다.
그들이 당신의 신앙의 좋은 친구가 되어 줄 것입니다.
그들이 당신에게 힘을 주고 용기를 북돋아 줄 것입니다.
그들이 당신과 함께 기도하고 당신을 위해 기도할 것입니다.
그들과 함께 서로 신뢰를 쌓아나가게 될 것입니다.
그들이 당신과 함께 예배할 것입니다.
그들이 당신을 사랑할 것입니다.
그들과 함께 유기적으로 연합하여 사람들을 섬기고 도와줌으로, 사람들에게 당신의 믿음과 사랑을 보여줄 좋은 기회들을 자주 갖게 될 것입니다.

성도들과 함께 함으로 느끼는 기쁨은 당신이 장차 천국에 갔을 때 느끼는 기쁨을 미리 맛보는 것입니다. 당신이 다른 성도들과 함께 교제하고 섬기고 예배할 때, 당신은 이 땅에서 천국을 조금 경험하게 됩니다.

요약하여 말한다면, 예수의 몸인 교회는 예수 그리스도께서 육체로 이 땅에 계셨을 때의 발, 눈, 귀 및 팔로 이루어져있습니다. 여러분은 예수님의 몸입니다. 고로 당신의 몸을 통해 예수의 사랑이 나타나도록 하십시오. 예수님께서 당신의 눈을 사용하여 사람들을 보도록 허락하십시오. 그분이 당신의 심장을 사용하셔서 사람들의 필요를 알아채는 것을 허락하십시오. 당신의 삶을 통해 그분이 자신의 사랑을 사람들에게 나타내는 것을 허락하십시오. 당신의 손과 발과 팔을 통해 그분의 사랑이 나타나도록 허락하시고, 그분이 하고 싶은 것을 하도록 허락하십시오.

그리스도께서 당신 안에 계십니다.

당신은 그분의 몸입니다. 그분은 당신 속에 사시면서 당신을 통해 자신을 표현하시고 자신의 사랑을 나타내시기를 원하십니다.

결론적으로 말한다면 당신을 통해 예수가 표현되도록 하는 삶을 사는 것이 곧 좋은 인생을 사는 것입니다.

제 28 장

좋은 인생의 표준

좋은 인생 삶아갈 때 누릴 수 있는 이득들이 무엇인지에 대해 알려면, 반드시 하나님의 말씀이 우리 신앙의 근거가 되어야합니다.

우리가 성경을 매일 읽는 이유도 여기에 있습니다. 성경이 여러분의 일상 삶의 표준이 되도록 하십시오.

여러분들 중에는 성경을 이해하기가 어렵다고 생각하시는 분이 계실 것입니다. 예수님께서는, "천지의 주재이신 아버지여 이것을 지혜롭고 슬기 있는 자들에게는 숨기시고 어린 아이들에게는 나타내심을 감사하나이다. 옳소이다. 이렇게 된 것이 아버지의 뜻이니이다."(마 11:25-26) 라고 기도하셨습니다.

성경은 모든 사람들이 이해할 수 있는 책입니다. 우리가 성경을 이해하게 되는 것을 계시(revelation)라고 합니다. 계시가 임하면, 몰랐던 성경의 진리를 명백하게 알게 됩니다. 계시를 통해 성령께서 여러분의 이해의 문을 열어주셔서, 당신이 성경을 읽을 때 성경을 잘 이해할 수 있게 되는 것입니다.(요 14:26, 요일 2:27)

이 예언의 말씀을 읽는 자와 듣는 자와 그 가운데에 기록한 것을 지키는 자는 복이 있나니 때가 가까움이라.(계 1:3)

당신이 성경을 이해할 수 있게 되는 다른 한 가지의 이유는 성경에 나온 모든 진리들이 반복적으로 설명되어져 있기 때문입니다. 성경은 두 세 사람의 증인이 있어야 확실한 증거가 확보된 것이라고 말하고 있습니다.(신 17:6, 신 19:15, 마 18:16, 고후 13:1, 딤전 5:19, 히 10:28) 구원에 관한 기독교의 어떤 핵심적 진리라고 주장되어지고 있는 것이 성경에 여러 차례 반복되어 설명되어지고 있는 것이 아니라면, 그 진리는 더 이상 기독교의 핵심 진리가 아닙니다.

성경이 단순한 이유는 해석이 필요가 없는 이해하기 쉬운 분명한 말(문장)로 쓰였기 때문입니다. 그렇기 때문에 성경에서 그렇다고 하면 그런 것입니다.

하나님이 성경의 저자이십니다. 그분은 완전한 의사소통의 대가이십니다. 그분이 그렇다면 그런 것입니다. 성경이 이해하기 어렵다고 주장하는 사람들은 성경 속에 자신들이 믿기 싫어하는 부분이 있다는 것을 그런 식으로 나타냅니다.

성경은 글을 읽을 줄 아는 사람이면 누구나 이해할 수 있습니다. 그러나 우매한 자는 성경을 잘못 해석합니다.(사 35:8)

바울은 디모데에게, 너는 어려서부터 성경을 알았나니 성경은 능히 너로 하여금 그리스도 예수 안에 있는 믿음으로 말미암아 구원에 이르는 지혜가 있게 하느니라 (딤후 3:15) 라고 하였습니다. 또한 바울은 그리스도를 향하는 진실하고 깨끗한 마음을 유지해야 한다고 하였습니다.(고후 11:13)

유식한 예루살렘의 종교 지도자들은 베드로와 요한이 절름발이를 낫게 하자 그들을 체포하였습니다.(행 3:1-9) 그러나 베드로와 요한은 이 일로 인해 일어나는 모든 일들을 대해 오직 하나님께만 영광을 돌렸습니다: 그들이 베드로와 요한이 담대하게 말함을 보고 그들을 본래 학문 없는 범인으로 알았다가 이상히 여기며 또 전에 예수와 함께 있던 줄도 알고(행 4:13).

성경이 이해하기 쉬운 또 다른 이유는 하나님께서는 성경을 읽은 사람들은 누구나 쉽게 이해하여 구원을 받게 되도록 할 목적으로 성경을 지으셨기 때문입니다. 구원받기를 원하는 사람은 누구나 구원받을 수 있도록 하기 위해 성경은 누구나 이해할 수 있도록 쓰였습니다.

믿는 자마다 멸망하지 않고 영생을 얻게 하려 하심이라. (요 3:16)

아브라함 링컨(Abraham Lincoln)은, "당신의 이성과 믿음을 잘 균형 잡아, 성경을 섭렵하십시오. 그러면 여러분은 잘 살고 잘 죽게 될 것입니다. 성경은 하나님이 인간에게 준 최고의 책입니다." 라고 말하였습니다.

나폴레옹 보나파테(Napoleon Bonaparte)는, "성경은 책 이상의 책입니다. 성경은 살아서 행동하는 존재이고, 자신을 반대하는 그 어떤 것도 무너뜨리는 능력입니다." 라고 하였습니다.

우드로 윌슨(Woodrow Wilson)은, "세상에서 가진 귀한 책인 성경을 업신여기는 사람은 자신이 가진 가장 귀한 것을 업신여기는 사람입니다." 라고 하였습니다.

대영제국의 훌륭한 과학자 800명은 옥스퍼드에 있는 보델리안 도서관에 다음과 같은 글을 세기고 서명하였습니다: "우리는 하나님이 자연에 쓰신 말씀과 성경에 쓴 말씀이 서로 상반되지 않는다고 생각합니다… 우리는 그동안 과학자들이 과학적 진리를 빌미 삼아 성경의 권위에 대해 의심을 품어온 것에 대해 깊이 반성하고 하고 있습니다."

19세기 미국 주지사들 중의 하나였던 다니엘 웹스터(Daniel Webster)는, "성경은 믿음의 책이고 교리의 책(a book of doctrine)입니다. 하나님으로부터 온 특별 계시를 담고 있는 도덕 서적이고 종교 서적입니다. 성경은 인간이 마땅히 하여할 것이 무엇이지를 가르쳐주고, 인간의 존엄성에 대해 알려줍니다. 성경은 모든 인간이 똑같이 귀하다는 진리를 우리들에게 알려줍니다." 라고 하였습니다.

성경을 쓴 사람들은 하나님의 영감을 받아서 썼습니다. 만일 그렇지 않다면 성경을 쓴 사람들은 거짓말쟁이들입니다. 성경을 쓴 40명이 넘는 사람들이 한 가지 사상(idea)에 대해 쓸 수 있다는 것은 인간의 노력으로는 거의 불가능합니다. 성경을 쓴 40명은 무려 1600년 이상의 기간에 걸쳐 살았던 사람들임에도 불구하고, 그들은 하나님의 창조와 예수 그리스도와 성령 하나님에 의한 인간 구원이라는 동일한 주제를 다루었습니다. 그리고 그들은 사도들을 제외하고는 평생 서로 만난 적이 한 번도 없던 사람들이었습니다.

수천 년간이라는 오랜 기간에 걸쳐 살아간 사람들이 인류를 속이기 위해 서로 짜고 동일한 주제로 성경을 썼다고 주장하는 것은 말도 되지 않습니다.

성경의 창조 기록과 그리스도의 부활 사건이 과학적 견지로 볼 때 충분히 의심이 가는 사건이라고 주장하는 것은 이치에 맞지 않습니다. 기독교를 비판하는 사람들은 "하나님이 세상을 창조하는 것을 당신 눈으로 직접 보았느냐?"라고 질문하거나, "예수 그리스도라는 사람이 죽었다가 다시 살아났을 때 당신이 그 자리에 있었느냐?"고 질문합니다. 우리 그리스도인들은 이와 같은 질문에 대해, "그렇다면, 당신은 우주가 진화하는 것을 보았습니까?"라거나, "아메바가 서로 융합하여 사람으로 변화되는 것을 당신의 눈으로 지켜보았습니까?"라고 역질문 하십시오.

만일 진화론이 맞기에, 당신이 아메바로부터 나왔다면 당신이 죽으면 아메바로 다시 돌아가야 옳습니다.

그러나 그렇게 되지는 않습니다. 당신의 육체는 죽으면 흙이 됩니다. 이 세상에 있는 수많은 무덤들이 그렇다는 것을 증명해줍니다. 인간의 육체가 썩어서 오랜 시간이 흐르면 그들이 원래 만들어진 흙으로 다시 돌아갑니다. 그러므로 하나님께서 첫 번째 인간인 아담을 흙으로 만드셨다는 말이 맞는 말입니다.

여호와 하나님이 흙으로 사람을 지으시고 생기를 그 코에 불어넣으시니 사람이 생령이 된지라.(창 2:7)

그러므로 모든 사람은 죽으면 그 육체는 흙으로 다시 돌아갑니다.

인간의 근원과 존재, 인간의 삶의 목적과 인간의 종착지에 대한 모든 답이 1600년에 걸쳐 다른 시대 다른 곳에서 산 40명의 서로 다른 저자들이 쓴 성경 66권에 다 들어 있습니다. 혹시라도, 성경의 저자들 중 몇 사람이 자신들의 생각으로 거짓말들을 써내려갔으면서도 하나님의 인도하심을 받아서 썼다고 거짓말을 하였다고 하더라도, 그 당시에 사람들로부터 최고의 존경을 받으며 살아가고 있던 성경의 저자들이 모두 다 동일한 방법으로 거짓말을 하였다는 것은 도저히 상상할 수 없습니다.

성경은 거짓말이라고 생각하는 것보다, 성경을 받아들이고 거기에 기록되어있는 하나님의 기록된 약속들을 믿는 것이 더 이성적인 판단입니다.(요 5:24)

성경은 두 개의 대륙에서 기록되었고 서로 수백 마일이나 떨어진 나라들 안에서 기록되었으며, 1600년이라는 기나긴 세월에 걸쳐 써졌습니다. 성경의 어떤 부분은 시리아 말로 기록되었고 어떤 부분은 아라비아 말로 써졌습니다. 또 어떤 부분은 이탈리아 말로, 어떤 부분은 그리스 말로 써졌습니다. 성경의 일부는 시나이 (시내, Sinai) 사막에서 써졌고, 어떤 부분은 유대의 광야에서 써졌습니다. 성경의 일부는 압둘람 동굴에서 작성되었고, 어떤 부분은 로마의 감옥에서 기록되었습니다. 성경의 어떤 저자는 밧모 섬에서 성경을 기록하였고, 또 어떤 저자들은 시온 산이나 수산에서 기록하였습니다. 성경의 어떤 기록들은 바빌론의 강가에서 쓰였고, 또 다른 기록들은 세다 강둑에서 쓰였습니다.

세계의 그 어떤 문학도 성경의 문학과는 비교할 수 없습니다. 성경을 쓴 사람들의 직업은 가축을 치는 사람, 목자, 어부, 정치가, 왕자, 시인, 철학자, 지방장관, 선지자, 제사장, 평민, 의사 등 매우 다양합니다.

성경에는 각종 문학 장르가 포함되어 있습니다. 성경에는 역사서, 시, 산문, 예언, 편지, 잠언, 비유, 은유 및 연설들로 이루어져 있습니다.

그러나 성경은 말하고 있는 바는 서로 상치하지 않습니다. 성경은 인간 역사에 일어난 위대한 기적들로 서로 연합되어 있고 연결되어져 있습니다. 성경의 시작 책인 창세기서부터 성경의 마지막 책인 요한계시록에 이르기까지 성경에 기록된 모든 내용들이 서로 완전한 조화를 이루고 있습니다. 성경의 어떤 부분을 보아도 나머지 부분들과 서로 채워주는 관계를 이루고 있는데, 그 이유는 성경을 쓴 사람들은 모두 성경의 완전한 집필자이시고 온전한 디자이너이신 하나님이 주시는 영감을 받아썼기 때문입니다. 성경은 마치 여러 가지 색깔들의 실로 수놓은 한 폭의 완전하고도 아름다운 그림과 같습니다. 그리고 그 수를 놓은 사람들은 거의 이 천년에 걸쳐 살면서 평생 동안 서로 만나본적이 없는 사람들이 대부분입니다.

1600년에 걸쳐 전 세계에서 살았던 사람들 중에 점원, 판사, 정치가, 통치자, 어부, 목사, 의사, 노동자 등의 직업을 가진 사람들 40명을 무작위로 뽑아, 그들이 쓴 글을 취합하여 보았을 때, 그들이 쓴 글들이 같은 주제 같은 이론을 펼칠 가능성은 얼마나 되겠습니까? 아마도 글들의 주제와 이론들이 중구난방이고 서로 부조화를 이루고 있을 가능성이 거의 다 일 것입니다.

의료 과학 분야 하나만을 놓고 봐도 그렇습니다. 1000년 넘게 나온 의료 과학의 논문들이 1000년 동안 계속 갖은 이론만을 주장할 할 확률은 거의 제로입니다. 그러나 성경은 그렇지 않습니다.

성경은 그토록 다양한 직업을 가진 사람들이 1600년 간 기록하고 복사하였지만 동일한 주장을 하고 있고, 오점하나 없습니다. 성경 전체가 하나의 교리, 하나의 구원 계획, 하나의 윤리 체계,

하나의 믿음 법칙, 하나의 사랑 이야기, 하나의 죄로 인한 저주에서의 해방을 말하고 있습니다.

성경은 *사람의 뜻으로 낸 것이 아니요 오직 성령의 감동하심을 입은 사람들이 하나님께 받아 말한 것*(벧후 1:21)입니다. 성경은 기적의 책입니다. 그러기에 성경 66권은 서로 엮어져서 완전한 그림 하나를 만들고 있는 것입니다.

모세가 하나님으로부터 받은 성경에 기록된 십계명은 그로부터 무려 1500년이 지난 어느 날 그리스도께서 산위에서서 전한 말씀(설교, 산상설교)으로 인해 완성되었습니다.

이사야가 기록한 성경의 예언들은 그로부터 700년 후 예수가 전한 복음에 의해 완전히 이해되어지게 되었습니다. 기원전 605년에서 535년 사이에 기록된 다니엘서는 서기 96년에 기록된 계시록과 완벽한 조화를 이루고 있습니다.

기원전 1491년에 기록된 레위기는 그로부터 1555년이 지난 후에 기록된 히브리서와 서로 연결되어 있습니다. 그러므로 히브리서를 잘 이해하기위해서는 레위기를 이해하여야합니다.

성경의 마지막 책은 요한이 어느 날 오후에 하늘로부터 현란한 빛을 받고 쓴 책이지만, 성경의 첫 책인 창세기의 첫 몇 장들의 내용과 서로 관련을 맺고 있습니다.

그리스도의 이야기는 성경 전체를 통해 점진적으로 그 베일을 벗겨나가고 있습니다: 1) 구약 성경은 장차 오실 예수에 대해 기록하고 있습니다. 2) 신약 성경의 사복음서는 이 세상에 오신 예수에 대해 기록하고 있습니다. 3) 사도행전은 예수 그리스도의 복음이 열방으로 전해지는 것에 대해 기록하고 있습니다. 4) 서신서는 예수의 메시지에 대해 서술하고 있습니다. 5) 요한 계시록은 다시 오실 예수에 대해 기록하고 있습니다.

미국의 위대한 복음 전도자 빌리 선데이(Billy Sunday)는 성경에 관해 다음과 같은 놀라운 찬사의 말을 하였습니다:

"나는 성령의 인도를 받아 창세기의 현관으로 들어가서, 각종 장식이 새겨진 구약의 복도를 걸었습니다. 거기에는 노아, 아브라함, 모세, 요셉, 이삭, 야곱과 다니엘의 그림이 걸려있었습니다. 조금 후에 나는 성령님이 자연의 건반을 두드리시며 시편의 음악을 연주하고 있는 음악 감상실로 들어갔습니다. 나는 그곳에서 각종 목관악기들과 하나님의 거대한 파이프 오르간이 이스라엘의 성악가로 달콤한 목소리를 갖고 있는 다윗이 연주하는 아름다운 하프 소리를 들을 수가 있었습니다.

"나는 이제 전도서의 방으로 들어갔습니다. 그 곳에서 나는 어떤 설교자의 설교를 들을 수 있었습니다. 그 설교들 들을 때에 샤론의 계곡에서 피어나는 백합화와의 향기가 그 방에 가득하였고, 나는 그 향기에 취했습니다.

"이제 나는 잠언의 사무실로 들어갔습니다. 그 방에는 여러 가지 크기의 망원경들이 탁자위에 놓여있었습니다. 내가 그 망원경들을 들어 눈에 대고 보니, 각각의 예언자들이 예언한 장차 일어날 광경들이 눈앞에 펼쳐졌습니다. 그 광경 속에서 나는 어두움을 깨고 구원과 죄 사함이라고 이름 지어진 새벽별 하나가 유대의 하늘 위로 서서히 떠오르고 있는 것을 보았습니다.

"나는 이제 마태, 마가, 누가, 요한이 경험한 것들을 나도 경험하기 위해 왕들의 왕이라는 방으로 들어갔습니다. 조금 후, 나는 그

방에서 바울, 베드로, 야고보 및 요한이 쓴 편지들을 읽었습니다.

"얼마 후 나는 계시록이라고 써진 하나님의 보좌가 있는 방으로 들어갔습니다. 나는 거기서 높은 곳에서 빛이 나는 것을 보았습니다. 내가 보니, 그 곳에 계신 왕 중 왕께서 영광의 보좌에 앉으셔서 손으로 나라들의 아픔을 치료하고 계셨습니다. 나는 이 광경을 목격하고는 너무도 감격하여 울먹거리며 이렇게 소리를 질렀습니다:

모든 사람들아 예수의 이름을 환호하라. 천사들아, 예수 앞에 무릎을 꿇어라. 그분께 왕관의 씌어드려라. 그분은 모든 만물들의 왕이시다.

제 29 장

그리스도인들이 믿고 있는 기본 교리

이제 나는 그리스도인으로서 기초적으로 믿고 받아들여야 할 18가지 항목에 대한 기본 교리에 대해 적어보겠습니다. 여러분들은 이 18가지 항목에 대한 기본 교리들을 잘 이해하여 받아들임으로, 하나님을 믿는 신앙에서 잘 잘나게 되고 그 결과 좋은 인생을 살아나가는데 많은 도움을 받을 수 있게 됩니다. 이 18가지 항목들은 기독교에 대해 모든 것들을 다 기록한 것은 아닙니다. 그러나 성경을 잘 이해하는 데에는 충분한 도움을 줄 것입니다.

1. 성경

성경은 하나님의 영을 받은 사람들이 썼습니다. 성경은 하늘에서 내려온 보물과 같은 하나님의 가르침들로 가득 차 있습니다. 그러므로 성경의 궁극적인 저자는 하나님이십니다. 성경의 목적은 구원입니다. 성경은 흠이 없는 진리입니다. 성경은 하나님께서 인간을 구원하시는 원칙들을 계시하고 있고, 그 원칙은 세상 끝날 까지 변하지 않습니다. 이 원칙들은 그리스도인들이 삶을 살아가는 근거가 되기도 하고, 모든 인간들의 행위와 생각들의 옳고 그름을 정확하게 측정하는 최고의 기준이 되기도 합니다.

모든 성경은 하나님의 감동으로 된 것으로 교훈과 책망과 바르게 함과 의로 교육하기에 유익하니, 이는 하나님의 사람으로 온전케 하며 모든 선한 일을 행하기에 온전케 하려 함이니라. (딤후 3:16-17, 벧후 1:21, 삼하 23:2, 행 1:16, 행 3:21, 요 10:35, 눅 16:29-31, 시 119:3, 롬 3:1-2)

하나님의 말씀은 다 순전하며 하나님은 그를 의지하는 자의 방패시니라. (잠 30:5, 요 17:17, 계 22:18)

무릇 율법 없이 범죄한 자는 또한 율법 없이 망하고, 무릇 율법이 있고 범죄한 자는 율법으로 말미암아 심판을 받으리라. (롬 2:12, 롬 3:4)

나를 저버리고 내 말을 받지 아니하는 자를 심판할 이가 있으니 곧 나의 한 그 말이 마지막 날에 저를 심판하리라. (요 12:47-48, 고전 4:3-4, 눅 10:10-16, 눅 12:47-48)

2. 참 하나님 (THE TRUE GOD)

하나님은 한 분 뿐이십니다. 그분은 살아계시는 분이고 무한하신 분이시고 지혜의 영이십니다. 그분의 이름은 여호와입니다. 하나님은 영원히 스스로 존재하시고, 스스로를 계시하시는 영원한 현존(self-revealed I AM) (사 44:6, 사 45:18)이십니다. 땅과 하늘을 창조하시고 통치하시는 분이십니다. 거룩하신 분으로서 인간의 말로는 표현할 수 없을 만큼 큰 영광을 갖고 계신 분입니다. 높임을 받기에 합당하신 분이시고, 신뢰와 사랑을 받기에 충분한 분이십니다.

아버지(the Father), 아들(the Son), 성령(the Holy Spirit), 이 세 분(three persons)이 연합하여 하나 되심으로(in the unity of His being), 신성의 완전(divine perfection)을 나타내고 계십니다. 이 세 분은 인간의 구속을 이루심에 있어 서로 다른 직무(distinct offices)를 담당하고 계십니다.

하나님은 영이시다.(요 4:24)

우리 주는...지혜가 무궁하시도다.(시 147:5)

여호와라 이름하신 주만 온 세계의 지존자로 알게 하소서. (시 83:18, 히 3:4, 롬 1:20, 렘 10:10)

여호와여 신 중에 주와 같은 자 누구니이까? 주와 같이 거룩함에

영광스러우며 찬송할 만한 위엄이 있으며 기이한 일을 행하는 자 누구니이까?(출 15:11, 사 6:3, 벧전 1:15-16, 계 4:6-8)

네 마음을 다하고 목숨을 다하고 뜻을 다하고 힘을 다하여 주 너의 하나님을 사랑하라.(막 12:30)
우리 주 하나님이여 영광과 존귀와 권능을 받으시는 것이 합당하오니, 주께서 만물을 지으신지라. 만물이 주의 뜻대로 있었고 또 지으심을 받았나이다.(계 4:11)

3. 인간의 타락

성경은 하나님께서는 자신의 형상을 따라 인간을 만드셨다고 가르치고 있습니다.(창 1:27) 하나님께서 그렇게 하신 이유는 자신의 생명, 사랑과 목적을 인간에게 나누어 주기 위함이셨습니다. 최초 인간은 하나님에게 한없이 귀중한 존재였습니다. 하나님은 자기가 만드신 최초 인간에게 자기가 한 말에 대해 신뢰할 것을 요청하셨지만 그 최초의 인간은 하나님의 요청을 저버렸습니다. 그 결과 모든 인간들에게 멸망과 죽음의 문이 열려지게 되었습니다. 인간은 하나님으로부터 분리되어 사탄의 노예가 되었고, 최초 인간들의 모든 후손들에게 하나님에 대한 불신앙의 씨가 심겨지게 되었습니다.

하나님이 자기 형상 곧 하나님의 형상대로 사람을 창조하시되, 남자와 여자를 창조하시고(창 1:27)

하나님이 그 지으신 모든 것을 보시니 보시기에 심히 좋았더라.
(창 1:31)

여자가 그 나무를 본즉 먹음직도 하고 보암직도 하고 지혜롭게 할 만큼 탐스럽기도 한 나무인지라. 여자가 그 열매를 따먹고 자기와 함께 있는 남편에게도 주매 그도 먹은지라.(창 3:6-24, 롬 5:12)

한 사람의 순종치 아니함으로 많은 사람이 죄인 된 것같이 한 사람의 순종하심으로 많은 사람이 의인이 되리라.(롬 5:19, 요 3:6, 시 51:5, 롬 5:15-19, 롬 8:7)

우리는 다 양 같아서 그릇 행하며 각기 제 길로 갔거늘 여호와께서는 우리 무리의 죄악을 그에게 담당시키셨도다.(사 53:6, 창 6:12, 롬 3:9-18)

전에는 우리도 다 그 가운데서 우리 육체의 욕심을 따라 지내며 육체와 마음의 원하는 것을 하여 다른 이들과 같이 본질상 진노의 자녀이었습니다.(엡 2:3, 롬 1:18-32, 롬 2:1-16, 갈 3:10, 마 20:15)

4. 구원의 길

인간 구원은 예수 그리스도를 통한 하나님의 은혜로서만 가능합니다. 예수는 죄가 하나도 없으신 분으로서 인간의 몸을 입으시고 이 세상에 오셔서, 인간의 죄에 대한 심판을 대신 받으시고 십자가에서 죽으셨습니다. 이를 통해 인간은 의롭게 되었기 때문에, 죄를 지은 적이 한 번도 없는 것으로 되었습니다. 그렇게 때문에 인간은 하나님과 화해할 수 있게 되었습니다. 예수는 죽었다가 다시 살아나셔서 우리의 구원자와 주와 우리의 대표자(our Representative)가 되셨습니다.

너희가 은혜로 구원을 얻은 것이라.(엡 2:5, 마 18:11, 요일 4:10, 고전 3:5-7, 행 15:11)

하나님이 세상을 이처럼 사랑하사 독생자를 주셨으니 이는 저를 믿는 자마다 멸망치 않고 영생을 얻게 하려 하심이니라. (요 3:16, 요 1:1-4, 히 4:14, 히 12:24)

그는 근본 하나님의 본체시나 하나님과 동등됨을 취할 것으로 여기지 아니하시고 오히려 자기를 비어 종의 형체를 가져 사람들과 같이 되셨다.(빌 2:6-7, 히 2:9, 14, 고후 5:21)

그는 실로 우리의 질고를 지고 우리의 슬픔을 당하였거늘 우리는 생각하기를 그는 징벌을 받아 하나님께 맞으며 고난을 당한다 하였노라. 그가 찔림은 우리의 허물 때문이요, 그가 상함은 우리의 죄악 때문이라. 그가 징계를 받으므로 우리는 평화를 누리고 그가 채찍에 맞으므로 우리는 나음을 받았도다.(사 53:4-5)

자기를 힘입어 하나님께 나아가는 자들을 온전히 구원하실 수 있으니 이는 그가 항상 살아 계셔서 그들을 위하여 간구하심이라.(히 7:25)

그분 안에는 신성의 모든 충만이 육체로 거하신다.(골 2:9, 히 2:8, 히 7:26)

5. 중생 (重生, Regeneration)

중생은 다시 태어나는 것을 말합니다. 중생은 예수가 자신의 죄를 없애주셨다는 것을 믿는 사람들이 경험하는 것입니다. 중생을 체험한 사람들은 그분의 영과 의로움을 받게 되고, 재창조(recreation)되고, 다시 태어나는 것이기에, 죄인에서 의인으로, 멸망으로 가던 자에서 하나님의 생명과 성품을 가진 자로 바뀌게 됩니다. 예수를 믿고 받아들임으로 예수가 새 생명의 근원이 되시는 것입니다.

예수께서 대답하여 이르시되 진실로 진실로 네게 이르노니 사람이 거듭나지 아니하면 하나님의 나라를 볼 수 없느니라.(요 3:3)

육으로 난 것은 육이요 영으로 난 것은 영이니 (요 3:6)

너희가 거듭난 것은 썩어질 씨로 된 것이 아니요, 썩지 아니할 씨로 된 것이니, 살아 있고 항상 있는 하나님의 말씀으로 되었느니라.(벧전 1:23)

그가 그 피조물 중에 우리로 한 첫 열매가 되게 하시려고, 자기의 뜻을 따라 진리의 말씀으로 우리를 낳으셨느니라.(약 1:18)

그런즉 누구든지 그리스도 안에 있으면 새로운 피조물이라 이전 것은 지나갔으니 보라 새 것이 되었도다.(고후 5:17)

너희가 그가 의로우신 줄을 알면 의를 행하는 자마다 그에게서 난 줄을 알리라.(요일 2:29)

하나님을 따라 의와 진리의 거룩함으로 지으심을 받은 새 사람을 입으라.(엡 4:24)

또 범죄와 육체의 무할례로 죽었던 너희를 하나님이 그와 함께 살리시고 우리의 모든 죄를 사하시고 (골 2:13)

오직 너희 자신을 죽은 자 가운데서 다시 살아난 자 같이 하나님께 드리며 너희 지체를 의의 무기로 하나님께 드리라.(롬 6:13)

그가 우리를 흑암의 권세에서 건져내사, 그의 사랑의 아들의 나라로 옮기셨으니(골 1:13)

이는 혈통으로나 육정으로나 사람의 뜻으로 나지 아니하고 오직 하나님께로부터 난 자들이니라.(요 1:13)

주 예수 그리스도의 이름과 우리 하나님의 성령 안에서 씻음과 거룩함과 의롭다 하심을 얻었느니라.(고전 6:11)

6. 회개

회개는 하나님의 성령께서 개인에게 역사하심으로 개인의 생각과 뜻이 그리스도의 신적 사랑을 받아 변화되는 것을 말합니다. 그리스도께서 당신을 구속해 주시기 위해 당신 개인의 죄로 인해 당신이 받았어야 할 심판을 그분께서 대신 받으셨다는 사실이 깨달아질 때, 그리스도의 신적 사랑을 경험하게 되고 그 결과 당신은 회개를 하게 됩니다. 그래서 죄에서 돌이켜 예수님의 의를 받아들이게 됩니다.

그 때에 세례 요한이 이르러 유대 광야에서 전파하여 말하되 회개하라, 천국이 가까이 왔느니라(마 3:1-2)

이 때부터 예수께서 비로소 전파하여 이르시되 회개하라 천국이 가까이 왔느니라 하시더라.(마 4:17)

이르시되 때가 찼고 하나님의 나라가 가까이 왔으니 회개하고 복음을 믿으라 하시더라.(막 1:15)

그러므로 너희가 회개하고 돌이켜 너희 죄 없이 함을 받으라. 이같이 하면 새롭게 되는 날이 주 앞으로부터 이를 것이요.(행 3:19)

알지 못하던 시대에는 하나님이 간과하셨거니와 이제는 어디든지 사람에게 다 명하사 회개하라 하셨으니(행 17:30)

유대인과 헬라인들에게 하나님께 대한 회개와 우리 주 예수 그리스도께 대한 믿음을 증언한 것이라.(행 20:21)

하나님의 뜻대로 하는 근심은 후회할 것이 없는 구원에 이르게 하는 회개를 이루는 것이요, 세상 근심은 사망을 이루는 것이니라. (고후 7:10)

그의 이름으로 죄 사함을 받게 하는 회개가 예루살렘에서 시작하여 모든 족속에게 전파될 것이 기록되었으니(눅 24:47)

이스라엘에게 회개함과 죄 사함을 주시려고 그를 오른손으로 높이사, 임금과 구주로 삼으셨느니라.(행 5:31)

다만 네 고집과 회개하지 아니한 마음을 따라 진노의 날 곧 하나님의 의로우신 심판이 나타나는 그 날에 임할 진노를 네게 쌓는도다.(롬 2:5)

악인은 그의 길을, 불의한 자는 그의 생각을 버리고 여호와께로 돌아오라. 그리하면 그가 긍휼히 여기시리라. 우리 하나님께로 돌아오라. 그가 너그럽게 용서하시리라.(사 55:7)

7. 믿음

믿음은 하나님의 말씀은 오류가 없이 확실하고 진리임을 의심 없이 받아들이는 것입니다. 믿음은 생각과 마음으로 하나님이 하신 말씀에 동의하는 것입니다. 믿음으로 인해 하나님과 역동적인 관계를 맺게 됩니다. 믿음으로 인해 의롭게 되고, 그리스도가 나를 구원하셨다는 사실을 믿게 됩니다. 믿음이 있기에 그분께 우리의 마음과 삶을 드리는 것입니다.

주 예수를 믿으라 그리하면 너와 네 집이 구원을 받으리라.(행 16:31)

그리스도는 모든 믿는 자에게 의를 이루기 위하여 율법의 마침이 되시니라.(롬 10:4)

우리가 믿음으로 의롭다 하심을 받았으니, 우리 주 예수 그리스도로 말미암아 하나님과 화평을 누리자.(롬 5:1)

믿음은 바라는 것들의 실상이요 보이지 않는 것들의 증거니 (히 11:1)

믿음이 없이는 하나님을 기쁘시게 하지 못하나니, 하나님께 나아가는 자는 반드시 그가 계신 것과 또한 그가 자기를 찾는 자들에게 상 주시는 이심을 믿어야 할지니라.(히 11:6)

복음에는 하나님의 의가 나타나서 믿음으로 믿음에 이르게 하나니, 기록된 바 오직 의인은 믿음으로 말미암아 살리라 함과 같으니라.(롬 1:17)

이에 성경에 이른 바, 아브라함이 하나님을 믿으니 이것을 의로 여기셨다는 말씀이 이루어졌고, 그는 하나님의 벗이라 칭함을 받았나니(약 2:23)

무릇 여호와를 의지하며 여호와를 의뢰하는 그 사람은 복을 받을 것이라.(렘 17:7)

여호와를 의지하는 자는 시온 산이 흔들리지 아니하고 영원히 있음 같도다.(시 125:1)

여호와께서 그의 종들의 영혼을 속량하시나니, 그에게 피하는 자는 다 벌을 받지 아니하리로다.(시 34:22)

이는 우리가 믿음으로 행하고 보는 것으로 행하지 아니함이로라.(고후 5:7)

곧 예수 그리스도를 믿음으로 말미암아 모든 믿는 자에게 미치는 하나님의 의니 차별이 없느니라.(롬 3:22)

사람이 마음으로 믿어 의에 이르고 입으로 시인하여 구원에 이르느니라.(롬 10:10)

8. 의롭게 됨 (칭의, Justification)

의롭게 된다는 것은 죄가 없기에 하나님의 관계가 회복되는 것을 말합니다. 우리가 의롭게 되었기에 우리는 그분이 하시는 일에 동역자와 친구가 될 수 있는 것입니다. 우리가 그렇게 될 수 있는 것은 예수 그리스도께서 우리의 죄를 대신하여 심판받으시고 십자가 처형을 받으셨기 때문입니다. 그분께서 그렇게 하신 이유는 우리를 향한 하나님의 사랑을 확증하시기 위해서입니다. 그 어떤 죄도, 동일 죄로 인해서 두 번 형벌 받지 않습니다. 진 빚을 이미 갚았다면, 다시 갚지 않아도 됩니다. 그러므로 예수의 십자가 형벌로 인해 우리는 완전 무죄한 것으로 선언되었습니다. 이것이 바로 하나님의 무한한 인간 사랑입니다. 우리가 의롭게 됨으로 인해 우리는 다시 태어났고 마치 한 번도 죄를 짓지 않았던 사람처럼 살아갈 수 있게 되었습니다.

우리가 다 그의 충만한 데서 받으니 은혜 위에 은혜러라.(요 1:16, 엡 3:8)

이 사람을 힘입어 믿는 자마다 의롭다 하심을 얻는 이것이라. (행 13:39, 사 53:11-12, 롬 8:1)

이제 우리가 그 피를 인하여 의롭다 하심을 얻었은즉 더욱 그로 말미암아 진노하심에서 구원을 얻을 것이니(롬 5:9, 슥 13:1, 행 10:43)

그러므로 우리가 믿음으로 의롭다 하심을 얻었은즉, 우리 주 예수 그리스도로 말미암아 하나님으로 더불어 화평을 누리자. 또한 그로 말미암아 우리가 믿음으로 서 있는 이 은혜에 들어감을 얻었으며 하나님의 영광을 바라고 즐거워하느니라.(롬 5:1-2, 롬 6:11, 고전 1:30-31, 딤전 4:8)

9. 그리스도의 몸

교회는 그리스도의 몸입니다. 그리스도의 몸은 예수 그리스도를 자기를 죄에서 구하여주신 유일한 구원자로 받아들인 사람들로 구성되어 있습니다. 예수님의 몸을 구성하고 있는 사람들은 예수의 희생의 죽음과 그분이 흘리신 피로 인해서 자기의 죄가 용서받았음을 믿고, 예수를 주(Lord)와 자신들의 삶의 주인(master)으로 받아들인 사람들입니다. 그리스도의 몸은 예수를 믿는 모든 사람들의 집합이며, 믿는 각자는 예수 그리스도의 몸을 이루고 있는 지체들입니다. 그리스도는 믿는 자들 속에 살아계셔서 자기의 긍휼, 사랑, 생명, 말씀을 교회요 자신의 몸이기도 한 믿는 자를 통해 표현하기를 원하십니다.

너희는 그리스도의 몸이요, 지체의 각 부분이라.(고전 12:27, 롬 12:4-5, 엡 1:20-23, 골 1:18-24)

너희 몸은 너희가 하나님께로부터 받은 바 너희 가운데 계신 성령의 전인 줄을 알지 못하느냐? 너희는 너희의 것이 아니라. (고전 6:19, 빌 1:20-21)

하나님의 성전과 우상이 어찌 일치가 되리요? 우리는 살아 계신 하나님의 성전이라. 이와 같이 하나님께서 이르시되 내가 그들 가운데 거하며 두루 행하여 나는 그들의 하나님이 되고 그들은 나의 백성이 되리라.(고후 6:16, 히 3:6)

그의 안에서 건물마다 서로 연결하여 주 안에서 성전이 되어 가고 너희도 성령 안에서 하나님이 거하실 처소가 되기 위하여 그리스도 예수 안에서 함께 지어져 가느니라.(엡 2:21-22)

우리는 그 몸의 지체임이니라.(엡 5:30, 고전 12:12-20, 엡 4:15-16, 빌 1:20-21)

10. 그리스도인의 세례 (침례, baptism)

그리스도인은 예수를 믿고 그분을 지기의 구원자로 받아들여 그분이 보여주신 본보기대로 물로 세례(침례)를 받은 사람들입니다.

세례는 우리가 십자가에 못 박혀 죽었을 때 우리의 죄도 십자가에 못 박혀 죽었다는 사실을 외적 상징으로 표현하는 행위입니다.

예수께서 죽으셔서 무덤에 장사지낸바 된 것처럼, 우리도 세례(침례)를 통해 장사지낸바 된 것입니다. 그리고 세례(침례)시 물속에 잠겼다가 다시 나오는 것은 예수께서 죽음을 이기시고 다시 사신 것처럼 예수와 함께 다시 사는 것을 상징합니다.

그러므로 우리가 그의 죽으심과 합하여 세례를 받음으로 그와 함께 장사되었나니, 이는 아버지의 영광으로 말미암아 그리스도를 죽은 자 가운데서 살리심과 같이 우리로 또한 새 생명 가운데서 행하게 하려 함이니라.(롬 6:4, 행 10:48, 행 22:16, 골 2:12, 벧전 3:20-21)

길 가다가 물 있는 곳에 이르러 내시가 말하되 보라 물이 있으니 내가 세례를 받음에 무슨 거리낌이 있느뇨? 이에 명하여 병거를 머물고 빌립과 내시가 둘 다 물에 내려가 빌립이 세례를 주고 (행 8:36-38, 마 3:5-6, 마 28:19, 막 16:16, 요 3:22-23, 행 2:38, 행 8:12, 행 16:32-34, 행 18:8)

그러므로 너희는 가서 모든 족속으로 제자를 삼아 아버지와 아들과 성령의 이름으로 세례를 주고 (마 28:19, 행 10:47-48)

베드로가 가로되 너희가 회개하여 각각 예수 그리스도의 이름으로 세례를 받고 죄 사함을 얻으라. 그리하면 성령을 선물로 받으리니 (행 2:38)

이에 베드로가 가로되 이 사람들이 우리와 같이 성령을 받았으니 누가 능히 물로 세례 줌을 금하리요 하고, 명하여 예수 그리스도의 이름으로 세례를 주라 하니라. 저희가 베드로에게 수일 더 유하기를 청하니라.(행 10:47-48, 갈 3:27-28)

그 말을 받는 사람들은 세례를 받으매 이 날에 제자의 수가 삼천이나 더하더라. 저희가 사도의 가르침을 받아 서로 교제하며 떡을 떼며 기도하기를 전혀 힘쓰니라.(행 2:41-42)

11. 성만찬

성만찬은 빵을 떼어먹고 포도주를 마시는 것인데, 빵은 예수 그리스도의 몸을 상징(symbol)하고, 포도주는 예수 그리스도께서 흘리신 피를 상징합니다. 그리스도인들은 주 예수 그리스도의 희생적 죽음을 기념하여(in memory of) 성찬식을 행합니다. 이 성찬식을 통해 그리스도인들은 그리스도의 희생적 사랑에 감사하고 그분의 부활을 통해 영원한 생명을 받게 되었다는 것에 대한 믿음을 표현합니다.

또 떡을 가져 사례하시고 떼어 저희에게 주시며 가라사대, 이것은 너희를 위하여 주는 내 몸이라. 너희가 이를 행하여 나를 기념하라 하시고 저녁 먹은 후에 잔도 이와 같이 하여 가라사대, 이 잔은 내 피로 세우는 새 언약이니 곧 너희를 위하여 붓는 것이라. (눅 22:19-20, 막 14:20-26, 마 26:26-30, 고전 10:16, 고전 11:27-30)

너희가 이 떡을 먹으며 이 잔을 마실 때마다 주의 죽으심을 오실 때까지 전하는 것이니라.(고전 11:26, 마 28:20)

사람이 자기를 살피고 그 후에야 이 떡을 먹고 이 잔을 마실지니 (고전 11:28, 행 2:42-46, 행 20:7-11)

그들이 사도의 가르침을 받아 서로 교제하고 떡을 떼며 오로지 기도하기를 힘쓰니라. (행 2:42)

12. 영의 치유와 육의 치유

하나님께서는 인간이 하나님과 완전한 조화의 관계를 맺을 수 있도록 인간을 창조하셨습니다. 인간의 영과 혼과 몸이 모두 건강하게 되는 것이 인간을 향한 하나님의 뜻입니다. 구약 성경에 나와 있는 하나님이 인간과 맺으신 계약(covenant)에는 인간의 질병의 치유가 포함되어있습니다. 이 계약은 예수 그리스도의 치유 사역을 통해 여실히 증명되었음이 복음서에 잘 기록되어 있습니다. 기독교 초기의 사도적인 교회(the apostolic church)는 하나님께서 몸을 치료해주신 다는 것을 가르치고 보여주었습니다. 그리스도가 세우시고 성령이 확증한 사도적인 교회는 오늘날에도 초대교회와 마찬가지로 엄연히 존재하고 있습니다.

영접하는 자 곧 그 이름을 믿는 자들에게는 하나님의 자녀가 되는 권세를 주셨으니, 이는 혈통으로나 육정으로나 사람의 뜻으로 나지 아니하고 오직 하나님께로부터 난 자들이니라. (요 1:12-13)

아무 데나 예수께서 들어가시는 지방이나 도시나 마을에서 병자를 시장에 두고 예수께 그의 옷 가에라도 손을 대게 하시기를 간구하니, 손을 대는 자는 다 성함을 얻으니라. (막 6:56)

너희가 너희 하나님 나 여호와의 말을 들어 순종하고 내가 보기에 의를 행하며 내 계명에 귀를 기울이며 내 모든 규례를 지키면, 내가 애굽 사람에게 내린 모든 질병 중 하나도 너희에게 내리지 아니하리니, 나는 너희를 치료하는 여호와임이라.(출 15:26)

그가 네 모든 죄악을 사하시며 네 모든 병을 고치시며(시 103:3)

그가 찔림은 우리의 허물 때문이요, 그가 상함은 우리의 죄악 때문이라. 그가 징계를 받으므로 우리는 평화를 누리고 그가 채찍에 맞으므로 우리는 나음을 받았도다.(사 53:5)

저물매 사람들이 귀신 들린 자를 많이 데리고 예수께 오거늘 예수께서 말씀으로 귀신들을 쫓아내시고 병든 자들을 다 고치시니, 이는 선지자 이사야를 통하여 하신 말씀에 우리의 연약한 것을 친히 담당하시고 병을 짊어지셨도다 함을 이루려 하심이더라. (마 8:16-17)

친히 나무에 달려 그 몸으로 우리 죄를 담당하셨으니, 이는 우리로 죄에 대하여 죽고 의에 대하여 살게 하려 하심이라. 그가 채찍에 맞음으로 너희는 나음을 얻었나니(벧전 2:24)

사랑하는 자여 네 영혼이 잘됨 같이 네가 범사에 잘되고 강건하기를 내가 간구하노라.(요삼 1:2)

예수 그리스도는 어제나 오늘이나 영원토록 동일하시니라.
(히 13:8)

너희 중에 병든 자가 있느냐? 그는 교회의 장로들을 청할 것이요, 그들은 주의 이름으로 기름을 바르며 그를 위하여 기도할지니라. 믿음의 기도는 병든 자를 구원하리니, 주께서 그를 일으키시리라. 혹시 죄를 범하였을지라도 사하심을 받으리라.(약 5:14-15)

13. 복음 전도와 성령

예수 그리스도의 사명은 온 세상 사람들을 구원하는 것입니다. 그분께서는 믿는 모든 자들에게 세상 모든 사람들에게로 가서 복음을 전하라고 명령하셨습니다. 복음이란 그분께서 우리의 죄를 예수님 자신이 대신 짊어지시고 죽으셨고, 우리를 의롭다하시기 위해 다시 살아나셔서, 우리의 유일한 구원자와 주로서 살고 계신다는 좋은 소식입니다.

이러한 예수 그리스도의 사명을 완수하는 것이 바로 복음 전도입니다. 예수님은 자기를 따르고자하는 자들에게 성령을 주셨습니다. 그러므로 그리스도인들은 성령을 힘입어, 예수께서는 오늘날도 여전히 살아 계시다는 사실을 기적을 통해 사람들에게 나타내 보여 줄 수 있습니다. 그리고 이를 통해 전 세계에 진리의 복음이 전파되게 됩니다.

이는 아무도 나의 이름으로 세례를 받았다 말하지 못하게 하려 함이라.(고전 1:15, 사 53:4-5, 고전 15:3, 딛 2:14, 갈 3:13, 히 2:9, 벧전 2:24, 벧전 3:18, 요일 3:5)

인자의 온 것은 잃어버린 자를 찾아 구원하려 함이니라.(눅 19:10, 눅 19:10, 요 3:17, 행 5:31, 히 7:25, 벧전 1:18-20)

모든 것이 하나님께로 났나니 저가 그리스도로 말미암아 우리를 자기와 화목하게 하시고 또 우리에게 화목하게 하는 직책을 주셨으니(고후 5:18, 엡 2:16, 골 1:20, 히 2:17)

그러므로 예수께서 저희에게 이르시되 내가 진실로 진실로 너희에게 이르노니 아들이 아버지의 하시는 일을 보지 않고는 아무 것도 스스로 할 수 없나니, 아버지께서 행하시는 그것을 아들도 그와 같이 행하느니라. 아버지께서 아들을 사랑하사 자기의 행하시는 것을 다 아들에게 보이시고 또 그보다 더 큰 일을 보이사, 너희로 기이히 여기게 하시리라.(요 5:19-20, 요 15:5)

하나님이 나사렛 예수에게 성령과 능력을 기름붓듯 하셨으매 저가 두루 다니시며 착한 일을 행하시고, 마귀에게 눌린 모든 자를 고치셨으니, 이는 하나님이 함께 하셨음이라.(행 10:38, 눅 4:18, 눅 24:48-49)

오직 성령이 너희에게 임하시면 너희가 권능을 받고 예루살렘과 온 유대와 사마리아와 땅 끝까지 이르러 내 증인이 되리라 하시니라.(행 1:8, 행 2:32, 행 3:15, 행 4:33, 행 5:32, 마 24:14)

말씀하시되 나를 따라오너라 내가 너희로 사람을 낚는 어부가 되게 하리라 하시니(마 4:19, 마 28:19-20, 막 16:15)

14. 주고 받는 것 (Giving and Receiving)

모든 그리스도인들이 최고의 사명으로 놓고 실천해야 하는 것은 세상에 복음을 전하는 것입니다. 교회의 가장 중요한 사역이 복음 전도 사역입니다. 성경은 모든 그리스도인들이 자신들이 소유한 재물을 복음 전도 사역에 쓰도록 촉구하고 있습니다.

하나님께서 이 세상을 창조하실 때 많은 보화들도 창조하셔서, 그 보화들을 하나님의 뜻을 행하는 하나님의 자녀들이 사용할 수 있도록 하셨습니다. 그러므로 그분의 교회가 하는 사역들에 소용되는 모든 재정들은 그리스도인들에 의해 채워져야 합니다. 그런 까닭에 그리스도인들은 (a) 자신들의 첫 열매를 주님께 바침으로 주님을 높여야하고, (b) 소득의 십분의 일을 하나님의 곳간에 들여야 하며, (c) 복음 전도를 위해 하나님께서 주신 은사들을 잘 사용해야합니다.

하나님께서는 그렇게 하는 사람의 영혼이 잘되게 해주시고 재정적으로 풍요롭게 해주시고 몸에 건강을 주십니다. 하나님은 심고 거두는 법칙을 인간에게 주셨습니다. 이 법칙에 따라 씨를 심는 농부는 심는 것보다 항상 많이 추수합니다. 이 심고 거두는 법칙이 그리스도인에게도 동일하게 적용되어, 하나님의 사역을 위해 하나님께 많이 드릴수록 하나님으로부터 많이 받게 됩니다.

은도 내 것이요 금도 내 것이니라 만군의 여호와의 말이니라.
(학 2:8, 출 19:5, 레 25:23, 시 50:10)

네 재물과 네 소산물의 처음 익은 열매로 여호와를 공경하라. 그리하면 네 창고가 가득히 차고 네 즙틀에 새 포도즙이 넘치리라. (잠 3:9-10)

만군의 여호와가 이르노라. 너희의 온전한 십일조를 창고에 들여 나의 집에 양식이 있게 하고 그것으로 나를 시험하여 내가 하늘 문을 열고 너희에게 복을 쌓을 곳이 없도록 붓지 아니하나 보라.(말 3:10)

주라. 그리하면 너희에게 줄 것이니 곧 후히 되어 누르고 흔들어 넘치도록 하여 너희에게 안겨 주리라. 너희의 헤아리는 그 헤아림으로 너희도 헤아림을 도로 받을 것이니라.(눅 6:38, 고후 9:8, 딤전 6:17-19)

여호와께서 복을 주시므로 사람으로 부하게 하시고 근심을 겸하여 주지 아니하시느니라.(잠 10:22, 전 5:19, 시 112:1-3)

이것이 곧 적게 심는 자는 적게 거두고 많이 심는 자는 많이 거둔다 하는 말이로다.(고후 9:6, 갈 6:7, 행 20:35)

15. 국가 권력

우리가 소속한 국가는 하나님의 허락 하에 세워진 나라입니다. 그리고 우리가 소속한 국가는 사회의 이익과 선을 위해 권력을 쓰고 있습니다.

그리스도인들은 정치 지도자들을 위해 기도해야하고 그들을 존경해야 하고, 우리 양심의 유일한 주인이시고 온 세상 모든 왕들의 왕이신 우리 주 예수 그리스도의 기준에 어긋나지 않은 한, 그들이 세운 법을 지켜야합니다.

각 사람은 위에 있는 권세들에게 복종하라. 권세는 하나님으로부터 나지 않음이 없나니 모든 권세는 다 하나님께서 정하신 바라. 그러므로 권세를 거스르는 자는 하나님의 명을 거스름이니 거스르는 자들은 심판을 자취하리라. 다스리는 자들은 선한 일에 대하여 두려움이 되지 않고 악한 일에 대하여 되나니 네가 권세를 두려워하지 아니하려느냐?(롬 13:1-7)

인간의 모든 제도를 주를 위하여 순종하되(벧전 2:13)

이에 가라사대 그런즉 가이사의 것은 가이사에게, 하나님의 것은 하나님께 바치라.(마 22:21, 딛 3:1, 벧전 2:13, 딤전 2:1-8)

사람보다 하나님을 순종하는 것이 마땅하니라.(행 5:29)

몸은 죽여도 영혼은 능히 죽이지 못하는 자들을 두려워하지 말고 오직 몸과 영혼을 능히 지옥에 멸하시는 자를 두려워하라. (마 10:28, 단 3:15-18, 단 6:7-10, 행 4:18-20)

또한 지도자라 칭함을 받지 말라. 너희의 지도자는 한 분이시니 곧 그리스도시니라.(마 23:10) 남의 하인을 비판하는 너는 누구냐? (롬 14:4) 그 옷과 그 다리에 이름 쓴 것이 있으니 만왕의 왕이요 만 주의 주라 하였더라.(계 19:16, 시 72:11, 롬 14:9-11)

16. 장차 올 세상

세상의 끝이 다가오고 있습니다. 마지막 날이 오면 마지막 분리가 일어날 것입니다. 그날에 불신자들은 영원한 슬픔을 당하도록 판결 받을 것이고, 의인들은 영원한 기쁨과 온전함을 누리게 될 것입니다.

만물의 마지막이 가까웠으니, 그러므로 너희는 정신을 차리고 근신하여 기도하라.(벧전 4:17, 고전 7:29-31, 히 1:10-12, 마 24:35, 마 28:20, 요일 2:17)

너희 가운데서 하늘로 올리우신 이 예수는 하늘로 가심을 본 그 대로 오시리라.(행 1:11, 계 1:7, 히 9:28, 행 3:21)

저희의 기다리는 바 하나님께 향한 소망을 나도 가졌으니 곧 의인과 악인의 부활이 있으리라 함이라.(행 24:15, 고전

15:12-58, 눅 14:14, 단 12:2, 요 5:28-29, 요 6:40, 요 11:25-26, 딤후 1:10, 행 10:42)

세상 끝에도 이러하리라. 천사들이 와서 의인 중에서 악인을 갈라내어(마 13:49, 마 13:37-43, 마 24:30-31)

그들은 영벌에, 의인들은 영생에 들어가리라 하시니라.(마 25:46)

이 모든 것이 이렇게 풀어지리니, 너희가 어떠한 사람이 되어야 마땅하냐? 거룩한 행실과 경건함으로 하나님의 날이 임하기를 바라보고 간절히 사모하라. 그 날에 하늘이 불에 타서 풀어지고 물질이 뜨거운 불에 녹아지려니와(벧후 3:11-12)

17. 개인적인 헌신

내가 주 예수 그리스도를 영접한 이후로, 그분을 전적으로 의지하고 사람들을 사랑하며 그분과 동행하는 삶을 살므로 하나님께 영광 돌리는 것이 나의 인생의 목적이 되었습니다. 나는 다음과 같은 삶을 살기로 결정하였습니다:

나는 내가 만나는 사람들에게 대해 진실한 태도로 관심을 보이겠습니다. 나는 내가 만나는 모든 사람들에게 용기를 주겠습니다.
나는 다른 신자들과 기쁜 마음으로 교제하겠습니다. 나는 예수가 나의 구원자와 주님인 것을 사람들 앞에서 인정하겠습니다.

나는 가정 예배를 귀하게 여겨 가정 예배를 드리겠고, 나의 자녀들을 하나님의 말씀으로 잘 훈련시키고 양육하겠습니다. 그리고 내가 영향을 줄 수 있는 사람들에게 그리스도의 삶과 사랑에 대해 말해줌으로 그리스도께서 그들을 사랑한다는 사실을 깨달을 수 있도록 하겠습니다.

나는 이 세상의 빛과 소금입니다. 그러므로 나는 예수님께서 내 속에서 나를 통해서 역사하시도록 하겠습니다. 그렇게 되도록 하기위해 나는 나의 손과 발 그리고 눈을 통해 예수 그리스도의 사랑이 다른 사람들에게 전달되도록 하겠습니다.

나는 나의 소득의 첫 열매와 십일조를 주님께 드리고, 나의 은사를 복음을 전하는데 사용함으로 주님의 사역이 확장되도록 하겠습니다. 이를 통해 하나님께서 나를 재정적으로 풍요롭게 하시면, 나는 하나님 나라 확장을 위해 하나님께 더 많이 드리겠습니다.

나는 그 어떤 상황에서도, 설사 죽음에 직면해서라도, 나를 어두움에서 불러내어 놀라운 빛의 나라로 들어가게 하신 하나님을 위해, 그분의 영광이 나타나는 삶을 살도록 하겠습니다.

18. 사도신경

사도신경에는 기독교의 기본 진리가 함축되어있습니다. 사도신경은 기원후 4세기경에 만들어져 아직 까지 사용되고 있는 교회의 가장 오래된 신조입니다. 어거스틴(Augustine)은 사도신경은 매우 짧지만 거기에는 세상에서 가장 위대한 가르침들이 들어 있다고 했습니다. 사도신경은 기독교 신앙의 핵심을 명확하게 서술하고 있습니다. 사도신경이 말하고 있는 바는 다음과 같습니다:

나는 하늘과 땅을 창조하신 전능하신 하나님 아버지를 믿습니다.
나는 그분의 외아들 예수 그리스도를 믿습니다.
예수 그리스도는 성령으로 잉태되셨고,
본디오 빌라도(Pontius Pilate)에게 고난을 받으셔서,
십자가에 못 박혀 죽으신 후 무덤에 묻히셨습니다.
예수님은 죽으신 후, 하데스(음부 또는 지옥, hades)에 내려가셨습니다.
그러나 죽은 지 삼일 만에 다시 살아나셨습니다.
그 후 하늘로 올라가셔서, 전능하신 하나님의 오른 편에 앉아 계십니다.
예수님은 하늘보좌에서부터 죽은 자를 심판하시기 위해 세상으로 다시 오실 것입니다.
나는 성령을 믿습니다. 전 우주적이고 사도적인 하나의 교회를 믿습니다. 성도들이 교제(communion)하는 것을 믿습니다. 죄의 용서를 믿습니다. 나의 몸이 부활할 것을 믿습니다. 영원히 사는 것을 믿습니다. 아멘

축도

양들의 큰 목자이신 우리 주 예수를 영원한 언약의 피로 죽은 자 가운데서 이끌어 내신 평강의 하나님이 모든 선한 일에 너희를 온전하게 하사 자기 뜻을 행하게 하시고 그 앞에 즐거운 것을 예수 그리스도로 말미암아 우리 가운데서 이루시기를 원하노라. 영광이 그에게 세세무궁토록 있을지어다. 아멘 (히 13:20-21)

제 8부

당신을 위한 좋은 인생

하나님께서 어떤 사람에게 어떤 일을 행하셨다면, 당신에게도 그런 일을 행하실 수 있습니다.

하나님께서는 성인 남자, 성인 여자, 소년, 소녀 가릴 것 없이 원하는 사람들은 누구나 좋은 인생을 살 수 있도록 해 놓으셨습니다.

당신 존재의 뿌리는 하나님으로부터 시작되었습니다. 하나님께서는 당신이 풍요로운 삶을 살도록 당신을 만드셨다는 사실을 당신이 이해하여야만 합니다. 그렇게만 되면 당신은 당신 자신의 참 가치를 알기 되고, 왜 그분께서 당신이 성공하고 번영하는 건강과 행복의 삶을 살기 원하시는지를 알게 됩니다.

이제 그분께서 당신의 영과 혼과 육을 위해 마련하신 최고의 것을 어떻게 하면 받을 수 있는 지에 대해 말씀드리겠습니다.

제 30 장

어떻게 하면 구원받을 수 있는가?

당신은 물에 빠져 허우적거리는 사람을 향해 밧줄을 던져본 적이 있습니까? 만일 당신이 그런 경험을 해본 적이 있다면, 물에 빠진 사람이 당신이 던진 밧줄을 붙잡게 됨으로 결국 그 사람이 무사히 구원받았습니까?

당신은 불타는 집 속에 갇힌 사람을 구해낸 적이 있습니까? 당신은 죽었다가 다른 사람에 의해 살아나본 적이 있습니까?

이제 나는 여러분들에게 어떻게 하면 죄와 죽음과 악 그리고 육체의 질병으로부터 구원받을 수 있는지에 대해 말씀드리겠습니다.

여러분은 지금 바로 구원받을 수 있습니다.

성경은, *미쁘다 모든 사람이 받을 만한 이 말이여 그리스도 예수께서 죄인을 구원하시려고 세상에 임하셨다 하였도다*(딤전 1:15) 라고 하였습니다.

한 천사가 처녀에게, *(네가) 아들을 낳으리니 이름을 예수라 하라 이는 그가 자기 백성을 저희 죄에서 구원할 자이심이라 하니라* (마 1:21) 라고 하였습니다.

성경은 또한, 하나님이 그 아들을 세상에 보내신 것은 세상을 심판하려 하심이 아니요 그로 말미암아 세상이 구원을 받게 하려 하심이라(요 3:17) 라고 천명하고 있습니다. 그리고 베드로는, 누구든지 주의 이름을 부르는 자는 구원을 받으리라 하였느니라 (행 2:21) 라고 선언하였습니다.

하나님은 당신이 죄를 짓고 병에 걸리도록 하기 위해 당신을 창조하신 것이 아닙니다. 하나님께서는 당신과 교제하고 동행하기 위해 당신을 창조하셨습니다. 그러나 죄가 당신과 하나님 사이를 갈라놓았습니다.(사 59:2)

그러나 감사하게도 그리스도 예수께서 죄인들을 구원하기 위하여 이 세상에 오셨습니다.(딤전 1:15) 그분이 당신을 구원하기 위해 이 세상에 오신 것입니다.

구원받는다는 것은 어떻게 된다는 것입니까?

첫째: 구원받는다는 것은 하나님의 자녀로 다시 태어난다는 것입니다.

성경은, 영접하는 자 곧 그 이름을 믿는 자들에게는 하나님의 자녀가 되는 권세를 주셨다(요 1:12) 고 말하고 있습니다.

당신이 하늘 왕국의 왕이신 하나님의 자녀로 새롭게 태어날 수 있다는 것은 참으로 놀라운 기적입니다. 당신은 죄의 자녀로 즉 마귀의 노예로 이 세상에 이미 한 번 태어났습니다. 그리스도께서는 당신이 다시 태어나야한다(요 3:7) 고 말씀하셨습니다. 당신은 개심해야합니다. 변화 받아야 합니다. 즉 새로운 존재가 되어야 합니다.

오늘 이 시간 당신이 그리스도 예수를 당신의 삶에 받아들인다면, 당신은 하나님의 자녀가 됩니다. 그 이유는 그리스는 죄인들을 구원하기 위해 이 세상에 오셨기 때문입니다. 지금 당신은 거듭나길 원하십니까?

둘째: 구원받는다는 것은 새로운 영적인 생명을 받는 것입니다.
바울은, *그런즉 누구든지 그리스도 안에 있으면 새로운 피조물이라 이전 것은 지나갔으니 보라 새 것이 되었도다*(고후 5:17) 고 하였습니다.

그리스도가 당신을 구원하면 바울의 말처럼 당신이 새로운 피조물이 됩니다. 존재의 변환(개심, conversion)이 일어나는 것이지요. 그 결과 과거의 열망과 습관과 질병들이 사라지게 됩니다. 구원을 받으면, 당신에 관한 한 모든 것이 새롭게 변화됩니다. 그리스도의 새 생명을 당신이 받은 것이 됩니다.

그분께서는, "도둑이 오는 것은 도둑질하고 죽이고 멸망시키려는 것뿐이요 내가 온 것은 양으로 생명을 얻게 하고 더 풍성히 얻게 하려는 것이라."(요 10:10) 라고 말씀하셨습니다.

당신은 그분의 새 생명을 당신의 생명으로 받아들이시길 원하십니까?

셋째: 구원받는다는 것은 평화를 받는 것을 의미합니다.
예수님께서는, "평안을 너희에게 끼치노니 곧 나의 평안을 너희에게 주노라. 내가 너희에게 주는 것은 세상이 주는 것과 같지 아니하니라. 너희는 마음에 근심하지도 말고 두려워하지도 말라."

(요 14:17) 고 말씀하셨고, 또한, "이것을 너희에게 이르는 것은 너희로 내 안에서 평안을 누리게 하려 함이라. 세상에서는 너희가 환난을 당하나 담대하라. 내가 세상을 이기었노라."(요 16:33) 고 말씀하셨습니다.

참 평안은 그리스도의 용서와 구원을 경험할 때 옵니다. 죄를 지으면 여러분은 영은 평안을 경험하지 못합니다. 그러기에 성경은, 하나님의 말씀에 악인에게는 평강이 없다 하셨느니라(사 57:21)라고 기록하고 있습니다.

당신은 그분의 평화를 받아, 평강의 삶을 살고 싶으십니까?

넷째: 구원받는다는 것은 하나님과 교제하게 된다는 것을 뜻합니다.

당신은 하나님의 형상대로 지음을 받았습니다.(창 1:27) 그러므로 당신은 하나님과 함께 걸을 수 있고 하나님과 대화할 수 있습니다.(요일 1:3) 그러나 인간이 범죄하여 죄인이 된 후로, 당신은 하나님을 아버지로 알아 그 아버지와 부자지간의 친밀한 교제를 하는 대신에, 하나님을 두려워하게 되었습니다. 전능하신 하나님을 만나게 된다는 생각만 하여도 두려워하게 되었습니다.(롬 14:10-12, 벧후 3:7-8, 유 1:14-15) 죄는 당신을 저주하고 당신으로 하여금 하나님 앞에 설 때에 죄인으로 서게 합니다.(요 3:18, 롬 5:12, 18)

오직 그리스도만이 당신을 죄에서 구해주실 수 있으십니다. (마 1:21, 행 4:12) 그분은 당신에게 있는 모든 더러운 점들 지워주시고 당신의 죄의 기록들을 말끔하게 없애주십니다. 그래서 당신은 죄 지은 기록이 전혀 없는 존재가 됩니다. 당신이 죄 없이 되면 요한이 했던, 우리의 사귐은 아버지와 그의 아들 예수 그리스도와 더불어 누림이라(요일 1:3)는 말을 당신도 할 수 있게 됩니다. 그분은 형제보다 친밀하신 분이십니다.(잠 18:24) 오늘 당신은 그분을 받아들일 수 있습니다.

다섯째: 구원받는다는 것은 육체의 질병이 치유된다는 것을 의미합니다.

성경은, *네 하나님 여호와를 섬기라 그리하면 여호와가 너희의 양식과 물에 복을 내리고 너희 중에서 병을 제하리니*(출 23:25) 라고 말하고 있습니다.

또한 성경은 *그가 네 모든 죄악을 사하시며 네 모든 병을 고치신다*(시 103:3) 고 말하고 있습니다.

구원은 육체의 질병으로 부터의 구원과 정신적 질병으로 부터의 구원, 이 둘 다를 포함합니다. 구원을 받는다는 것은 영적으로 또한 육적으로 온전해 진다는 것을 의미합니다.

성경을 보면 그리스도께서는 항상 죄인들을 용서해주셨고, 언제나 병자들을 고쳐주셨다는 사실을 알 수 있습니다. *예수 그리스도는 어제나 오늘이나 영원토록 동일하시니라.*(히 13:8)

그리스도께서는 당신을 오늘 구원하시기 위해 이 세상에 오셨습니다. *이르시되 내가 은혜 베풀 때에 너에게 듣고 구원의 날에 너를 도왔다 하셨으니 보라 지금은 은혜 받을 만한 때요 보라 지금은 구원의 날이로다.*(고후 6:2)

당신은 지금 그분을 받아들일 수 있습니다. 당신은 참 그리스도인이 될 수 있습니다. 당신은 지금 구원받을 수 있습니다.

참 그리스도인이 무엇입니까?

성경에 따르면, 참 그리스도인이란, (1) 있는 그대로 하나님께 나아가, (2) 예수 그리스도를 자기의 구원자와 삶의 주인으로 받아들이고, (3) 세상에 대해 그리스도가 당신 삶의 주인이시라고 말해주고, (4) 그분을 기쁘시게 해드리는 삶을 살아가는 사람입니다.

만일 당신이 아직 예수 그리스도를 당신 개인의 삶의 주와 주인으로 받아들이지 않았다면, 나는 지금 기쁜 마음으로 당신을 하나님과 평화로운 관계를 가질 수 있는 길, 죄를 용서받는 길, 그리스도의 생명을 받음으로 기쁨을 누리는 길로 당신을 인도하겠습니다.

첫째: 당신이 죄인이라는 사실을 인정하십시오.

모든 사람이 죄를 범하였으매 하나님의 영광에 이르지 못하더니 (롬 3:23)

만일 우리가 죄가 없다고 말하면 스스로 속이고 또 진리가 우리 속에 있지 아니할 것이요.(요일 1:8)

둘째: 죄를 회개하십시오. 하나님께 죄를 지어서 죄송하다(sorry for your sins)고 말하십시오.

세리는 멀리 서서 감히 눈을 들어 하늘을 쳐다보지도 못하고 다만 가슴을 치며 이르되 하나님이여 불쌍히 여기소서. 나는 죄인이로소이다 하였느니라.(눅 18:13)

> 하나님의 뜻대로 하는 근심은 후회할 것이 없는 구원에 이르게 하는 회개를 이루는 것이요 세상 근심은 사망을 이루는 것이니라. (고후 7:10)

셋째: 당신의 죄를 하나님께 고백하십시오.

> 자기의 죄를 숨기는 자는 형통하지 못하나 죄를 자복하고 버리는 자는 불쌍히 여김을 받으리라.(잠 28:13)

> 만일 우리가 우리 죄를 자백하면 그는 미쁘시고 의로우사, 우리 죄를 사하시며 우리를 모든 불의에서 깨끗하게 하실 것이요.(요일 1:9)

넷째: 당신의 죄를 버리고 멀리 하십시오.

> 악인은 그의 길을, 불의한 자는 그의 생각을 버리고 여호와께로 돌아오라. 그리하면 그가 긍휼히 여기시리라. 우리 하나님께로 돌아오라. 그가 너그럽게 용서하시리라.(사 55:7)

> 자기의 죄를 숨기는 자는 형통하지 못하나, 죄를 자복하고 버리는 자는 불쌍히 여김을 받으리라.(잠 28:13)

다섯째: 당신의 죄에 대해 용서를 구하십시오.

> 그가 네 모든 죄악을 사하시며 네 모든 병을 고치시며 (시 103:3)

여호와께서 말씀하시되 오라 우리가 서로 변론하자 너희의 죄가 주홍 같을지라도 눈과 같이 희어질 것이요, 진홍 같이 붉을지라도 양털 같이 희게 되리라.(사 1:18)

여섯째: 그리스도께 당신의 삶 전부를 드리십시오.

누구든지 사람 앞에서 나를 시인하면 나도 하늘에 계신 내 아버지 앞에서 그를 시인할 것이요.(마 10:32)

그러나 너희는 택하신 족속이요 왕 같은 제사장들이요 거룩한 나라요 그의 소유가 된 백성이니, 이는 너희를 어두운 데서 불러내어 그의 기이한 빛에 들어가게 하신 이의 아름다운 덕을 선포하게 하려 하심이라.(벧전 2:9)

일곱째: 하나님께서 당신을 은혜로 구원해주셨다는 사실을 믿으십시오.

너희가 그 은혜를 인하여 믿음으로 말미암아 구원을 얻었나니 이것이 너희에게서 난 것이 아니요 하나님의 선물이라. 행위에서 난 것이 아니니 이는 누구든지 자랑치 못하게 함이니라.(엡 2:8-9, 요일 2:12, 엡 1:7)

지금 하나님과만 함께 할 수 있는 조용한 장소로 가십시오. 무릎을 꿇으시고 주님에게 소리를 내어 이렇게 기도하십시오.

오, 하늘에 계신 하나님!

나는 지금 이 자리에서 하나님의 아들, 예수 그리스도를 믿음으로 받아들입니다. 나는 당신의 위대한 자비와 사랑을 믿습니다. 그리스도 당신은 나대신 죽으셨습니다.

나는 당신이 나의 모든 죄에 대한 형벌을 받으심으로 나의 죄값을 다 청산하셨기에, 나는 그 어떤 죄도 없는 존재가 되었다는 사실을 믿습니다.

오, 주님, 당신이 나에게 나타내신 사랑은 참으로 놀라운 사랑입니다.

당신은 완전히 무죄하신 분이셨습니다. 나는 완전히 죄인입니다. 나는 당신의 율법을 범했습니다. 그래서 내가 십자가에 못 박혀 죽었어야만 했습니다. 그러나 당신은 나를 너무도 사랑하셔서, 내가 지은 죄로 인해 내가 죽게 되도록 내버려두지 않으셨습니다. 당신은 내 대신 죽으셔서 나의 죄값을 당신이 다 계산하셨습니다. 그렇게 하신 당신에 대해 감사를 드립니다.

당신이 나를 대신해서 형벌을 받으심으로 내가 자유하게 되었습니다. 그러므로 나를 향한 저주가 더 이상 남아있지 않습니다. 나는 지금 하나님 보시기에 죄인이 아닙니다. 나는 죄인이 받아야 하는 심판을 받지 않습니다. 왜냐하면 당신이 나 대신에 심판을 받아서 이미 죽으셨기 때문입니다.

나의 모든 죄와 나의 옛 속성들은 당신에게로 전가되었고, 당신은 이미 나의 죄의 빚을 다 갚으셨습니다. 당신이 나의 죄의 값을 다 계산하셨습니다. 당신의 죄 없고 흠 없는 의가 나에게로 들어 왔습니다. 나는 구속함 받았고 구원받았습니다.

하나님, 나는 예수 그리스도를 믿습니다.

나는 지금 여기에서 당신을 나의 심령에 모셔드립니다. 예수 그리스도 당신을 죄에서, 지옥에서, 모든 마귀의 권세에서 구원해준 구원자로 모셔드립니다.

나는 예수를 나의 삶의 주(Lord)로 받아들이고, 지금 여기서 당신을 기쁘게 하는 존재로 나를 당신께 내어맡깁니다.(devote) 예수 그리스도 당신께서는 누구든지 당신에게로 오는 자를 내쳐버리지 않겠다고 약속하셨습니다. 나는 힘없고 도움 받을 곳 없는 죄인으로, 구원을 갈구하는 죄인으로 당신의 피를 의지하여 당신을 나의 구원자와 주로 받아드립니다.

나는 예수 그리스도의 피가 나의 모든 죄를 다 씻어내었고, 나의 전 생애에 잘못한 기록들을 다 없애버렸음을 믿습니다.

당신은 나의 구원을 위해 필요한 행위를 다 끝내셨습니다. 당신은 나의 모든 잘못의 값을 다 치루셨습니다. 그래서 내가 지은 죄에 대해 내가 치러야할 대가는 더 이상 없습니다.

나는 나의 영원이 구속받았음을 믿습니다.

나는 주님의 이름을 불렀기 때문에 이미 구원받았음을 믿습니다.

나는 이제 나의 과거의 죄를 용서받기 위해 또는 구원받기 위해 그 어떤 값을 다시 치를 필요도 없고, 그 어떤 선한 행동을 할 필요도 없습니다.

주님, 당신은 나의 구원을 위해, 지금으로부터 2000년 전에 이미 충분하게 일을 마치셨습니다. 당신은 나의 영원한 구원을 위하여 나의 모든 죄의 값을 다 치루셨습니다.

오늘 이 시간부터 나는 당신이 십자가에서 행한 것에 대해 전적으로 신뢰합니다. 십자가 사건으로 충분합니다. 당신이 십자가 위에서 나를 위해서 행한 것으로 나는 구원받았습니다. 그러므로 나의 구원을 위해 그 어떤 추가적인 것이 필요하지 않습니다.

당신은 나의 죄를 없애시기 위해 당신의 육체가 상처를 받았습니다. 나의 죄로 인해 당신의 육체가 멍들었습니다. 내가 받아야 할 형벌들이 당신 위에 놓였습니다. 당신은 육체의 고통들을 다 담당하셨습니다.

나는 지금 구원받았습니다.

지금 이 순간부터, 나는 당신을 따라가는 삶을 살기 위해 애쓸 것이고, 복된 소식을 다른 사람들에게 말해주어, 그들이 당신의 생명을 받을 수 있게 되도록 힘쓰겠습니다.

주님, 나를 온전히 구원해 주셔서 감사합니다.

나는 구속받았습니다. 나의 죄는 용서받았습니다. 이제 나를 다시 정죄할 자들은 없습니다. 나는 구원받았습니다. 나는 예수 그리스도를 믿습니다. 나는 당신이 나를 위해 행한 모든 것을 신뢰합니다. 당신의 나를 위한 행위는 충분한 행위입니다. 나는 평안합니다. 나는 죄와 저주로부터 자유롭게 되었습니다. 나는 그리스도인이 되었습니다. 나는 지금 하나님의 아들이신 예수 그리스도를 따르는 그리스도인입니다.

주님을 찬양합니다. 주님이 지금 나를 구원해주셨습니다.

아멘.

지금 당신의 죄는 용서받았습니다.(골 1:14) 당신의 이름이 하늘나라 생명책에 기록되었습니다.(계 21:27) 오직 믿기만 하십시오. 예수님은 당신 안에 지금 살아계십니다.(갈 2:20) 당신은 그분의 생명을 갖고 있습니다.(요일 5:12)

예수에 관해 적혀있는 성경의 복음서들을 읽으십시오. 매일 매일 기도하십시오. 다른 사람들에게 당신이 새 생명을 갖게 되었다는 사실에 대해 말해주시고, 사람들에게 복음을 전하기 위해 다른 그리스도인들과 동반자적인 관계를 맺으십시오.

새로운 기적 생명을 당신은 시작하셨습니다. 만일 당신이 나를 만나거나 나에게 편지를 주셔서 당신이 구원받았다고 말씀해 주시면 좋겠습니다.

만일 우리가 당신으로부터 그런 소식을 듣게 된다면, 나와 나의 아내는 매일 아침 하나님께 무릎을 꿇고 당신과 당신의 가정에게 최고의 것들을 내려달라고 하나님께 기도하겠습니다.

당신이 구원받았다는 것을 기록해두십시오. 당신이 받은 구원은 어떤 구원인지를 기록해 두십시오. 당신 삶을 통해 일어난 가장 큰 기적은 당신이 구원받은 기적입니다.

만일 지금 당신이 이 책에 기록된 하나님의 약속을 믿는다면, 그리고 당신이 진정으로 예수 그리스도를 믿음으로 받아들이고 기도하였다면, 천사가 방금 당신의 이름을 어린양의 생명책에 기록하였습니다.(계 21:27)

아래에 기록된 기록문을 노트에 적어서 서명하시면 당신이 구원받았다는 것을 확실히 해주는데 도움이 될 것입니다. 만일 당신의 대적인 마귀가 당신이 구원받은 사실에 대해 의심을 품게 한다면, 오늘 기록하고 서명한 아래의 글을 상기하십시오. 그래서 당신이 다시 태어나서 예수 그리스도의 생명을 갖게 되었다는 실을 꽉 붙잡으십시오.

나의 결정

나는 오늘 "좋은 인생"이라는 책을 읽었다. 나는 구원받았다는 것이 무엇을 의미하는 지에 대해 배웠다. 나는 이 책에 기록된 단계들을 충실하게 밟았다. 나는 참된 마음으로 이 책에 쓰여 있는 대로 기도했다.

나는 내가 예수 그리스도를 내 삶에 받아들였음을 믿고, 그분의 생명으로 다시 태어났음을 믿는다. 나는 이제부터 나의 모든 생각과 말과 행동을 통해 하나님을 기쁘시게 하는 삶을 살겠다. 그분의 은혜와 도움으로 다른 사람들에게 예수 그리스도를 전하겠다.

그분의 은혜를 받아 그분을 의지하며 살겠다. 나는 예수의 이름으로 오늘 위와 같은 결정들을 하였다.

이름과 서명 _____

_____ 년 _____ 월 _____ 일

지금 당신이 예수 그리스도를 받아들임으로 다시 태어났다는 사실을 나에게 편지를 써서 알려주심으로 당신이 방금 한 결정과 고백에 쐐기를 박으십시오.

나와 나의 아내는 이 책을 읽는 사람들을 위해 기도하고 있습니다. 우리가 사람들로부터 예수를 영접하였다고 적힌 편지를 받는 것은 우리가 우리 사역을 통해 받는 가장 큰 상급입니다.

내가 당신에게 편지를 받으면, 당신에게 개인적으로 응답하겠습니다. 그렇게 되면 우리는 서로, 예수 그리스도를 따르고 그분을 섬기는데 기도 동역자가 될 수 있습니다.

우리는 당신을 위해 기도합니다.

티 엘 오스본 (T. L. Osborn)

믿음의 말씀사 출판물   http://faithbook.kr

케네스 해긴의 「믿음 도서관」 책들   케네스 해긴 지음·김진호 옮김

- 믿는 자의 권세 (생애기념판) | 양장본 신국판 264p / 값 13,000원
- 당신이 알아야 하는 신유에 관한 일곱 가지 원리 | 국판 112p / 값 5,000원
- 기도의 기술 | 국판 208p / 값 7,000원
- 인간의 세 가지 본성 (증보판) | 국판 128p / 값 5,500원
- 어떻게 하나님의 영으로 인도받을 수 있는가? | 국판 208p / 값 7,000원
- 믿음의 계단 | 국판 240p / 값 8,500원
- 마이더스 터치 | 국판 272p / 값 10,000원
- 당신을 향한 하나님의 계획 | 국판 240p / 값 8,500원
- 하나님 가족의 특권 | 국판 176p / 값 6,500원
- 나는 환상을 믿습니다 | 국판 208p / 값 7,000원
- 하나님의 계획과 목적과 추구 | 국판 224p / 값 8,000원
- 역사하는 기도 | 국판 256p / 값 9,000원
- 병을 고치는 하나님의 말씀 | 국판 184p / 값 7,000원
- 영적 성장 | 국판 192p / 값 7,000원
- 치유의 기름부음 | 국판 344p / 값 10,000원
- 크게 성장하는 믿음 | 국판 160p / 값 6,000원
- 신선한 기름부음 | 국판 176p / 값 7,000원
- 예수 열린 문 | 국판 216p / 값 8,000원
- 믿음이란 무엇인가 | 국판 64p / 값 2,500원
- 진짜 믿음 | 국판 56p / 값 2,000원
- 기름부음의 이해 | 국판 264p / 값 9,000원
- 그리스도께서 지금 하고 계시는 일 | 국판 64p / 값 2,500원
- 승리하는 교회 | 신국판 496 p / 값 15,000원
- 믿음의 양식 | 국판 384 p / 값 13,000원
- 조에 | 국판 96 p / 값 4,000원
- 그리스도의 선물 | 신국판 368 p / 값 12,000원
- 믿음이 흔들리고 패배한 것 같을 때 승리를 얻는 법 | 신국판 160 p / 값 7,000원
- 충분하고도 넘치는 하나님 엘 샤다이 | 국판 64 p / 값 2,500원
- 하나님의 말씀 : 모든 것을 고치는 치료제 | 국판 72p / 값 3,000원
- 그리스도 안에서 | 문고판 48p / 값 1,000원
- 새로운 탄생 | 문고판 48p / 값 1,000원
- 방언기도의 능력을 풀어 놓으라 | 문고판 64p / 값 1,200원
- 재정 분야의 순종 | 문고판 48p / 값 1,000원
- 말 | 문고판 48p / 값 1,000원

- 나는 지옥에 갔다 왔습니다 | 문고판 48p / 값 1,000원
- 하나님의 처방약 | 문고판 48p / 값 1,000원
- 더 좋은 언약 | 문고판 48p / 값 1,000원
- 옳은 사고방식 틀린 사고방식 | 문고판 64p / 값 1,200원
- 속량 - 가난, 질병, 영적 죽음에서 값 주고 되사다 | 문고판 64p / 값 1,200원
- 예수의 보배로운 피 | 문고판 48p / 값 1,000원
- 하나님을 탓하지 마십시오 | 문고판 48p / 값 1,000원
- 네 주장을 변론하라 | 문고판 48p / 값 1,000원
- 셀 모임에서 성령인도 받기 | 문고판 48p / 값 1,000원
- 네 염려를 주께 맡겨라 | 문고판 80p / 값 2,000원
- 성령을 받는 성경적인 방법 | 문고판 64p / 값 1,200원
- 안수 | 문고판 48p / 값 1,000원
- 치유를 유지하는 법 | 문고판 48p / 값 1,000원
- 사랑은 결코 실패하지 않습니다 | 문고판 48p / 값 1,000원

기타 「믿음의 말씀」 설교자의 책들

- 성령의 삶 능력의 삶 | 데이브 로버슨 지음 · 김진호 옮김 / 국판 480p / 값 13,000원
- 왕과 제사장 | 김진호 지음 / 국판 136p / 값 6,500원
- 믿음의 반석 | 최순애 지음 / 국판 352p / 값 12,000원
- 새 언약의 기도 | 최순애 지음 / 신국판 192p / 값 8,000원
- 스미스 위글스워스의 천국 | 스미스 위글스워스 지음 · 박미가 옮김 / 신국판 320p / 값 11,000원
- 위글스워스는 이렇게 했다 | 피터 J. 매든 지음 · 박미가 옮김 / 국판 272p / 값 9,000원
- 행동하는 신자들 | T. L. 오스본 지음 · 김진호 옮김 / 46판 112p / 값 4,000원
- 기적 - 하나님 사랑의 증거 | T.L. 오스본 지음 · 김진호 옮김 / 46판 144p / 값 4,500원
- 새롭게 시작하는 기적 인생 | T.L. 오스본 / 라도나 오스본 지음 · 박미가 옮김 / 46판 288p / 값 8,000원
- 좋은 인생 | T. L. 오스본 지음 · 박미가 옮김 / 신국판 416p / 값 13,000원
- 성경적인 치유 | T.L. 오스본 지음 · 김진호 옮김 / 국판 272p / 값 10,000원
- 100개의 신유 진리 | 티 엘 오스본 지음 · 김진호 옮김 / 문고판 48p / 값 1,000원
- 믿음의 말씀 고백 기도집 | 잔 오스틴 지음 · 김진호 옮김 / 46판 160p
- 하나님의 사랑의 흐름 | 잔 오스틴 지음 · 김진호 옮김 / 46판 48p
- 견고한 진 무너뜨리기 | 잔 오스틴 지음 · 김진호 옮김 / 46판 48p
- 초자연적인 흐름을 따르는 법 | 잔 오스틴 지음 · 김진호 옮김 / 46판 96p
- 당신의 운명을 바꿀 수 있습니다 | 잔 오스틴 지음 · 김진호 옮김 / 46판 96p
- 복을 취하는 법 | R.R.쏘아레스 지음 · 김진호 옮김 / 국판 128p / 값 5,500원
- 믿음으로 사는 삶 | 코넬리아 나줌 지음 · 신현호 옮김 · 김진호 추천 / 46판 176p / 값 6,000원
- 그리스도 안에 있는 나를 인정하기 | 마크 행킨스 지음 · 김진호 옮김 / 문고판 48p / 값 1,000원
- 여기서 머물지 말라 | 크리스 오야킬로메 지음 · 김진호 옮김 / 46판 72p / 값 2,500원
- 방언기도학교 31일 | 크리스/애니타 오야킬로메 지음 · 이종훈/김인자 옮김 / 46판 80p / 값 2,500원

Jesus Mission Academy
예수 선교 사관학교

당신을 향한 '하나님의 계획'을 찾아 이루고 싶지 않으십니까?

당신은 인생에서 이런 것들을 원하지 않습니까?
- 당신의 삶을 향한 하나님의 최고의 계획을 찾아 살 수 있습니다.
- 셀 교회 원리를 체득하여 교회개척의 프론티어가 될 수 있습니다.
- 새 언약의 비밀인 새로운 피조물의 실체를 확실히 깨달을 수 있습니다.
- 하나님의 영으로 인도받으며 그 흐름을 따르는 법을 배울 수 있습니다.
- 성령의 삶 능력의 삶을 사는 하나님의 군대의 장교가 될 수 있습니다.

예수 선교 사관학교가 당신을 그 곳으로 인도할 것입니다.
- 열매로 검증된 강사들
- 현장 실습과 체험적 지식
- 셀 교회 선교 네트워크와 연결
- 다른 사람에게 가르칠 수 있는 내용

예수 선교 사관학교는 당신을 위해 하나님이 세우신 훈련소입니다.
'셀 교회 개척과 번식 원리'라는 가죽 부대 안에 케네스 해긴 목사님이 세우신 미국 털사의 레마 성경 훈련소에서 가르치는 '믿음의 말씀'이라는 새 포도주를 레마 출신 현역 사역자들이 배달할 것입니다.

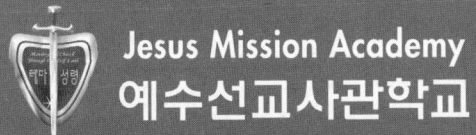

경기도 용인시 기흥구 마북동 323-4
TEL : (031) 8005-8895~6
http://www.jesuslike.org